张辞修———著

漢晉士大夫結黨交游研究

上海古籍出版社

北京师范大学历史学院学科建设发展出版资助

目　录

序　章

一、基本概念与研究方法

本书研究两汉至西晋士人的结党和交游这两种活动。在探讨结党和交游前,我先对士人这一概念作简要探讨。狭义的士人,指的是"士"这一学习、传承知识的社会阶层。余英时先生提出,儒家产生后,"'士'的特性已显然不在其客观的社会身份,而在其以'道'自任的精神"。①魏文帝自称"托士人之末列,曾受教于君子"。②士人与"受教于君子"是紧密相关的。华佗早年"游学徐土,兼通数经"。后来他成为当世名医,却不乐于此。史称他"本作士人,以医见业,意常自悔"。③在华佗看来,其本业是习学儒家经典,意味着他原本的身份是士人。综上,传承知识,以"道"自任,是士人阶层的主要特征。

阎步克先生指出,东汉以后,儒生和文吏融合,使士大夫成为"亦儒亦吏"的角色。他们既学习儒家经典,也承担行政任务。④东汉

---

① 余英时:《士与中国文化》,上海人民出版社,2003 年,第 88 页。
② 《三国志》卷二《魏书·文帝纪》注引《献帝传》,中华书局,1982 年,第 67 页。
③ 《三国志》卷二九《魏书·方技传》,第 799—802 页。
④ 阎步克:《士大夫政治演生史稿》,北京大学出版社,2015 年,第 422—423 页。

以降,士人兼具文化和行政两方面的功能。他们中的许多人出仕为官,成为官僚阶层的重要组成部分。《后汉书·朱穆传》章怀太子注引《汉官仪》曰:"中常侍,秦官也。汉兴,或用士人,银珰左貂。光武已后,专任宦者,右貂金珰。"①此处的士人,指有资格出任朝官的男性,与专门供职内廷的"宦者"相对。东汉末年,统治阶层提倡节俭。和洽反对过度节俭,说:"今朝廷之议,吏有着新衣、乘好车者,谓之不清;长吏过营,形容不饰,衣裳敝坏者,谓之廉洁。至令士大夫故污辱其衣,藏其舆服;朝府大吏,或自挈壶餐以入官寺。"②朝廷约束的主要对象是"吏"。"污辱其衣,藏其舆服"的士大夫,应该也是官吏。西晋刘颂上疏曰:"今人主不委事仰成,而与诸下共造事始,则功罪难分。下不专事,居官不久,故能否不别。何以验之?今世士人决不悉良能也,又决不悉疲软也。"③刘颂所说的士人,即指皇帝之下的"居官"者。江统称"今以四海之广,职位之众,名号繁多,士人殷富,至使有受宠皇朝,出身宰牧。"④士人可以成为"宰牧",亦即长官。汉晋时期,一些士人没有做官,保持单一的"学士"身份;另一些士人成为国家官吏,兼具"学士"与"官长"这两种身份。无论是"处江湖之远",还是"居庙堂之高"的士人,都是本书的研究对象。

古代的"朋党"与政治斗争联系紧密,结党的概念与此有关。所谓结党,指的是官僚、士人因共同的政治利益而结合,与其他势力争权的行为。由此产生的政治斗争就是党争。朋党之争一般发生在政局相对稳定的时代。战争年代的军事斗争,不属于党争的范畴。唐代的牛李党争和宋代的新旧党争,在历史上非常有名。结党与交

---

① 《后汉书》卷四三《朱穆传》注引《汉官仪》,中华书局,1965 年,第 1472—1473 页。
② 《三国志》卷二三《魏书·和洽传》,第 655—656 页。
③ 《晋书》卷四六《刘颂传》,中华书局,1974 年,第 1303 页。
④ 《晋书》卷五六《江统传》,第 1535 页。

游有一定的共性。古人有时也将"党"与交游相提并论。《说文解字》释"与"字曰："党与也。"①《论语·卫灵公》载孔子曰："君子矜而不争，群而不党。"何晏《集解》引孔安国曰："党，助也。君子虽众，不相私助。"②《韩非子》曰："若以党举官，则民务交而不求用于法。"王先慎曰："官由党举，所以务交，求其亲援。"③"党""党与"，有时可代指交游关系。因此，本书将结党与交游一并纳入考察范围，研究这两种行为之间的区别和联系。

古代朋党与现代政党有本质区别。有学者总结马克思主义和其他西方学派对政党的定义，认为政党"是代表一定阶级、阶层或集团的根本利益，由其中一部分最积极的分子组成，具有共同的政治纲领和理论主张，采取共同的行动，为参与、取得和维护政权而组成的政治组织"。④相比政党，古代的朋党没有共同的政治纲领，也不一定代表某集团或阶层的利益。朋党的结合，有时也受地缘、姻亲等因素的影响，但它们并非人们结党的主要考量。人们之所以结为一党，是因为他们有共同的利益。这种利益有时是小集团之内的，未必代表某一阶层的诉求。朋党的存续时间或长或短，不可一概而论。研究士人结党，需要考察具体的人物和事件，才能对这一行为的实质有所认识。

朋党与政党有本质差异，但二者也有一定的类似性。朋党是依附于官僚组织的政治势力，具有一定的组织性。结为一党的官僚，他们的地位高下、权力轻重有很大差别。某些情况下，朋党的核心

---

① 许慎：《说文解字》卷三上《异部》，上海古籍出版社，2007年，第127页。
② 《论语注疏》卷一五《卫灵公》《重刊宋本十三经注疏附校勘记》，艺文印书馆影印本，2013年，第140页。
③ 王先慎集解：《韩非子集解》卷二《有度》，中华书局，2013年，第35页。
④ 张宏伟：《政治学原理》，东北大学出版社，2017年，第132—133页。

是一个强势领袖，即党魁；另一些情况下，领导该朋党的不是某个人，而是部分官僚。不论是个人还是小团体，朋党的领导者通常都是位高权重的宰辅。他们是这一党的核心，也是党争中的"指挥官"。那些官位较低的成员，往往活跃在党争的第一线。他们直接攻击对方势力，是党争中的"冲锋者"。在必要的时候，这些"冲锋者"会为朋党的利益作出牺牲。由此可见，朋党成员地位有高下，分工有差别。平等互助，并非朋党的根本特性。

本书首先从西汉后期的政局入手，研究士大夫的结党行为。西汉后期的改制运动，表面上看，是士大夫主张施行的。实际上，执政外戚在改制运动中发挥了很大的作用。在西汉后期的党争中，外戚是主张改制的党魁，而士大夫则充当党争中的"冲锋者"。东汉后期，士大夫与宦官之间爆发冲突，士大夫阵营以太尉陈蕃、司隶校尉李膺为领袖，而这一阵营依附于外戚窦武。乡野之中的儒士，可以平等相交；当他们以群体的形式出现在朝堂之上，与其他势力争夺权力之时，就需要依赖外戚势力的庇护。外戚即使对士大夫的政治理想缺乏认同，也会为了与其他当权者争斗而拉拢后者。

世入魏晋，外戚虽仍能获得执掌朝政的机会，如西晋后期，外戚杨氏、贾氏家族先后执政，但士大夫群体已成为最强大的政治势力。他们结党相争，不再需要外戚的庇护。西晋初年，贾充、任恺两方的斗争，被史官记录为朋党之争。《晋书·任恺传》曰："庾纯、张华、温颙、向秀、和峤之徒皆与恺善，杨珧、王恂、华廙等充所亲敬，于是朋党纷然。"[1]贾充一党在西晋初年很重要。我将从贾充及其党羽入手，探究晋初党争的实质。

古代的党争，一般指发生在朝廷高层的斗争。中低级官吏和地

---

[1] 《晋书》卷四五《任恺传》，第 1286 页。

方官之间的斗争,通常不被称作党争。这也就意味着党争往往发生在"天子脚下",与皇帝的距离更近。因此,皇帝对臣下结党的态度,值得关注。韩非说:"若以誉进能,则臣离上而下比周……交众与多,外内朋党,虽有大过,其蔽多矣。"①先秦法家致力于加强君王专制集权,认为君主应警惕臣下结党。但帝王有时会默许,甚至纵容臣下结党。晋武帝即位时,贾充一党已经形成。西晋初年,贾充及其党羽在政治上很强势。如何制衡,以及依靠何种力量制衡贾充,是武帝面对的现实问题。他既作出宠信贾充的姿态,也扶植自己的班底。实际上,贾充一党中的骨干成员——荀勖、冯紞,与武帝的私人关系较为密切。分析贾充及其党羽在政治上失势的原因,不能忽视皇权的作用。

武帝的侍从文官,是他巩固皇权的重要助力。他们依附于武帝,与贾充一党抗衡。这些士人的荣宠和权势,取决于他们与皇帝之间的关系。我将把贾充一党与侍从文官联系起来,在第二章中予以考察,并探究皇权在士人结党行为中的作用。

惠帝即位后,皇后贾南风诛除政敌,掌握执政大权。她笼络名士,利用自己的姻亲关系,培养亲信,即"亲党"。这些士人为贾后效力,与贾氏一荣俱荣、一损俱损。贾后执政,代行皇权。亲党士人依附于贾后,实际是依附于皇权。他们受到贾后任用,在一定程度上反映出士人结党与皇权之间的联系。

研究士人结党,需要考察西晋的政治斗争。以往对政治斗争的研究,大多重视斗争的过程。本书除关注斗争过程外,还将考察士人与皇帝或执政者的关系,重点探究这种关系对士人政治发展的影响。所谓政治发展,包括官位晋升和权势扩展。结党为士人带来了

---

① 王先慎集解:《韩非子集解》卷二《有度》,第35页。

怎样的利益？这些士人与皇帝或执政者关系的变化，又对他们的政治前景产生怎样的影响？这两个问题都将是我考察的重点。

探讨西晋士人的结党活动，很容易使人联想到曹魏后期的曹、马之争。正始年间，曹爽、司马懿这两位辅政大臣不和。司马懿发动政变，诛杀曹爽兄弟。此后，司马氏用十余年的时间"作家门"，代魏建晋。不过曹、马之争能否被视作"党争"，值得深思。正如仇鹿鸣先生所说，许多老臣参与司马懿发动的政变，"是为了结束曹爽专权的局面，恢复原有的政治秩序，维护自身的利益。但他们并没有支持司马氏改朝换代的意图和打算"。①司马氏拥护者聚合成一个相对稳定的政治集团，应是司马师、司马昭执政期间的事。有关曹、马之争，前人研究非常详尽，本书不拟作专门讨论。笔者仅在此提示一点：前人多将曹爽阵营视作曹魏皇室的代表，这一看法应比较接近史实。魏明帝未登基时，出身远支宗室的曹爽与之交好。明帝即位后，曹爽历任散骑侍郎、武卫将军等官，与明帝关系亲密。②曹爽任用的士人中，丁谧为其故交，何晏、夏侯玄皆为曹魏宗室，邓飏、李胜等为夏侯玄故友。毕轨则是明帝在东宫时的"文学"之士。③他们或是曹氏宗亲，或与明帝、曹爽关系密切。我们可以将他们视作依附于曹魏皇权的政治力量。曹爽阵营的性质，与本书研究的西晋士人结党有一定的相似之处。不过前人对曹爽阵营的研究成果很多，笔者不再对此进行深入讨论。

交游是人类最古老的社会关系。人们选择交游对象，有时受血缘、姻亲和地域等因素的影响，但不受它们局限。梁代刘孝标认为交游有"素交"和"利交"。利交之中，又有"势交""贿交""谈交""穷

---

① 仇鹿鸣：《魏晋之际的政治权力与家族网络》，上海古籍出版社，2015 年，第 108 页。
② 《三国志》卷九《魏书·诸夏侯曹传》，第 282 页。
③ 《三国志》卷九《魏书·诸夏侯曹传》裴松之注，第 289 页。

交"和"量交"。①在不同的人生阶段、境遇及场合中,人们可能发展出不同性质的交游关系。因此,研究交游,需要将其置于特定的条件之下。

交游与结党有很大不同。士人交游,通常不是为了与其他势力争夺权力。结党则与朝廷高层的政治斗争紧密相关。相比朋党,交游关系更重平等相待。这里的平等相待,并不意味着好友的社会地位,以及他们掌握的社会资源是均等的。有些情况下,一个交游圈中会出现个别强势人物。人们或许会为牟取利益而诏事友人。但与社会组织和官僚机构中的地位差异不同,大多数交游关系成立的前提,是平等互助。我将在第一章中指出,两汉部分外戚、功臣为塑造自己谦退的政治形象而招揽贤士,甚至求交于儒士。在东汉末年以来的士人交游活动中,一些名士居于核心地位,是士人交游的领袖人物,但他们与友人以师友相称,相互师法,互敬互助。交游关系不依赖于官僚组织而存在。各方结为朋友,并不是为了与其他势力争夺权力。因此,交游关系中不存在分工,也就没有组织性。

本书从汉晋士林活动的视角出发,研究士人的交游活动。东汉前、中期,外戚、宦官,主要是外戚与士大夫多有交往。部分士大夫为外戚出谋献策。东汉后期,士人阶层的势力逐渐发展壮大。清流士大夫往往相互标榜,结为朋友。范晔总结这一时期的清流士人活动,曰:"逮桓灵之间,主荒政缪,国命委于阉寺,士子羞与为伍,故匹夫抗愤,处士横议,遂乃激扬名声,互相题拂,品核公卿,裁量执政,婞直之风,于斯行矣。"②"激扬名声,互相题拂",是士人交游的主要方式。他们"品核公卿,裁量执政",成为统治阶层无法忽视的力量。

---

① 《梁书》卷一四《任昉传》,中华书局,1973 年,第 255—257 页。
② 《后汉书》卷六七《党锢列传》,第 2185 页。

这也意味着从这一时期起,士大夫作为一个群体,其交游结友活动对社会舆论和政治风气产生重大影响。

理解汉晋时期的士人交游,可以参考社会学家布迪厄(Pieree Bourdieu)提出的"场域"概念。布氏认为,场域是一个冲突和竞争的空间,"参与者彼此竞争,以确立对在场域内能发挥有效作用的种种资本的垄断——在艺术场域里是文化权威,在科学场域是科学权威,在宗教场域是司铎权威,如此等等"。他指出,场域可以被定义为"在各种位置之间存在的客观关系的一个网络(network),或一个构型(configuration)……在高度分化的社会里,社会世界是由大量具有相对自主性的社会小世界构成的,这些社会小世界就是具有自身逻辑和必然性的客观关系的空间"。①场域是存在地位分层和冲突的"小世界"。汉末魏晋时代,士人的评价和地位,往往是由其交游对象决定的。用场域的视角观察汉末魏晋士林群体的交游活动,是比较合适的。东汉后期以来的士人交游活动带有浓厚的道德文化意味。党锢士人发扬"婞直之风",魏晋名士多好玄学清谈。相比血缘、地域,文化因素对士人交游更重要。因此,我们可将汉晋士人交游视为文化场域。士人在该场域中的地位、竞争等问题,是本书重点考察的。

汉末以来,士人交游对社会舆论和政治有巨大的影响力。交游可以提高士人的声名,声名又可以转化为入仕的资本。士人交游中的权威人物,亦即名士,通常是一般士人争相交结的对象。在交游之中,竞争和冲突有时也难以避免。本书将探讨士人交游对仕途的影响,并关注交游中的竞争和冲突。

---

① 布迪厄、华康德:《反思社会学导引》,李猛、李康译,中央编译出版社,2004 年,第 18、133—134 页。

汉末魏晋的名士,通常在道德文化方面有一定的追求。寻常士人想结交名士,须在学术上追随名士,得到名士的认可。因此,本书也将对玄学、文学等文化领域的问题作简单考察,重点探究曹魏西晋的士林群体,特别是年轻士人对不同学术文化风尚的接纳过程。

前辈学者多将魏晋时期的政治斗争与学术分歧联系起来。相近的学术文化旨趣,易使士人结成"七贤""四友"之类的交游圈。同一交游圈中的士人或许会在政治上相互提携,但他们结合的纽带是相近的文化旨趣,而非政治利益。部分士人或有以交游为仕进牟利的考量。但谋求仕进,与结党争权有本质区别。因此,对士人结党与交游予以分别考察,是有必要的。

本书以"汉晋"为题,主要研究的时段是两汉至西晋。儒士大夫自西汉中期开始,逐渐成为官僚群体的主要组成部分。西汉后期的复古改制运动,除制度改革外,还伴随着士大夫群体凝聚为朋党、与反对改制的外戚和文法吏相互斗争的过程。因此,本书将以西汉后期的改制运动为研究起点。两汉士人的结党活动,受到外戚、宦官的制约。士大夫与其他政治势力开展党争,往往需要依附于外戚。士人也大多接受外戚递上的橄榄枝,与当权者交好。而东汉后期士林的高调交游,对魏晋以后的士大夫群体影响深远。自此,士大夫群体兼具最强大的政治势力和文化势力这两种特征。在朝堂之上,士大夫群体结党不再受外戚、宦官势力的制约;在朝堂之外,士林交游活动能左右文化风习乃至政治风气。曹魏和西晋这两个连续性较强的王朝,皆承继东汉后期士林活动的影响。贾南风死后,西晋朝廷陷入极大的动荡之中。宗王举兵相斗,公卿士人或遭诛戮,或遭宗王裹挟。政治舞台上活跃的,主要是宗王和武将。永嘉南渡后,皇帝与士人的关系发生重大变化。皇权衰弱,门阀大族当权。相比西晋,东晋皇帝对士人活动的影响力降低。西晋灭亡后,五胡政权统治北方。十六国时期,北方的士人活动也不再兴盛。因此,本书研究士人结党,以元康年间为下限;研究士人交游,以东晋初年为下限。

汉晋时期,士林群体之外的知名交游活动也很普遍。西汉外戚窦婴和功臣灌夫的交往名噪京师。西汉后期,文法吏朱博和陈咸交好。史称朱博"好客少年……伉侠好交",①他交往的对象包括文法吏和游侠,成分很复杂。西晋末年,天下大乱,河东人郭璞"潜结姻昵及交游数十家,欲避地东南"。②郭璞出身官宦之家,博学多识,是士林群体中的一员。但郭璞的交游对象不会全是士人。他的"姻昵"和"交游",属地方势力。联姻与交游,都是地方豪族巩固乡党势力的重要方式。不过本书主要研究以士大夫为主体的交游活动。对于士林群体之外的交游活动,我不拟作过多探讨。

由于前人研究十分详尽,汉晋政治史领域的新发现,往往出现在一些细节问题上。如何在研究中兼顾"大"与"小",是研究者需要注意的。我将以士人活动与皇权之间的联系为研究主线,并对具体的政治人物和事件作深入分析,从细节入手,仔细考辨史料。《三国志》、唐修《晋书》和《世说新语》都是我主要的参考资料。唐修《晋书》因循诸家旧《晋书》,在编纂过程中,一些重要信息遭到删减、遗漏。我将从各大类书辑录的旧《晋书》,以及《世说新语》刘孝标注、《文选》李善注等材料中寻找线索,排比史料,尽可能做到充分、细致考证。

在具体研究中,我将对人物的年龄予以特别关注。年龄在交游活动中很重要。尽管"忘年交"在古今中外屡见不鲜,但一般情况下,年龄相仿的人之间更易产生友谊。在汉晋史书中,人物的年龄

---

① 《汉书》卷八三《朱博传》,中华书局,1962 年,第 3398 页。
② 《晋书》卷七二《郭璞传》,第 1899 页。

有时记载含混，有的人卒年不详，有的人行辈不清。时间线在历史研究中非常重要。理清人物和事件的时间线索，有利于细部研究，也能推进我们对汉晋政治的总体认知。

二、前人研究概述与反思

关于汉代士大夫交游、结党的研究，前人已积累了一定的成果。汉代士大夫交游引发的著名政治事件，是汉末党锢之祸。这场朝廷针对士大夫的残酷打击，源于士林高调交游结友的活动。钱穆先生详细梳理了东汉前、中期至东汉后期士大夫与宦官、外戚的冲突，并讨论了东汉后期的名士"清议"。钱先生认为东汉儒士"只看重形式的道德，不看重事实的效果，所以名士势力日大，而终不能铲除宦官的恶势力"。[①]他对东汉士人交游活动之精神和弊病的研究，对我们有一定的启发。余英时先生《士与中国文化》讨论先秦至汉晋士阶层的兴起，以及士大夫群体和统治者之间的关系。他对东汉后期士大夫与宦官、外戚间的冲突尤其关注，认为汉末士大夫的交游活动开启了士大夫"群体自觉"。[②]其说对学界考察两汉士大夫的群体意识，以及汉末士林交游风气有很大帮助。

研究士大夫群体的文化取向与群体政治行为，亦是探讨两汉士大夫政治交际的方式。阎步克先生《士大夫政治演生史稿》以汉代儒士政治角色的演变为研究对象，观察士大夫群体的政治演进，考察先秦到两汉该群体的形成和演化。尤为值得注意的，是阎先生将儒士与文吏的分化和矛盾纳入传统"儒法之争"的问题视野，在意识形态之外，更强调不同文化群体间的矛盾和冲突。这一视角对我们

① 钱穆：《国史大纲》，商务印书馆，1991 年，上册，第 191 页。
② 余英时：《士与中国文化》，第 251—286 页。

考察汉代,特别是西汉儒生的结党活动有很大帮助。此外,阎先生探讨汉魏时期儒生、文吏的合流,认为至迟到曹魏中期,儒生、文吏这两个群体漫长的冲突已大致终结,文吏多需通儒家经义,儒生入仕亦需精于刀笔。①这对我们研究两汉士大夫群体的政治行为有很大帮助。业师陈苏镇先生《〈春秋〉与"汉道"——两汉政治与政治文化研究》,以政治文化为研究对象。他以各派《春秋》经学家的政治主张为枢轴,对两汉,特别是西汉中期至东汉各派政治势力的变化、国家政治方向的转变等重要问题进行阐发。②在陈先生的政治文化视角下,后人能找到两汉的诸多政治事件以及政治斗争的原因;士大夫在朝堂之上与其他势力结党相争,后人也能找到其背后的学术依据。上述研究对我们探讨汉儒的政治交际有很大启发。

前人少有专门研究汉晋士人交游的成果。近年来,蒋晓亮女士《东汉魏晋官僚士人关系网络研究》是对这一问题进行研究的代表作。蒋女士通过郡县政务运行研究东汉地方政府中的士人关系网络,探讨东汉士人的会丧、行葬。对魏晋士人的交际活动,蒋女士关注魏晋士人的品题和集会,并讨论两晋交际圈的运行机制和实践。蒋女士重视探讨汉晋士人权力意识萌芽和谋取政治权力的实践。③夏增民先生通过熹平石经的刊刻观察汉灵帝一朝士人与宦官的斗争,并考察汉末名士群体的政治交际。④上述研究对汉晋士人交际活动皆有发覆。不过目前学界尚无通过士大夫交游这一视角,通贯地考察两汉到西晋诸多政治事件的成果。

---

① 阎步克:《士大夫政治演生史稿》。
② 陈苏镇:《〈春秋〉与"汉道"——两汉政治与政治文化研究》,中华书局,2023年。
③ 蒋晓亮:《东汉魏晋官僚士人关系网络研究》,博士学位论文,武汉大学,2020年。
④ 夏增民:《熹平石经刊刻与东汉后期士人的交际网络》,秦汉魏晋南北朝史国际学术研讨会论文,襄阳,2016年8月,第129—144页。

有关曹魏西晋的结党与党争,学界积累了丰富的研究成果。探讨西晋党争,需要追溯曹魏后期的曹马之争。万绳楠记录陈寅恪先生于1947年至1948年讲授魏晋南北朝史的内容,整理成《陈寅恪魏晋南北朝史讲演录》。书中首章《魏晋统治者的社会阶级》,是陈先生对魏晋两朝统治阶层差异的思考。陈先生认为曹氏出身阉宦阶级,是非儒家寒族;河内司马氏是儒学豪族。司马氏夺取皇位,是儒学豪族对非儒学寒族的胜利。①陈先生对魏晋政治与文化的思考持续多年。他于1950年完成论文《崔浩与寇谦之》,在文中提到了汉晋间的史事。陈先生认为,汉末曹袁争霸,代表寒族的曹操战胜袁绍,实属偶然。司马氏夺曹氏皇权,是儒学大族对寒族的反击。儒学大族的缺陷在于奢侈,寒族的缺陷在于放荡。司马氏集团中有很多寒族出身者。他们和儒学大族相互影响,使西晋统治阶层既奢侈、又放荡,逐渐腐化。②1956年,陈先生作《书世说新语文学类钟会撰四本论始毕条后》,专论魏晋政治。他从《世说新语·文学》篇"钟会撰四本论"条出发,探讨魏晋两朝统治阶层文化风尚的差异。曹操颁布《求贤令》,认为有才者未必有德,有德者未必有才。这和东汉儒学大族的观念差异很大。儒学世家往往强调德才兼备,体用合一。曹魏后期,一些士人就才性问题立论。李丰和王广是曹氏的拥护者,他们的观点和《求贤令》的精神基本一致;傅嘏和钟会是司马氏党羽,他们的观点与《求贤令》不同。陈先生说:"曹氏司马氏两党皆作殊死之斗争,不独见于其所行所为,亦见于其所言所著。"③这句话

---

① 万绳楠整理:《陈寅恪魏晋南北朝史讲演录》第一章《魏晋统治者的社会阶级》,黄山书社,2000年,第1—31页。

② 陈寅恪:《崔浩与寇谦之》,收入《金明馆丛稿初编》,《陈寅恪集》,生活·读书·新知三联书店,2001年,第120—158页。

③ 陈寅恪:《书世说新语文学类钟会撰四本论始毕条后》,收入《金明馆丛稿初编》,《陈寅恪集》,第47—54页。

能代表他对曹马党争的认识。曹、马两方学术观点方面的差异,和他们在政治上的对立相映成趣。这是陈先生对魏晋政治的重要观点。

陈寅恪先生以学术风尚和阶层差异为标准,区分魏晋两朝的统治阶层,易使人联想到他研究唐史,将种族与文化视作"实李唐一代史事关键之所在,治唐史者不可忽视者也"。①魏晋之际的政治与种族问题关系不大,所以陈先生特重文化风习在魏晋政治中的作用。他将这一因素与阶层差异联系起来,形成了对曹、马之争的基本认识。这一研究范式对学界影响深远。一些学者在陈先生的基础上,继续探讨曹、马之争。万绳楠先生在《曹魏政治派别的分野及其升降》中,提出了"汝颖集团"和"谯沛集团"的概念。②此后,他在论著《魏晋南北朝史论稿》第五章《曹魏政局的变化与西晋的统一》中也发表了类似观点。③万先生从地域和士庶之分的视角出发,认为曹魏有以汝颖人士为核心的士族集团,与以谯沛人士为核心的庶族集团。谯沛是曹氏故里。谯沛集团多为庶族出身,尚武,多出武将。汝颖多出名士。汝颖集团多为世家大族,素习儒学,以文官为主。两个集团在曹魏一朝斗争不断。曹丕在汝颖人士的支持下继位,打击谯沛人。司马懿杀曹爽,司马氏掌控政权,标志着汝颖集团对谯沛集团的最终胜利。万先生将文化和阶层统摄到地域这一分析框架中,用以分析曹、马之争。他对陈寅恪先生的观点既有继承,也有发展。柳春新先生发表论文《曹操政权中的谯沛集团与颍川集团》,重点观察曹操创业过程中,谯沛、汝颖等地方人士的贡献。他探讨颍川集团在代汉问题上与曹操的分歧,以及曹操政权与颍川士人关

---

① 陈寅恪:《唐代政治史述论稿》,《陈寅恪集》,第183页。
② 万绳楠:《曹魏政治派别的分野及其升降》,《历史教学》1964年第1期,第2—11页。
③ 万绳楠:《魏晋南北朝史论稿》,安徽教育出版社,1983年,第78—94页。

系的缓和。①柳先生从地域集团的角度研究曹魏政治,和万先生相近。万先生提出谯沛集团的概念,在解释曹魏前期的权力结构时具备一定的说服力。但将曹、夏侯家族与其他籍贯不同的武将都归入谯沛集团,似乎比较牵强。万先生将司马氏也归入汝颍集团。但司马氏出身河内郡,所谓汝颍集团中的很多士人也并非出身汝颍。柳先生将颍川集团的成员限定在颍川郡之内,对万先生的理论做了一定的修正。

陈寅恪等前辈学者将曹、马视作两个不同的政治集团,用士庶、文武等角度区分曹、马两阵营。这种分析框架对学界的贡献不可否认。但首先,能否将司马氏集团视为某种单一属性的政治集团,还需慎重。许多朝臣依附于司马氏,并不是因为他们具有某种共同的社会、文化和地域属性。实际上,这些朝臣之间的差异性是很大的。其次,魏晋之际,严密的士族制度尚未形成,士庶之别尚不分明。礼法作为一种社会规范,为统治阶层中的多数人遵从。用儒学、非儒学与士族、庶族来区分魏晋统治者,难称准确。曹氏、夏侯氏人丁兴旺,人才辈出。到曹魏后期,他们不再是寒族。魏晋时期,文武之分并不明确。曹氏和夏侯氏虽多出武将,但也有夏侯玄这样的著名学者。司马懿早年一直担任文职,从明帝朝开始"北伐公孙,西距诸葛",所以晋武帝宠妃胡贵嫔称司马氏为"将种"。②文武之分同样不能作为区分曹、马的标准。总之,从士庶、学风、地域与文武等角度区分曹、马两方,是很困难的。胡宝国先生评价陈寅恪先生的研究,说:"从表面上看,陈寅恪先生也是在寻找历史线索,但从深层次上

---

① 柳春新:《曹操政权中的谯沛集团与颍川集团》,《魏晋南北朝隋唐史资料》第 18辑,武汉大学出版社,2001 年,第 26—35 页。
② 《晋书》卷三一《后妃上·胡贵嫔传》,第 962 页。

看,他有时实际上不自觉地是要用历史的线索来证明自己的理论。他有理论先行的嫌疑。"①陈先生开创的研究模式,对学界的贡献不容否认。但如果将魏晋皇族视为两个单一属性的集团代表,用以分析两个阵营中的士人,那么这样的研究即使不是"理论先行",也难免"框架先行",难以避免模式化的缺陷。

许多学者将学术史与政治史结合起来,以"儒—玄"对立的视角研究魏晋政治。曹魏中期以来,何晏等人首倡玄风,嵇康、阮籍等人通脱放达,开创了与儒学礼法不同的新风尚。世入西晋,王戎、王衍等名士喜爱清谈,祖尚玄虚,引得士子争相效仿。许多学者将学术分歧与党争联系起来,探讨曹魏西晋的政治。鲁迅先生于1927年发表文章《魏晋风度及文章与药及酒之关系》,谈及魏晋名士对礼教的态度,认为嵇康、阮籍表面上反对名教,实际反对司马氏以名教之名行篡权之实。②鲁迅先生将玄学名士与守礼法者对立起来,用以区分司马氏的反对者和拥护者,为学界研究魏晋政治与文化提供了新思路。唐长孺先生于五十年代发表论文《魏晋才性论的政治意义》与《魏晋玄学之形成及其发展》,探讨魏晋玄学与政治的关系。他认为玄学主要关注名实问题。曹魏前期的政治是名法之治,有扩大君权、抑制大族的意义。齐王在位期间,君权衰弱,权臣当道,所以何晏等人提倡无为。等到儒学大族司马氏当权,"这个政治集团代表世家大族的利益又提倡名教",所以他们把综核名实与维护名教结合起来。③这一研究思路将玄学纳入儒学豪族与非儒学寒族对立的

---

① 胡宝国:《读〈东晋门阀政治〉》,收入《虚实之间》,社会科学文献出版社,2011年,第6页。

② 鲁迅:《魏晋风度及文章与药及酒之关系》,收入《而已集》,《鲁迅全集(第三卷)》,人民文学出版社,2005年,第523—553页。

③ 唐长孺:《魏晋才性论的政治意义》《魏晋玄学之形成及其发展》,收入《魏晋南北朝史论丛》,中华书局,2011年,第286—337页。

框架中,与陈寅恪先生的研究方法有相近之处。汤用彤先生《魏晋玄学中的社会政治思想和它的政治背景》,认为何晏等人主张君主无为而臣下揽权,为曹爽掌权张目。嵇康、阮籍等人反对司马氏篡权,关心名教。他们反对的是假礼教和篡位。世入西晋,向秀、郭象等人为司马氏篡位找理由,维护地主阶级的统治利益。汤先生的观点和鲁迅先生相近,都视司马氏维护的礼教为"假名教",将玄学名士视作司马氏的政敌。①司马氏提倡的名教是否为真,以上三位学者有不同的看法,但他们都将玄学人物与司马氏对立起来。这种研究范式同样对学界影响深远。

王晓毅先生《司马炎与西晋前期玄、儒的升降》,将思想史和政治史结合起来,研究魏晋之际的士大夫。他将西晋的礼法之士和玄学名士分为新老两代。到西晋初年,老一代礼法之士死亡殆尽。新礼法之士和玄学名士成长的年代相近,且前者也受正始名士的影响。晋武帝努力在这两派中间维持平衡。到了太康年间,以贾充为代表的礼法之士影响力降低,旧有的礼法、玄学人士的分野不复存在,西晋的官僚阶层普遍成为玄学之士。②王先生还发表论文《西晋贵无思想考辨》,将西晋的玄学名士分为崇"有"派和贵"无"派。崇"有"派士人往往在政治上积极进取,最终不免杀身之祸;贵"无"派士人则持身保位,许多人幸免于难。③王先生从学术争鸣入手,研究士大夫群体的政治分歧。"儒""玄"与崇"有"、贵"无"之分是否有进一步探讨的空间,或可思考,但王先生关注士人的学术风尚,探讨他

---

① 汤用彤:《魏晋玄学中的社会政治思想和它的政治背景》,《历史研究》1954 年第 3 期,第 63—94 页。

② 王晓毅:《司马炎与西晋前期玄、儒的升降》,《史学月刊》1997 年第 3 期,第 20—28 页。

③ 王晓毅:《西晋贵无思想考辨》,《中国哲学史》2006 年第 2 期,第 45—55 页。

们的代际差异,颇具启发意义。

高平陵之变后,何晏、夏侯玄、嵇康等玄学名士遭司马氏诛戮。西晋统治者倡导礼教,亦属事实。但文化分歧能否成为区分不同政治派别的标准,或可商榷。文化取向是士人交游结友的重要参考。文化底蕴相近的人,或可结为好友,但这不意味着他们是政治斗争中的朋党。人们是否结为朋党,取决于他们是否有共同利益。因此,交游与结党这两种行为,不能画等号。研究魏晋士人,考察他们的文化取向,有一定的必要性。但士人的学术分歧,与他们在政治斗争中的抉择是否有直接关系,需要慎重考虑。

西晋建国后,以贾充等建晋功臣为核心的党争颇受研究者重视。晋初党争,可在某种程度上视为魏末政争的延续。贾充及其党羽的政治作为,是研究者关注的焦点。徐高阮先生的著作《山涛论》,以竹林名士山涛为核心,研究晋初党争。他认为晋初存在以山涛、羊祜为首的亲魏派,和以贾充为代表的建晋功臣这两派势力。双方围绕尚书台和选官权展开争斗。①在西晋代魏已成既定事实的情况下,士人还有无必要亲魏;假使亲魏势力存在,山涛是否是这一派的首脑,这两点值得怀疑。正如周一良先生评论的,"徐文对史料驱使之熟练与运用之巧妙使我叹服,但并不同意其结论"。②但徐先生指出山涛和贾充之间存在权力斗争,有一定的价值。他的论断对八十年代以后的大陆学界影响甚大。杨恩玉先生《山涛、羊祜与晋武帝朝之政争》指出山涛、羊祜都是司马氏亲信。他给贾充及其党羽冠以"奸佞派"的称呼,将任恺、张华等贾充政敌称为"正直派",指出两派斗争"显示了奸邪与忠正、个人私利与国家利益的对立"。③杨

① 徐高阮:《重刊洛阳伽蓝记·山涛论》,中华书局,2013年,第223—281页。
② 周一良:《毕竟是书生》,收入《毕竟是书生》,天津人民出版社,2016年,第86页。
③ 杨恩玉:《山涛、羊祜与晋武帝朝之政争》,《史学月刊》2018年第4期,第47—59页。

先生对徐先生观点的修正具有一定价值,但类似"奸佞""正直"这类
对人物品行的评价,是否适用于考察晋初党争,值得思考。贾充或
有揣测上意,极力迎合皇帝的一面。《晋书》说他"能观察上旨",①说
明他并非直言敢谏之辈。但政治人物通常是复杂的。将贾充、荀勖
等人视作奸佞小人,容易将他们"脸谱化",使研究者无法准确把握
晋初党争的实质。

学界从其他角度研究晋初朋党,也取得了丰富的成果。小池直
子分析泰始年间贾充出镇事件,特别关注晋武帝在党争中的作用。②
安田二郎先生在《西晋朝初期政治史试论》中指出,贾充反对武帝伐
吴,是因为武帝完成统一大业,会增强自身权威。武帝与齐王攸兄
弟之间的差距加大,是贾充不愿看到的。③权家玉先生《晋武帝立嗣
背景下的贾充》,考察了武帝与贾充之间的关系。他注意到武帝立
嗣问题的敏感性,指出贾充身为齐王攸的岳父,受武帝猜疑。武帝
让贾充出镇,是为了逼迫贾充联姻太子。他介入贾充家事,主要目
的是防备贾充与齐王攸联手。④仇鹿鸣先生也关注武帝对贾充的疑
忌,探究这对君臣之间的微妙关系。⑤以上几位学者跳脱出"贾充是
武帝宠臣"这一固有认识,对晋初党争提出了新见。

贾充是齐王攸的岳父。武帝为巩固自己及太子的地位而疏远
齐王,并扶植外戚杨氏。一些学者将晋初党争与外戚权势的变化联

---

① 《晋书》卷四〇《贾充传》,第 1166 页。

② 小池直子:《賈充出鎮——西晋·泰始年間の派閥抗争に関する一試論》,《集刊東
洋学》第 85 期,2001 年,第 20—40 页。

③ 安田二郎:《西晋朝初期政治史試論》,收入《六朝政治史の研究》,京都大学学术出
版会,2003 年,第 5—41 页。

④ 权家玉:《晋武帝立嗣背景下的贾充》,《魏晋南北朝隋唐史资料》第 23 辑,武汉大
学文科学报编辑部,2006 年,第 58—70 页。

⑤ 仇鹿鸣:《魏晋之际的政治权力与家族网络》,第 202—212 页。

系起来。权家玉先生发表论文《西晋杨骏一族的崛起》,认为武帝咸宁二年(276)病重,贾充在太子与齐王之间首鼠两端、游移不定。武帝立杨悼后,扶植杨骏等"三杨",是因为他对贾充有所怀疑,想以扶植新贵的方式保护太子。①仇鹿鸣先生也特别关注武帝咸宁二年的重病。他指出,武帝病重期间,夏侯和等人密谋拥立齐王,使武帝认识到自己与太子的地位不够稳固,所以武帝病愈后立即准备伐吴,希望通过外战立功提升自己的权威。贾充势微、杨氏崛起,皆与这一重大事件有关。仇先生将咸宁二年称作"不起眼的转折之年"。②武帝朝前期,齐王攸确实为朝野瞩目,但顾江龙先生在《齐王攸就国考论——晋武帝"必建五等"的历程之一》中指出,唐人在修撰《晋书》时,可能受当时政治环境的影响,渲染、放大武帝与齐王争储之事。实际上,武帝病愈后调整诸王封国等措施,并不是为了防备齐王。太康年间,武帝令齐王就藩,表面原因是他听信荀勖等人的谗言。更深层次的原因,是武帝想效仿周制,实现封建五等的理想。③这一论断新颖独到。顾先生从文本考证出发,在一定程度上解构了"武帝—齐王争储"和"齐王—惠帝争储"这两个历代史家重视的事件。他另撰《太康十年分封与杨骏的兴灭》,探究武帝晚年调整封王的用意,进而研究武帝朝后期崛起的外戚杨氏,考察杨氏崛起和覆灭的过程。④

　　一些学者将武帝制衡贾充与疏忌齐王联系起来,认为武帝防备

---

① 权家玉:《西晋杨骏一族的崛起》,《魏晋南北朝隋唐史资料》第 24 辑,武汉大学文科学报编辑部,2008 年,第 57—67 页。

② 仇鹿鸣:《魏晋之际的政治权力与家族网络》,第 213—269 页。

③ 顾江龙:《齐王攸就国考论——晋武帝"必建五等"的历程之一》,收入《田余庆先生九十华诞颂寿论文集》,中华书局,2014 年,第 242—263 页。

④ 顾江龙:《太康十年分封与杨骏的兴灭》,《华东师范大学学报》2018 年第 4 期,第 61—71 页。

齐王,是为了巩固皇权。面对贾充等开国功臣,武帝确有加强皇权的必要。但能否将这一行为与防备齐王联系起来,值得深思。曹文柱先生《西晋前期的党争与武帝的对策》,称贾充等功臣为主流派、与贾充对立的朝臣为非主流派。曹先生认为西晋建国基础比较薄弱,朋党的出现,在一定程度上是必然的。武帝为巩固脆弱的皇权,不得不施展帝王之术,并通过伐灭吴国加强个人权威。①"主流派"与"非主流派"的区分或可商榷。但曹先生认为武帝在党争中起到了一定的作用,颇具启发意义。帝王之术是现代历史研究很少涉及的内容。曹先生从这个视角研究晋初政治,有独特的效果。在晋初党争中,皇帝起到了什么作用,值得我们深入探究。

西晋的第二代皇帝——晋惠帝生性驽钝,无法正常行使皇权。元康年间,实际执政者为皇后贾南风。她如何任用士人,巩固自己的执政地位,值得关注。田中一辉与小池直子分别发表论文,对贾后的执政手段和用人等问题皆有发覆。②权家玉先生考察贾南风与愍怀太子之间的关系,梳理了东宫与贾后之间的矛盾,并对"贾氏集体"内部的关系变化提出见解。③元康年间,士人是否有结党之事?作为实际执政者的贾后,在士人结党中起到了怎样的作用? 对这些

---

① 曹文柱:《西晋前期的党争与武帝的对策》,《北京师范大学学报》1989 年第 5 期,第
44—51 页。
② 田中一辉:《西晋惠帝期の政治における贾后と诏》,《史林》第 94 卷第 6 号,2011
年,第 817—846 页;此文后收入氏著《西晋时代の都城と政治》,朋友书店,2017
年,第 139—182 页;小池直子:《晋惠帝贾皇后の实像》,收入《魏晋南北朝史のい
ま》,勉诚出版,2017 年,第 18—26 页。
③ 权家玉:《废愍怀太子事件与西晋政局的全面失控》,《魏晋南北朝隋唐史资料》第
34 辑,上海古籍出版社,2016 年,第 44—62 页。近期,权先生的著作《魏晋政治与
皇权传递》出版,收录了《晋武帝立嗣背景下的贾充》《西晋杨骏一族的崛起》及《废
愍怀太子事件与西晋政局的全面失控》等文章。该书亦可资我们参考。权家玉:
《魏晋政治与皇权传递》,社会科学文献出版社,2019 年。

问题的探讨,仍有进一步深入的空间。

探讨魏晋士人的政治发展,不能离开对九品中正制的认识。唐长孺先生在《九品中正制度试释》中研究了这一制度,认为九品中正制配合了汉代以来门阀制度的发展。①胡宝国先生《魏西晋时代的九品中正制》,探讨了魏晋"世族"与"势族"的区别,指出势族不等于世家大族,而是掌握权力的家族。这类家族在政治上的权势忽高忽低,并不稳定。②阎步克先生《察举制度变迁史稿》和《品位与职位——秦汉魏晋南北朝官阶制度研究》,研究魏晋南北朝的察举和品位制度。阎先生对中正品和官品的关系,以及《魏官品》的问世时间皆有发覆。他认为世入西晋,士族势力强大,九品中正制变成了"以名取人"和"以族取人"的结合,专制皇权对政治的影响力进一步削弱。③祝总斌先生在《试论魏晋南北朝的门阀制度》一文中指出,相对此后的东晋南朝,西晋的士庶之分尚不明确,德才仍是评定士人的重要标准,寒士仍有仕进渠道。④张旭华先生在《试论西晋九品中正制的弊病及其作用》中指出,九品中正制在一定程度上造成西晋王朝的衰朽、腐化。门阀士族借此制度来维持自己的特权,使士庶之分逐渐确定下来。⑤此后,张先生又发表论文《魏晋时期中正品评与考察乡论再探讨》,强调魏晋的中正品评与乡里舆论紧密结合的一面。他指出,尽管到了西晋,九品中正制已经沾染浓厚的门阀色

---

① 唐长孺:《九品中正制度试释》,收入《魏晋南北朝史论丛》,第 81—121 页。
② 胡宝国:《魏西晋时代的九品中正制》,《北京大学学报》1989 年第 1 期,第 81—91 页。
③ 阎步克:《察举制度变迁史稿》,人民大学出版社,2009 年,第 83—84 页;《品位与职位——秦汉魏晋南北朝官阶制度研究》,中华书局,2009 年,第 239—252 页。
④ 祝总斌:《试论魏晋南北朝的门阀制度》,收入《材不材斋文集——祝总斌学术研究论文集》,三秦出版社,2006 年,下编,第 177—262 页。
⑤ 张旭华:《试论西晋九品中正制的弊病及其作用》,《郑州大学学报》1999 年第 6 期,第 24—30 页。

彩,但通过三年一定品、大小中正定期沟通等运作方式来看,中正品仍是"乡论"的代表。①以上研究能使我们对曹魏西晋士人的入仕权利有更加深入的了解。我将在此基础上探讨交游、结党对士人政治前景的影响。

三、章节安排与内容概述

本书正文部分分为四章。第一章研究两汉儒士的结党和交游。西汉中期以来,儒生逐渐成为官僚群体的主要组成部分。他们结为朋党,对政治产生重要影响,是从西汉后期复古改制运动开始的。我将在第一节研究西汉末期儒士大夫结党与西汉后期的改制,探讨西汉外戚在士大夫结党和复古改制过程中的作用。王莽最终掌权,代汉而立,西汉外戚辅政的权力规则发挥了重要作用。第二节探讨东汉儒士与外戚、宦官,主要是外戚之间的政治联系。东汉外戚经常征辟知名儒士进入幕府,还与儒士交游,希望这些儒生为自己出谋划策。除个别杀戮直言之士者外,多数外戚与儒士群体的关系并不恶劣。相比外戚,宦官长居宫禁,缺乏与士人建立政治联系的条件。士大夫始终不将宦官视作皇权的合法辅佐者。第三节重点探讨东汉后期士大夫交游活动与党锢之祸。东汉后期,部分士大夫以陈蕃、李膺为首,依附于外戚窦氏,试图诛戮宦官,最终失败,由此引发了"党锢之祸"。从这一角度审视东汉后期士大夫群体与宦官、外戚之间的矛盾,能发现党锢之祸是西汉后期到东汉前期政治斗争的延续。另一方面,东汉后期的名士交游活动已逐渐形成相对独立的场域。这一时期的士大夫交游活动,对魏晋政治、文化和社会风气

---

① 张旭华:《魏晋时期中正品评与考察乡论再探讨》,《史学集刊》2019 年第 2 期,第45—55 页。

影响深远。

第二章研究魏末晋初的士人结党。前两节探讨魏晋之际的贾充一党。我将先从魏末司马师、司马昭兄弟的权力交接入手,分析司马氏集团的内部矛盾,并研究贾充、荀勖等人的政治履历,以及他们受司马氏重用的过程。西晋初年,贾充一党权力很大。武帝对贾充既委任,也防备。他任用那些与贾充不合的人,充当贾充的副手,也逐渐培养、扶植自己的班底。第三节主要考察武帝的侍从群体。武帝身边的门下、散骑及中书省官员,是武帝赖以巩固皇权、制衡贾充一党的主要力量。这些年轻官僚与武帝的私人关系很亲密。他们与贾充对抗,背后的操纵者是武帝。这些士人的政治地位取决于他们与武帝之间的关系。太康年间,一些侍从文官失去武帝宠信,逐渐边缘化。贾充的党羽荀勖、冯紞也是武帝侍从,与武帝关系密切。尽管贾充一度手握大权,但他仍受制于皇权。

第三章主要研究曹魏西晋玄学名士的交游。第一节考察曹魏的浮华友与正始玄学交游。正始玄学的引领者与明帝时代的浮华友有一定的差别。玄学作为后起的学术思潮,对年轻士人更具吸引力。钟会等年轻士人深受正始名士的影响,这对魏晋之际的政治和社会风气产生了深刻影响。第二节研究西晋的玄学交游。我将以王戎、王衍为中心,研究他们的交游圈,考察这些名士在太康以后活跃的原因。我还将从交游中的竞争入手,探讨两晋之际王敦与王澄之间的矛盾。王澄是王衍之弟,甚为王衍所重,是西晋末年玄学交游的风云人物。王敦杀掉他,主要是忌惮王澄在玄学名士中的影响力。第三节研究西晋后期玄学名士提拔寒素之士的史实。西晋后期,玄学名士拔擢了一批出身卑贱的友人,使他们摆脱兵户、吏户等低微的身份,进入官僚队伍。我将探讨玄学名士拔擢寒素友人的动机,以及他们这一做法对西晋王朝的影响。

第四章研究西晋后期的贾后亲党与贾谧二十四友。亲党与二十四友都和贾后有关,所以我将这两个问题放在同一章中予以讨论。第一节研究贾南风与武、惠之交的政局。探讨西晋后期的贾后亲党,不能忽视武帝的身后安排。武帝去世前,并未赋予贾南风辅佐惠帝的合法性。惠帝即位后,贾南风通过一系列政治运作,成功"破局",执掌朝政。第二节研究元康年间的贾后亲党。面对强大的宗室势力,贾后一方面委任梁王肜等人,以图安抚宗王。另一方面,她利用自家的姻亲网络,拉拢部分士人为己所用。贾模、裴𫖲、张华,皆是亲党中的重要成员。在他们的帮助下,贾后执政,代行皇权。元康后期,贾谧取代贾模,成为贾氏亲党中的核心人物。他和愍怀太子关系恶劣。在贾谧的劝说下,贾后废黜太子。这不仅使贾氏覆灭,也使裴𫖲、张华等亲党士人或遭杀戮,或遭免职。第三节研究二十四友与贾谧之间的交往。与玄学名士相比,文学之士在士人交游中缺乏足够的话语权。石崇、潘岳是"金谷二十四友"中的核心人物。二人仕途不顺,与玄学名士缺乏交往。潘岳是贾充故吏。贾充死后,潘岳仕途坎坷。石、潘二人交结贾谧,是为了得到权戚庇佑。二十四友的其他成员,也大多仕途不顺,需要通过交结权贵获得晋升。我将对他们逐个分析,探讨他们的家世背景和政治履历。

最后,我还将探讨东晋初年周顗与王氏的矛盾。周顗在"中朝"时,与王衍、王敦等玄学人物交集不多。他的性格和志趣与玄学名士有一定差别。元帝看重周顗,是因为周顗家族在江左有一定的人脉基础,且他与王氏交游不多,不受王氏牵制。周顗与王氏有很深的矛盾。他夹在元帝与王氏之间,左右为难。王敦取胜后,周顗也难逃诛戮。这一考察不仅涵盖两晋之际士大夫的交游、结党,还涉及周顗、王导等名士的性格冲突,以及东晋初年的门阀政治格局,内容较为庞杂,故我将这一部分放在附录之中。

第一章　汉代儒士结党、交游研究

　　西汉中期，儒生群体开始进入官僚队伍，参与朝政。在施政过程中，儒生为伸张自己的政治理念，不可避免地与朝堂上重要的政治势力——外戚、宦官产生交集。他们或与外戚联合，借助外戚势力施展自己的政治抱负；或自组朋党，对抗外戚、宦官。随着时间的推移，儒生群体不断壮大，到东汉后期，儒林内部的交游活动与朝堂之上的党争相互呼应，对政局产生重大影响。本章探讨两汉儒生的交游、结党活动的变化，关注儒生群体与外戚、宦官势力的政治互动。

　　陈苏镇先生按照儒生所学经典的差异，将西汉中后期的儒生群体分为"《公羊》家""《穀梁》家"和"《左氏》家"，考察这三派儒生政治主张和政治作为的差异。①这三派儒生在朝堂之上提出自己的政治主张，竞逐权力，他们的斗争已可视作党争。关于他们在西汉政治中发挥的作用，陈先生论之甚详，我们不作过多论述。儒士在朝堂

---

① 参看陈苏镇：《〈春秋〉与"汉道"——两汉政治与政治文化研究》第二章《"以礼为治"和"以德化民"——汉儒的两种政治学说》、第三章《"霸王道杂之"——〈公羊〉学对西汉中期政治的影响》和第四章《"纯任德教，用周政"——西汉后期和王莽时期的改制运动》，第155—452 页。

之上结党,与其他势力竞逐政治权力,始于元帝一朝。萧望之、周堪
等士人劝谏元帝复古改制,与元帝近臣——外戚许、史子弟及宦官
弘恭、石显产生不可调和的矛盾。元帝亲任萧望之等,一度倾向于
改制,但周堪很快病故,宦官逼杀萧望之、张猛。萧望之一党自此覆
灭,改制遭遇重大挫折。许、史外戚及弘恭、石显诛除萧望之等人的
过程堪称轻松。萧望之、周堪等士人并未给当权的许、史家族及宦
官造成实质冲击,他们的主张也大多未得施行。①提倡复古改制的儒
生群体实现自己的主张,是在西汉末年的成、哀两朝之际。他们与
外戚家族或联合,或斗争,在外戚执政的背景下伸张自己的政治理
想。本章将从成、哀之际的政局开始,论述汉代儒士的交游、结党
活动。

第一节 西汉末期的儒士大夫与外戚政治

西汉末年,统治危机日益严重,刘氏应禅让皇位的呼声此起彼
伏。统治集团试图通过改革的方式解决危机。儒士提出借鉴周礼,
改革汉朝的政治制度,得到了一些当权者的认可。另有一些官吏反
对复古,认为汉代的制度有合理之处,统治者不必听从儒生的建议。
在此背景下,外戚之间的权力斗争也时常发生。成帝、哀帝两朝,儒
士结党与外戚政治息息相关,这段历史值得我们深入研究。

许多学者研究西汉后期士大夫群体在政治中的作用。阎步克
先生研究西汉后期的路线之争,认为儒生和文法吏各自代表的政治

---

① 上述史料参看《汉书》卷三六《楚元王传附刘向传》,第 1928—1947 页;卷七八《萧
望之传》,第 3284—3288 页;研究参看陈苏镇:《〈春秋〉与"汉道"——两汉政治与
政治文化研究》,第 394—402 页。

传统推动了历史发展。①陈苏镇先生研究西汉后期的改制运动，认为成、哀时期外戚当权，复古改制只能避重就轻。②汉朝的统治遭遇危机，改革停滞不前，改朝换代呼声高涨，这是西汉末期的历史背景，也是士大夫群体提议复古改制的原因。

西汉的外戚政治亦是学者关注的重点。吕思勉先生在《秦汉史》中，对成、哀时期的外戚问题多有发覆。③张小锋先生研究哀帝朝的外戚斗争。他关注哀帝加强皇权的努力，以及傅氏、丁氏与王政君家族之间的矛盾。④郭善兵先生认为，哀帝有意加强皇权，尝试改革制度，努力维持王朝统治。但由于外戚贪纵不法，以及哀帝缺乏改革决心，他的努力以失败告终。⑤研究西汉后期的士大夫政治，外戚对朝政的影响是不能回避的话题。本节将重点探讨西汉末年士大夫倡导的复古改制与外戚执政间的关系。

一、成帝晚年的立储与改制

汉成帝一直无子。元延四年（前9），成帝之侄定陶王刘欣，和成帝之弟中山王刘兴一同入朝。刘欣表现出色，给成帝留下深刻印象。⑥不久，成帝立刘欣为太子。《孔光传》详细记载成帝立储之事：

> 上即位二十五年，无继嗣，至亲有同产弟中山孝王及同产弟子定陶王在。定陶王好学多材，于帝子行。而王祖母傅太后阴为王求汉嗣，私事赵皇后、昭仪及帝舅大司马骠骑将军王根，

---

① 阎步克：《士大夫政治演生史稿》，第385—386页。
② 陈苏镇：《〈春秋〉与"汉道"——两汉政治与政治文化研究》，第408—416页。
③ 吕思勉：《秦汉史》，上海古籍出版社，1983年，第187—196页。
④ 张小锋：《西汉中后期政局演变探微》，天津古籍出版社，2007年，第179—217页。
⑤ 郭善兵：《汉哀帝制度考论》，《徐州师范大学学报》2008年第6期，第74—79页；《汉哀帝新论》，《徐州师范大学学报》2010年第3期，第85—90页。
⑥ 《汉书》卷一一《哀帝纪》，第333页。

故皆劝上。上于是召丞相翟方进、御史大夫光、右将军廉褒、后将军朱博，皆引入禁中，议中山、定陶王谁宜为嗣者。方进、根以为定陶王帝弟之子，《礼》曰"昆弟之子犹子也"，"为其后者为之子也"，定陶王宜为嗣。褒、博皆如方进、根议。光独以为礼立嗣以亲，中山王先帝之子，帝亲弟也，以《尚书·盘庚》殷之及王为比，中山王宜为嗣。上以《礼》兄弟不相入庙，又皇后、昭仪欲立定陶王，故遂立为太子。光以议不中意，左迁廷尉。①

刘欣顺利地成为太子。支持他的除赵皇后和赵昭仪外，还有大司马王根、丞相翟方进、右将军廉褒与左将军朱博。反对者只有孔光，他因此遭降职处分。在是否立刘欣为太子这个问题上，正反两方实力差距悬殊，太子的支持者占据绝对优势。

刘欣成为太子后不久，朝局发生变化。成帝调整了朝廷高层的人事布局。《汉书·孔光传》对此有全面记载：

是岁，右将军褒、后将军博坐定陵、红阳侯皆免为庶人。以光为左将军，居右将军官职，执金吾王咸为右将军，居后将军官职。罢后将军官。数月，丞相方进薨，召左将军光，当拜，已刻侯印书赞，上暴崩，即其夜于大行前拜受丞相博山侯印绶。②

支持刘欣做太子的廉褒、朱博遭罢免，丞相翟方进去世。据《汉书·翟方进传》，方进是被成帝逼迫自杀的。③王健与张小锋认为，成帝逼

---

① 《汉书》卷八一《匡张孔马传》，第3354—3355页。
② 《汉书》卷八一《匡张孔马传》，第3356页。
③ 《汉书·翟方进传》曰："为相九岁，绥和二年春荧惑守心……会郎贲丽善为星，言大臣宜当之。上乃召见方进。还归，未及引决，上遂赐册曰：'……欲退君位，尚未忍。君其熟念详计，塞绝奸原，忧国如家，务便百姓以辅朕……君审处焉。'方进即日自杀。上秘之……礼赐异于它相故事。"《汉书》卷八四《翟方进传》，第3421—3424页。

杀翟方进,是因为后者与淳于长交好。①但淳于长罪行败露后,翟方进向成帝提出辞职,成帝没有同意,于是方进积极检举淳于长的党羽。他不大可能受淳于长牵连而死。翟方进死前,僚属李寻评价他:"上无恻怛济世之功,下无推让避贤之效,欲当大位,为具臣以全身,难矣!"②绥和二年(前7),荧惑守心的天象出现,成帝下册书于翟方进,说:"惟君登位,于今十年,灾害并臻,民被饥饿,加以疾疫溺死,关门牡开,失国守备,盗贼党辈……观君之治,无欲辅朕富民便安元元之念……朕既已改,君其自思,强食慎职。"③从成帝这段话中,我们能看出他对翟方进的政绩不满。或许汉朝遭遇的统治危机,使成帝考虑更换丞相。李寻猜到了成帝的心思,故说翟方进没有让贤之举。但翟方进政绩不佳,罪不至死。张嘉凤、黄一农指出,绥和二年荧惑守心的天象,实际并不存在。"翟氏与王莽之间的嫌隙与权力斗争,很可能是促使翟氏自杀的重要原因。"④不过我们并未看到王莽与翟方进争权的迹象。成帝末年,王莽年资尚轻,权势尚未达到顶峰。即使他与翟方进不和,成帝是否会为他而大费周章,编造天象,处死宰辅重臣,也是存疑的。但将翟方进之死与成帝末年的政局联系起来,是比较合理的研究思路。在翟方进自杀前后,成帝还处分了廉褒和朱博,并命孔光接替翟方进,成为新任丞相。这似乎说明,成帝的人事调整,针对的是太子的支持者。翟方进担任丞相多年,"知能有余,兼通文法吏事,以儒雅缘饰法律,号为

---

① 王健:《汉代君主研习儒学传统的形成及其历史效应》,《中国史研究》1996年第3期,第13—26页;张小锋:《西汉中后期政局演变探微》,第183页。
② 《汉书》卷八四《翟方进传》,第3421页。
③ 《汉书》卷八四《翟方进传》,第3421—3423页。
④ 张嘉凤、黄一农:《中国古代天文对政治的影响——以汉相翟方进自杀为例》,《清华学报》新20卷第2期,1990年,第36—378页。

通明相",①名声很大。如果只是将他罢免,成帝未必安心。天象的变化,使成帝找到了杀掉翟方进的理由。

刘欣成为太子后,成帝封楚孝王之孙刘景为定陶王,继承刘欣生父定陶恭王的祭祀。太子"议欲谢,少傅阎崇以为'《春秋》不以父命废王父命,为人后之礼不得顾私亲,不当谢'。太傅赵玄以为当谢,太子从之"。成帝对太子的态度很敏感,"诏问所以谢状,尚书劾奏玄,左迁少府,以光禄勋师丹为太傅"。②此事说明,成帝想让刘欣成为自己的儿子,与定陶国脱离关系。此时,刘欣的祖母定陶傅太后、母亲丁姬也住在长安。如何处理这两人与太子的关系,是一个棘手的问题。成帝和王太后对此展开讨论:

> 诏傅太后与太子母丁姬自居定陶国邸,下有司议皇太子得与傅太后、丁姬相见不,有司奏议不得相见。顷之,成帝母王太后欲令傅太后、丁姬十日一至太子家,成帝曰:"太子丞正统,当共养陛下,不得复顾私亲。"王太后曰:"太子小,而傅太后抱养之,今至太子家,以乳母恩耳,不足有所妨。"于是令傅太后得至太子家。丁姬以不小养太子,独不得。③

成帝立太子的目的,就是为了让太子"丞正统",继承自己的祭祀,所以他希望太子"不得复顾私亲"。成帝为定陶恭王立嗣,刘欣表示反对,说明在身边人的影响下,刘欣不愿与定陶国脱离关系。他仍将自己视为定陶恭王的儿子。这是成帝与太子的分歧所在。

翟方进死后,孔光继任丞相。史载:"光素闻傅太后为人刚暴,长于权谋,自帝(刘欣)在襁褓而养长教道至于成人,帝之立又有力。

---

① 《汉书》卷八四《翟方进传》,第3421页。
② 《汉书》卷九七下《外戚传下》,第4000页。
③ 《汉书》卷九七下《外戚传下》,第4000—4001页。

光心恐傅太后与政事,不欲令与帝旦夕相近,即议以为定陶太后宜改筑宫。"①孔光建议傅太后别居之时,刘欣已经即位。但傅太后"为人刚暴,长于权谋"的性格特点,在成帝去世前已有展现。为了让刘欣成为太子,傅太后买通皇后和朝官,足以说明她"长于权谋"。孔光建议成帝立弟弟为皇储,提出"立嗣以亲"。翟方进等人拥立刘欣的理由,则是"昆弟之子犹子""为其后者为之子"。和翟方进等人相比,孔光的论据不够充分。此前昭帝去世,没有子嗣,执政大臣霍光舍昭帝之兄广陵王,立昭帝之侄、昌邑王刘贺。刘贺被废后,霍光又提出"大宗亡嗣,择支子孙贤者为嗣。孝武皇帝曾孙病已……可以嗣孝昭皇帝后",遂立刘病已为帝,是为汉宣帝。②按宣帝故事,成帝绝嗣,后继之君应在"支子孙贤者"中产生。刘欣符合这个条件。孔光是大儒,又能"守法度,修故事",③对刘欣做太子的合法性应该是清楚的。在孔光看来,傅太后性格强硬。如果刘欣做皇帝,傅氏会凭借皇帝祖母的身份作威作福。这可能是孔光不支持刘欣的真实原因。成帝是否了解孔光的忧虑,我们不得而知。但孔光反对刘欣做太子,成帝肯定是清楚的。他逼死拥立太子的翟方进,改任孔光为丞相,客观上对丁、傅不利。

成帝喜爱儒家经典,对复古改制很感兴趣。三公制和州牧制都是在成帝晚年,由何武提议建立的。④据《汉书·成帝纪》,两次改制分别发生在绥和元年四月与十二月,⑤相隔仅有八个月。在如此短的时间内,成帝调整了中央和地方的行政制度,可见他改革的决心

① 《汉书》卷八一《匡张孔马传》,第 3356 页。
② 《汉书》卷六八《霍光传》,第 2937—2947 页。
③ 《汉书》卷八一《匡张孔马传》,第 3353 页。
④ 《汉书》卷八三《薛宣朱博传》,第 3404—3406 页。
⑤ 《汉书》卷一〇《成帝纪》,第 329 页。

和力度。

绥和元年七月，成帝罢免王根，任命王莽为大司马。王莽自幼学习古礼，"勤身博学，被服如儒生"，①符合改制的要求。王家子弟居位辅政二十余年，但王莽上任前，王氏执政者从未支持复古改制。成帝让王莽做大司马，有利于推动改制。此外，他对王莽的任命，也有其他方面的考虑。王根之所以支持刘欣做太子，是因为他和傅太后有私交。这应是成帝罢免王根的主要原因。成帝去世后，王莽和傅太后发生了激烈冲突，说明他和傅家的关系并不亲密。成帝在世时，王莽和傅太后应该没有太多交往，这或许是他得到成帝信任的主要原因。总之，成帝调整朝廷人事，有利于复古改制的推行。但他任免朝官，还有一个目的，就是让王莽和孔光制约丁、傅势力。

绥和二年三月，成帝去世。据《汉书》，成帝"素强，无疾病……昏夜平善，乡晨，傅绔袜欲起，因失衣，不能言，昼漏上十刻而崩"。②吕思勉先生提出，所谓"素强，无疾病"，是成帝死后王太后加罪赵昭仪之语，成帝早年曾对刘康言及身后之事，说明他的身体并不康健。③张小锋先生认为，成帝死于脑溢血或其他突发性疾病，他的死亡是很突然的。④成帝晚年的作为，特别是安排继承人，很可能与他的身体状况有关。或许成帝自觉时日无多，所以他册立太子，并调整辅政人选，防备丁、傅。若果真如此，那么成帝推行的复古改制，以及他去世前的人事安排，都成为政治遗产，为刘欣所继承。刘欣可以沿用成帝的人事班底，继续改制；也可以改变成帝的人事安排，施行新政。刘欣的选择，将深刻影响汉朝的政治走向。

---

① 《汉书》卷九九上《王莽传上》，第 4039—4041 页。
② 《汉书》卷九七下《外戚传下》，第 3989—3990 页。
③ 吕思勉：《秦汉史》，第 187—188 页。
④ 张小锋：《西汉中后期政局演变探微》，第 183 页。

二、哀帝初年外戚与士大夫的斗争

成帝去世后,刘欣登基,是为汉哀帝。哀帝入继大宗,傅太后出力甚多。她和部分丁、傅家族的成员,都希望获得权力,以为回报。但王太后尚健在,王莽仍担任大司马。在这种情况下,新旧外戚间的斗争不可避免。丞相孔光、大司马王莽、大司空何武以及彭宣等士大夫,[①]是成帝去世前任命的宰辅重臣。我将这些人称为成帝朝宰辅。[②]丁、傅外戚想掌握权力,需要对朝廷人事作出调整。成帝朝宰辅和丁、傅外戚之间的矛盾,逐渐暴露出来。受政治斗争的影响,成帝末年的复古改制也遭到否定。

王氏家族和傅太后的矛盾由来已久。元帝末年,太子,也就是后来的成帝不得父亲喜爱。元帝更宠爱定陶王刘康及其母傅氏。正如史书所说:"傅昭仪子定陶共王有材艺,子母俱爱幸,而太子颇有酒色之失,母王皇后无宠。"元帝去世前,想废黜皇后和太子,太子舅王凤"与皇后太子皆忧,不知所出"。[③]成帝即位后,王凤把持朝政,排挤刘康。刘康朝见成帝,"天子留,不遣归国……大将军凤心不便共王在京师,会日蚀,凤因言:'……宜遣王之国。'上不得已于凤而

---

① 彭宣的任职情况颇为特殊。据本传,彭宣在成帝末年"入为大司农、光禄勋、右将军。哀帝即位,徙为左将军"。从这段记载来看,彭宣在成帝朝担任的最后一个官职是右将军。但在《百官公卿表》中,我找到绥和二年彭宣任大司农、光禄勋的记录,却没有发现他担任右将军的记载。本传和《百官公卿表》必有一误。但无论光禄勋还是右将军,都是高官,不影响我们对成、哀之际人事变动的认识。《汉书》卷七一《隽疏于薛平彭传》,第3052页;卷一九下《百官公卿表下》,第843页。
② 祝总斌先生认为,成帝改制后的丞相、大司空和大司马都是宰相。大司马此前是辅政之官,彭宣担任的右将军也是辅政官。因此,我将孔光、王莽、何武以及彭宣称为"成帝朝宰辅"。祝总斌:《两汉魏晋南北朝宰相制度研究》,北京大学出版社,2017年,第16—66页。
③ 《汉书》卷八二《王商史丹傅喜传》,第3376—3377页。

许之"。①成帝晚年,傅太后暗中结交王太后之弟、大司马王根。王根的支持,是刘欣成为太子的重要助力。但这不能从根本上改变王、傅两家的关系。王太后与傅太后争斗数十年,彼此间的敌意不会一朝化解。当时,与傅家交好的王根已经去职。成帝新任命的大司马王莽,是王凤最喜欢的侄子。②两家的历史恩怨,以及成帝对丁、傅的防备,都使王莽不能和傅家联手。傅太后想要得到权力,需要和王家进行斗争。在这场较量中,哀帝和傅太后的立场是一致的。史称哀帝"少在国,见成帝委政外家,王氏僭盛,常内邑邑。即位,多欲有所匡正。封拜丁、傅,夺王氏权"。③哀帝早就想打击王氏,确属事实。但王家最终丢掉权力,还有其他方面的原因。

汉朝外戚往往手握大权。他们骄纵不法,皇帝有时也对他们无可奈何。但这只是事实的一个方面。外戚作为皇帝近亲,能对皇权起到支撑作用。东汉班固评论外戚曰:"自古受命帝王及继体守文之君,非独内德茂也,盖亦有外戚之助焉。"④班固评价对象是"自古受命帝王",但他能对外戚有这样的认识,和当时的政治现实是分不开的。徐冲先生注意到了汉代外戚专权的现象,说:

> 上述政治现象在汉代的存在其实是相当普遍的,而不单单只出现于所谓的"外戚专权"时期;其对于外戚而言,也不仅仅只是一种"利益",某种程度上也是需要承担的责任。这些政治现象乃是将外戚权力正当化、制度化的汉代皇帝权力结构之组成部分,只不过在某些时期表现的更为突出而已。⑤

① 《汉书》卷九八《元后传》,第4019页。
② 《汉书》卷九九上《王莽传上》,第4039页。
③ 《汉书》卷八六《何武王嘉师丹传》,第3503页。
④ 《汉书》卷九七上《外戚传上》,第3933页。
⑤ 徐冲:《"汉魏革命"再研究:君臣关系与历史书写》,博士学位论文,北京大学,2008年,第143页。

徐先生指出,汉代外戚的权力来自皇权,外戚掌权有一定的正当性。这是汉代外戚政治的重要特点,对我们的研究很有启发。

在西汉,皇帝亲生母亲和祖母的家族,对皇帝很重要。如果皇帝早年与亲人失散,就需要寻亲,并对这些亲属委以重任。汉宣帝就是一个例子。他即位后,找到自己母亲和祖母的亲属,命他们担任要职。大司马霍禹是霍光的儿子。霍家权倾一时,但霍禹对新贵束手无策,终遭宣帝诛戮。①西汉末年,平帝即位,王莽大权独揽,平帝母亲卫氏及其家族没有得到实权。王莽长子王宇"非莽隔绝卫氏,恐久后受祸",于是与卫氏私下往来,试图使卫氏到京师居住。②以上事例说明,在当时人看来,皇帝母亲、祖母的家族掌握权力,是理所当然的,否则王宇不会如此焦虑,以至于做出背叛父亲的事。东汉也有外戚专权的现象,但临朝的太后往往不是皇帝生母,掌权的太后兄弟不是皇帝亲舅。皇帝亲生母亲、祖母的家族成员更有资格辅政,确是西汉政治的一大特征。

哀帝即位后,王氏家族的处境十分尴尬。王太后只是哀帝名义上的祖母,他们之间没有血缘关系。按西汉的惯例,已是前任外戚的王家应该让出权力。成帝初年,王凤以帝舅的身份辅政。他和宣帝表弟、丞相王商产生矛盾,最终王商遭到罢黜。③王太后和王莽应该知道王商被罢免之事,他们的处境与当年的王商有相似之处。王太后必须尽快与哀帝达成妥协,才能最大程度地保全家族利益。

哀帝登基时,定陶国的两位太后住在京师。此时的哀帝需要巩固皇权,两位太后及其亲族,是他的同盟者。他们从尊崇定陶恭王开始,一步步地提高丁、傅的地位:

---

① 《汉书》卷六八《霍光金日磾传》,第2952—2957页。
② 《汉书》卷九七下《外戚传下》,第4008—4009页。
③ 《汉书》卷八二《王商史丹傅喜传》,第3371—3376页。

> 哀帝即位。王太后诏令傅太后、丁姬十日一至未央宫。高
> 昌侯董宏希指，上书言宜立丁姬为帝太后。师丹劾奏"宏怀邪
> 误朝，不道"。上初即位，谦让，从师丹言止。后乃白令王太后
> 下诏，尊定陶恭王为恭皇。①

汉宣帝入继大统，只追尊生父为"悼皇考"，祖父为"戾太子"。②哀帝
甫一即位，就追尊生父为"恭皇"，违背汉代的惯例。史书没有记载
王太后为何答应哀帝的要求。她温和的性格，可能是重要原因。成
帝晚年，王太后允许傅氏探视太子。哀帝即位，她又让丁、傅每十日
到未央宫一次，与哀帝接触。由此可见，王太后不是一个强势的人。
这种性格特点，以及新皇登基、王氏地位尴尬的现实，使她对哀帝作
出让步。

哀帝追尊生父为"恭皇"，对他提升丁、傅的地位有利。史载"五
月丙戌，立皇后傅氏。诏曰：'《春秋》"母以子贵"，尊定陶太后曰恭
皇太后，丁姬曰恭皇后，各置左右詹事，食邑如长信宫、中宫'"。③丁、
傅得到尊号，对王太后的地位形成冲击。王太后"诏莽就第，避帝外
家"，哀帝"初优莽，不听"。④哀帝优礼王莽，但对王家的其他成员，他
的态度比较决绝。一个月后，司隶校尉解光弹劾王太后之弟曲阳侯

---

① 《汉书》卷九七下《外戚传下》，第 4001 页。
② 《汉书》卷六三《武五子传》，第 2748—2749 页。
③ 《汉书》卷一一《哀帝纪》，第 335 页。
④ 《汉书》卷九八《元后传》，第 4027 页。之所以确定这件事发生在傅太后被尊为恭
　皇太后之后，是因为《元后传》有如下记载："莽上书固乞骸骨而退。上乃下诏曰：
　'曲阳侯根前在位，建社稷策。侍中太仆安阳侯舜往时护太子家，导朕，忠诚专壹，
　有旧恩。新都侯莽忧劳国家，执义坚固，庶几与为治，太皇太后诏就第，朕甚闵
　焉。其益封根二千户，舜五百户，莽三百五十户。以莽为特进，朝朔望'"。据《哀帝
　纪》，益封王根二千户，王莽五百户的事发生在绥和二年六月，王莽求退也应该发
　生在此时。由此可知，此事发生在尊崇傅太后为恭皇太后之后。《汉书》卷九八
　《元后传》，第 4027—4028 页；卷一一《哀帝纪》，第 335 页。

王根，以及王太后之侄成都侯王况。哀帝"以根尝建社稷之策，遣就国。免况为庶人，归故郡。根及况父商所荐举为官者，皆罢"。①王根曾在立太子时支持哀帝。哀帝不仅打击王根等人，还免除他们推荐的官员，这是他清洗王氏势力的信号。在这种情况下，王莽不再谦退。"后日，未央宫置酒，内者令为傅太后张幄，坐于太皇太后坐旁。莽案行，责内者令曰：'定陶太后藩妾，何以得与至尊并！'彻去，更设坐。"②王莽称傅太后为"藩妾"，是对她"恭皇太后"称号的否定。傅太后"闻之，大怒，不肯会，重怨恚莽。莽复乞骸骨，哀帝赐莽黄金五百斤，安车驷马，罢就第"。③至此，哀帝罢黜王氏，改变了成帝晚年的人事格局。

王莽辞职后，新任大司马应在丁、傅外戚中产生。傅太后族人、右将军傅喜，是这一职务的重要候选人。史称他"少好学问，有志行"，在士人群体中的名望较高，但他和傅太后关系不好。"傅太后始与政事，喜数谏之，由是傅太后不欲令喜辅政。"迫于傅太后的压力，哀帝先任傅喜为光禄大夫，由师丹接任大司马。不久，由于何武等人推荐，哀帝改师丹为大司空，以傅喜为大司马。④傅太后不会满足于这样的结果。在宰辅大臣中，师丹曾多次上疏，反对哀帝尊崇丁、傅，所以他很快成为新外戚的斗争对象，遭到免官处分。⑤《汉书·傅喜传》对此也有记载：

> 丁、傅骄奢，皆嫉喜之恭俭。又傅太后欲求称尊号，与成帝

---

① 《汉书》卷九八《元后传》，第 4028 页。
② 《汉书》卷九九上《王莽传上》，第 4042 页。
③ 《汉书》卷九九上《王莽传上》，第 4042 页。据《百官公卿表》，王莽去职的时间是绥和二年十一月。故知王莽与傅太后发生冲突，在哀帝处罚王根等人之后。《汉书》卷一九下《百官公卿表下》，第 843 页。
④ 《汉书》卷八二《王商史丹傅喜传》，第 3380—3381 页。
⑤ 《汉书》卷八六《何武王嘉师丹传》，第 3506—3508 页。

> 母齐尊,喜与丞相孔光、大司空师丹共执正议。傅太后大怒,上
> 不得已,先免师丹以感动喜,喜终不顺。

此前何武推荐傅喜,在奏疏中称傅喜"傅氏贤子,以论议不合于定陶
太后故退"。①何武称傅太后为定陶太后,说明他和王莽一样,不承认
恭皇太后的尊号。以上史料说明,傅太后称尊号,傅喜和王莽、孔
光、何武等成帝朝宰辅皆持反对意见。哀帝成为太子后,成帝命傅
喜为太子庶子。②太子反对成帝为定陶国立嗣,太子师傅因此受罚。
这说明成帝很重视太子身边的辅佐人选。傅喜是成帝亲自选任的,
应该符合成帝要求,承认太子入继大宗的现实。因此,傅太后不能
接受傅喜做大司马。在她的逼迫下,哀帝最终罢免傅喜。帝舅丁明
接替傅喜,担任大司马。和傅家私交密切的朱博任大司空。此后,
与傅太后不和的丞相孔光去职,③左将军彭宣也因哀帝"欲令丁、傅
处爪牙官"而遭免职。④经过一番斗争,丁、傅外戚及其盟友取代成帝
朝宰辅,出任大司马等要职。

　　成帝末年,王莽、何武等人主张复古改制。对改制心怀不满的
人有很多,朱博就是他们的代表。虽然成帝朝宰辅失去权力,但他
们建立的州牧制和三公制仍然施行。丁、傅外戚想削弱成帝君臣对
朝政的影响,就需改革政治,在朝中树立威信。于是他们和朱博联
手,废除成帝末年的改制。

　　史称朱博"本武吏"。他维护汉制,与主张改制的士大夫不同。
朱博曾对儒生说:"如太守汉吏,奉三尺律令以从事耳,亡奈生所言

---

① 《汉书》卷八二《王商史丹傅喜传》,第3380—3381页。
② 《汉书》卷八二《王商史丹傅喜传》,第3380页。
③ 《汉书》卷一九下《百官公卿表下》,第844—845页。
④ 《汉书》卷七一《隽疏于薛平彭传》,第3052页。

圣人道何也！且持此道归,尧舜君出,为陈说之。"①他在成帝末年遭到罢免,既可能因为他支持刘欣做太子,也可能因为他反对改制。建平二年(前5),哀帝任命朱博为大司空,朱博遂提议恢复御史大夫和刺史制,说:"帝王之道不必相袭,各繇时务。高皇帝以圣德受命,建立鸿业,置御史大夫……臣愚以为大司空官可罢,复置御史大夫,遵奉旧制。臣愿尽力,以御史大夫为百僚率。"他在另一封上奏中说:"汉家至德溥大,宇内万里,立置郡县……臣请罢州牧,置刺史如故。"哀帝同意朱博的提议,罢废大司空和州牧,恢复御史大夫和刺史。不久之后,哀帝又任命朱博为丞相。②至此,成帝晚年的官制改革遭到废除,西汉末年的改制运动遭遇严重挫折。

朱博废除成帝改制,离不开傅晏的支持。傅晏是傅太后族弟、傅皇后的父亲。傅太后让哀帝娶傅晏的女儿做皇后,说明与傅喜不同,傅晏支持傅太后称尊号。班固说:"傅氏既盛,晏最尊重。"③傅晏的国丈身份,以及他和傅太后之间的良好关系,使他成为傅家利益的代表。史载朱博与傅晏"谋成尊号,以广孝道"。④事实上,傅太后称号的提升,在时间上和恢复旧制非常接近。建平二年四月,哀帝下诏,去掉定陶恭皇中的"定陶"二字,并尊傅太后为帝太太后,丁太后为帝太后,在京师立恭皇庙。同月,哀帝废州牧制,任命朱博为丞相。在此之前的三月,哀帝恢复御史大夫之官。⑤"成尊号"与"复汉制"在时间上如此接近,恐怕不是巧合。一些丁、傅子弟"处爪牙官",哀帝做决策时,身边的丁、傅子弟对他影响很大。朱博弹劾孔

---

① 《汉书》卷八三《薛宣朱博传》,第3399—3400页。

② 《汉书》卷八三《薛宣朱博传》,第3405—3407页。

③ 《汉书》卷九七下《外戚传下》,第4005页。

④ 《汉书》卷八三《薛宣朱博传》,第3407页。

⑤ 《汉书》卷一一《哀帝纪》,第339页;卷一九下《百官公卿表下》,第845页。

光,哀帝遂免光丞相职务,以博代之。几年后,孔光复相,哀帝"乃知光前免非其罪,以过近臣毁短光者,复免傅嘉"。①傅嘉应为傅氏族人。孔光罢相,是因为他遭朱博弹劾,还被傅嘉"毁短",这从侧面说明朱博和傅氏有合作关系。傅氏外戚驱逐成帝朝宰辅,需要在朝中树立威信。借着"成尊号"的声威废除成帝改制,符合傅氏的利益。

哀帝之所以不满王氏专权,是因为他不愿皇权旁落,希望自己成为"主威独运"的皇帝。丁、傅驱逐王氏,在帮助哀帝巩固皇权的过程中发挥了重要作用。但他们新贵上位,又和丞相朱博结成同盟,权势熏天,对皇权构成威胁。在此情形下,哀帝和丁、傅之间的斗争不可避免。

三、"再受命"改制与丁、傅失势

丁、傅外戚驱逐王氏,掌握了权力。但他们威胁皇权,引起哀帝不满。此时的哀帝只有二十岁,血气方刚。为了巩固皇权,这个年轻人不惜对自己的亲族展开斗争。尽管王氏家族和成帝朝宰辅退出了朝廷,但政治斗争并未就此停止。

建平二年,哀帝宣布汉王朝再度受命于天,并改变自己的皇帝称号。《汉书》记载此事曰:

> 初,成帝时,齐人甘忠可诈造《天官历》、《包元太平经》十二卷,以言"汉家逢天地之大终,当更受命于天,天帝使真人赤精子,下教我此道"。……时郭昌为长安令,劝(李)寻宜助贺良等。寻遂白贺良等皆待诏黄门,数召见,陈说:"汉历中衰,当更受命。成帝不应天命,故绝嗣。今陛下久疾,变异屡数,天所以谴告人也。宜急改元易号,乃得延年益寿,皇子生,灾异息矣。

① 《汉书》卷八三《薛宣朱博传》,第3407页;卷八一《匡张孔马传》,第3362页。

得道不得行,谷殡且亡,不有洪水将出,灾火且起,涤荡民人。"
哀帝久寝疾,几其有益,遂从贺良等议。于是诏制丞相御史:
"……其大赦天下,以建平二年为太初元年,号曰陈圣刘太平皇
帝。漏刻以百二十为度。布告天下,使明知之。"①

这次改制可以从许多角度进行研究,其中的神秘主义因素尤其引人
关注。陈侃理先生从西汉后期统治危机的大背景入手,研究"再受
命"学说及其政治实践,认为哀帝采纳该学说,"有哀帝个人的健康
原因、性格因素,也反映出当时汉朝君臣间已经开始弥漫衰世危乱
之感"。②这对我们思考哀帝朝历史有启发作用。在陈先生研究的基
础上,我们可以观察"再受命"改制的策划者,以及他们在政治上的
要求。

策划改制的重要人物之一是李寻。哀帝即位后,李寻待诏黄
门。他在给哀帝的对策中说:"本在积任母后之家,非一日之渐,往
者不可及,来者犹可追也……宜少抑外亲,选练左右,举有德行道术
通明之士充备天官,然后可以辅圣德,保帝位,承大宗。"可见他反对
外戚掌权。哀帝"虽不从寻言,然采其语,每有非常,辄问寻。寻对
屡中,迁黄门侍郎"。③哀帝身体状况不佳,需要咨询精通天文的学
者。此外,李寻建议哀帝抑制外戚势力,也符合哀帝的心意。因此,
哀帝让李寻做黄门侍郎,充当自己的顾问,制衡外戚势力。

哀帝"再受命",自称"陈圣刘太平皇帝",这在汉朝是前无古人
的。以谶纬为代表的神秘主义思想盛行于民间。但高层官僚推崇
的制度,只有"周制"和"汉法"。李寻等人的主张得不到多数朝臣的

① 《汉书》卷七五《眭两夏侯京翼李传》,第3192—3193页。
② 陈侃理:《儒学、数术与政治:灾异的政治文化史》,北京大学出版社,2015年,第
107—110页。
③ 《汉书》卷七五《眭两夏侯京翼李传》,第3191—3192页。

支持,所以他们不能把改制推行下去。史称"后月余,上疾自若。贺良等复欲妄变政事,大臣争以为不可许。贺良等奏言大臣皆不知天命,宜退丞相御史,以解光、李寻辅政"。①哀帝任用他们改革,其中很重要的一个原因,是他想改善自己的身体状况,但此举效果不佳。在这种情况下,贺良等人将矛头指向当朝宰辅,要求罢黜朱博等大臣,会反受其辱。哀帝将李寻等人下狱,再受命改制也被废除。②

哀帝对丁、傅掌权不满,也对朱博和傅家的亲密关系心存忌惮。在废除"再受命"后不久,哀帝逼杀朱博。此事因傅太后而起。史载傅太后"怨傅喜不已,使孔乡侯晏风丞相,令奏免喜侯"。御史大夫赵玄对此感到为难,朱博却很坚决地说:"已许孔乡侯有指。匹夫相要,尚相得死,何况至尊?博唯有死耳!"③朱博两次提到死,反映出他内心的紧张。或许从"再受命"风波中,朱博已知晓哀帝对丁、傅的态度。但他既然和傅晏联手,就必须促成此事。哀帝果然起了疑心,命尚书审问赵玄,让中朝大臣评议朱、赵二人的罪过。评议的结果,是二人应当下狱。最终,赵玄被判减死三等,朱博自杀。傅晏也受到惩罚,史称:"谏大夫龚胜等十四人以为'……今晏放命圯族,干乱朝政,要大臣以罔上,本造计谋,职为乱阶,宜与博、玄同罪,罪皆不道。'"可能是为了保全傅太后和皇后的颜面,哀帝只削去傅晏四分之一的封户,④了结此事。

朱博自杀,使傅家的势力遭受打击,但傅晏仍积极干政。建平三年,东平王谋反案发,东平王自杀,王后被处死。和东平王后一同

---

① 《汉书》卷七五《眭两夏侯京翼李传》,第 3193 页。
② 《汉书》卷一一《哀帝纪》,第 340 页;卷七五《眭两夏侯京翼李传》,第 3193—3194 页。
③ 《汉书》卷八三《薛宣朱博传》,第 3407 页。
④ 《汉书》卷八三《薛宣朱博传》,第 3407—3408 页。

被处死的，还有成帝舅母、安成侯夫人。史载"是时成帝舅安成恭侯夫人放寡居，共养长信宫，坐祝诅下狱"。①东平王谋反案的告发者是息夫躬和孙宠。史称"哀帝初即位，皇后父特进孔乡侯傅晏与躬同郡，相友善，躬缘是为援，交游日广"。②支持息夫躬交游的人是傅晏。傅家和王太后有很深的积怨。安成侯王崇与王太后和王凤是同母所生。王崇死后，他的夫人在长信宫服侍王太后，与王太后关系亲密。杀掉安成侯夫人，可以打击王太后。息夫躬在告发东平王的同时，应将安成侯夫人"祝诅"之事一并上报哀帝。指使他告密的人，应该就是傅晏。息夫躬告发有功，哀帝任命他为光禄大夫。元寿元年（前2），傅晏指使息夫躬为自己谋取辅政之位。但此事最终失败，哀帝免去了傅晏卫将军的职务。息夫躬先遭罢免，后又遭逮捕，死于狱中。③这一年正月，傅太后去世，傅家在朝廷中的地位已岌岌可危。

　　哀帝依靠丁、傅外戚加强皇权。若他想限制丁、傅的权力，就必须在朝中扶植新势力，以此为援。董贤就是哀帝一手提拔的新贵。二人关系亲密，他们"断袖"的传说在历史上广为流传。除感情因素外，哀帝提拔董贤，也有理性考虑。董贤是哀帝做太子时的舍人，"哀帝立，贤随太子官为郎。二岁余，贤传漏在殿下，为人美丽自喜，哀帝望见，说其仪貌……拜为黄门郎，缘是始幸"。④据"二岁余"可知，董贤发迹的时间，在建平二年前后。这一年，哀帝和傅晏、朱博展开了激烈斗争。哀帝提拔董贤，应是为了扩大自己的势力。哀帝还将董贤的妹妹纳为昭仪。董家的权势不如丁、傅，但董

---

① 《汉书》卷一一《哀帝纪》，第342页；卷七二《王贡两龚鲍传》，第3067页。
② 《汉书》卷四五《蒯伍江息夫传》，第2179页。
③ 《汉书》卷四五《蒯伍江息夫传》，第2182—2187页。
④ 《汉书》卷九三《佞幸传》，第3733页。

贤成为外戚,①就有资格和丁、傅争夺权力。

班固总结哀帝的一生,说他"欲强主威,以则武、宣"。②这句话说明武帝和宣帝是哀帝效法的对象。武帝第一任皇后陈氏是馆陶公主的女儿,出身显赫。但武帝不喜欢陈皇后,而是看重出身低微的卫子夫,并改立卫氏为皇后。卫子夫的弟弟卫青深得武帝重用,官至大司马大将军。哀帝宠幸董贤兄妹,可能是效仿武帝的做法。当时人已经把两位皇帝的作为联系在一起。东汉大儒桓谭生于西汉末年,《后汉书·桓谭传》记载了桓谭在西汉末年的一些言行,其中有这样一件事值得我们关注:

> 哀平间,位不过郎。傅皇后父孔乡侯晏深善于谭。是时高安侯董贤宠幸,女弟为昭仪,皇后日已疏,(傅)晏嘿嘿不得意。谭进说曰:"昔武帝欲立卫子夫,阴求陈皇后之过,而陈后终废,子夫竟立。今董贤至爱而女弟尤幸,殆将有子夫之变,可不忧哉!"晏惊动,曰:"然,为之奈何?"谭曰:"刑罚不能加无罪,邪枉不能胜正人。夫士以才智要君,女以媚道求主。皇后年少,希更艰难,或驱使医巫,外求方技,此不可不备。又君侯以后父尊重而多通宾客,必借以重执,贻致讥议。不如谢遣门徒,务执谦悫,此修己正家避祸之道也。"晏曰"善"。遂罢遣常客,入白皇后,如谭所戒。后贤果风太医令真钦,使求傅氏罪过,遂逮后弟

---

① 徐冲先生指出:"对于真正'外戚'之书写,以《汉书》为例,则可分为两类。一类是一般的外戚,即附出于《外戚传》中其相关后妃之下,而不再单独立传列出……另一类是有特殊功德可称的'外戚',则单独立传列于相应时代的列传之中,如窦婴、霍光、王商等。"董贤兄妹和哀帝的关系,同《外戚传》中李夫人兄妹和武帝的关系很像,因此董贤就是外戚。董贤兄妹的事迹没有被写入《外戚传》,并不是因为董家有特殊功德,而是因为他们被视作佞幸,故其事迹被载入《佞幸传》。徐冲:《"汉魏革命"再研究:君臣关系与历史书写》,第138页。
② 《汉书》卷一一《哀帝纪》,第345页。

> 侍中喜,诏狱无所得,乃解,故傅氏终全于哀帝之时。①

桓谭只是郎官,却能预料到傅皇后将遭陷害,说明当时傅、董两方斗争激烈,已为众人所知。董贤若无哀帝支持,就不能发动太医,搜寻皇后的罪证,更无法逮捕皇后的弟弟。哀帝虽未废后,但已有改易皇后的想法。他打击傅氏,最易施行的办法,就是效仿武帝,立自己信任的人为皇后。桓谭以傅皇后比陈皇后,以董氏比卫氏,准确地指出了傅家的困境。

元寿元年,傅太后去世,丁、傅外戚的势力更加衰弱。不过傅晏的女儿仍是皇后,哀帝的舅舅丁明仍为大司马,丁、傅外戚依然能参与政治决策。哀帝提拔董贤,就是想让董贤取代傅家,成为当权外戚。有了哀帝的支持,董贤在政治斗争中占据上风。但他的快速崛起,使很多朝臣心怀不满。后者认为,董贤与皇室没有血缘关系,也未立大功,他能够获得权势,全赖皇帝的恩宠。一些大臣能接受外戚掌权,但不能接受董贤这样的"佞幸"身居高位。

朱博死后,哀帝任命平当为丞相。平当是一位儒生。他曾在改革庙制时反对罢废太上皇庙,说:"臣闻孔子曰:'如有王者,必世而后仁。'三十年之间,道德和洽,制礼兴乐……祸福不虚,必有因而至者焉。宜深迹其道而务修其本。"②庙制改革,是西汉后期复古改制的重要内容;罢废太上皇庙,是这项改革的重要方面。平当认为"道德和洽"之后才能"制礼兴乐",反对罢废太上皇庙,这与《公羊》学"以德化民"的学说很像,③和那些主张复古的儒生不同。平当做丞相只有几个月就去世了,接替他的人是王嘉。面对统治危机,王嘉

---

① 《后汉书》卷二八上《桓谭传》,中华书局,1965年,第955—956页。
② 《汉书》卷七一《隽疏于薛平彭传》,第3049页。
③ 可参看陈苏镇:《〈春秋〉与"汉道"——两汉政治与政治文化研究》,第186—223页。

也采取了一些措施。

东汉梁统上疏光武帝，批评西汉末年的法律改革："至哀、平继体，而即位日浅，听断尚寡，丞相王嘉轻为穿凿，亏除先帝旧约成律，数年之间，百有余事，或不便于理，或不厌民心。"章怀太子注曰："案《嘉传》及《刑法志》并无其事，统与嘉时代相接，所引故不妄矣，但班固略而不载也。"①王嘉删改了哪些律令，现已无从得知。梁统对汉武帝的法律改革评价很高，说："武帝值中国隆盛，财力有余……豪桀犯禁，奸吏弄法，故重首匿之科，著知从之律，以破朋党，以惩隐匿。"②他认为武帝改革法律，强化了朝廷督查地方官的权力。陈苏镇先生指出，武帝制定"部主见知"等法条，是为了督促地方官严格执行律令。但另一方面，这些改革"开启了武帝后期严刑峻法的风气"。③梁统认为，哀、平两朝修订法律，与武帝朝的立法原则相悖。那么哀、平时期法律改革的主旨，应是减轻刑罚，放松朝廷对地方官的监察。

王嘉是否删改了监察地方官的法律，我们已无法确知。但他反对吏治苛刻，是可以确定的。他曾上疏哀帝，说："……其后稍稍变易，公卿以下传相促急，又数改更政事，司隶、部刺史察过悉劾，发扬阴私……前山阳亡徒苏令等从横，吏士临难，莫肯伏节死义，以守相威权素夺也。"王嘉提议："唯陛下留神于择贤，记善忘过，容忍臣子，勿责以备。二千石、部刺史、三辅县令有材任职者，人情不能不有过差，宜可阔略，令尽力者有所劝。"④成帝晚年，何武将刺史改为州牧；哀帝即位之初，朱博又将州牧改回刺史。制度改革并未解决现实问

---

① 《后汉书》卷三四《梁统列传》，第 1167 页。
② 《后汉书》卷三四《梁统列传》，第 1166 页。
③ 陈苏镇：《〈春秋〉与"汉道"——两汉政治与政治文化研究》，第 301 页。
④ 《汉书》卷八六《何武王嘉师丹传》，第 3490—3491 页。

题。王嘉指出，刺史、司隶苛察地方长官，不利于地方官领导下属、开展日常工作。宣帝曾说："庶民所以安其田里而亡叹息愁恨之心者，政平讼理也。与我共此者，其唯良二千石乎！"①如何让地方守、相出色地完成工作，是西汉的重要政治问题。王嘉认为，朝廷应放松对地方官的监察，使他们有更高的自由度和权威。因此，他很可能对相关法条作出改动。但这些举措效果不佳。困扰朝廷和地方官的流民盗贼问题，在哀帝时期依然很严重。梁统说："至初元、建平……盗贼浸多，岁以万数。"②据《汉书》，哀帝时，"南郡江中多盗贼"。③王嘉的努力并未有效化解统治危机，也无法挽救西汉衰颓的国运。

王嘉反对哀帝尊崇董贤，最终下狱而死。史书中的王嘉，是一位正直敢言的骨鲠之臣。班固说王嘉"为人刚直严毅有威重"，还评论道："何武之举，王嘉之争，师丹之议，考其祸福，乃效于后……武、嘉区区，以一篑障江河，用没其身。"④王嘉因言获罪，以至杀身，确实令人惋惜。但造成这个悲剧的原因，并不是昏君和忠臣的道德冲突。息夫躬评价王嘉"健而蓄缩"。⑤若王嘉果真是蓄缩之人，那么他为何冒着触怒皇帝的风险，攻击皇帝的宠臣，就值得深入探讨了。

王嘉之所以和皇帝产生矛盾，是因为他卷入了外戚之间的争斗。他死后，"帝舅大司马票骑将军丁明素重嘉而怜之，上遂免明，以董贤代之"。⑥这说明王嘉和丁氏外戚关系很好。王嘉批评的对象，主要是董贤，而不是丁、傅外戚。他下狱后，主审官吏"稍侵辱

① 《汉书》卷八九《循吏传》，第3624页。
② 《后汉书》卷三四《梁统列传》，第1169页。
③ 《汉书》卷七八《萧望之传》，第3290页。
④ 《汉书》卷八六《何武王嘉师丹传》，第3488、3510页。
⑤ 《汉书》卷四五《蒯伍江息夫传》，第2181页。
⑥ 《汉书》卷八六《何武王嘉师丹传》，第3502—3503页。

嘉,嘉喟然卬天叹曰'幸得充备宰相,不能进贤退不肖,以是负国,死有余责'"。主审官问他贤与不肖之人为谁,他说:"贤,故丞相孔光、故大司空何武,不能进;恶,高安侯董贤父子,佞邪乱朝,而不能退。"①孔光、何武是傅晏的政敌,王嘉却未将傅晏列为"不肖"。被王嘉视为奸佞的董贤,是丁、傅外戚的眼中钉。他以丞相的身份反对董贤,客观上对傅晏、丁明有利。王嘉遭逮捕的时间,应为元寿元年二月或三月。②这年正月,傅太后去世,傅晏罢职。哀帝在此时动手,应是借丁、傅失势的时机处死王嘉。

王嘉为人正直,应该属实。我们没有看到他像朱博和息夫躬那样,积极地为丁、傅谋取利益。但王嘉和丁、傅外戚的关系应该不差。或许在王嘉看来,丁、傅与皇帝有血缘关系,他们掌权,有合理之处;董贤不是皇帝的血亲,也没有为国家立下功勋,不该获得崇高的政治地位。③哀帝想对抗丁、傅,巩固皇权,必须借助董贤的力量。王嘉身为丞相,不仅不支持皇帝,反而百般阻挠,使得哀帝必须除掉他。哀帝和王嘉之间的矛盾,根本原因是权力斗争,而不是道德冲突。

王嘉之死、丁明之罢,意味着董贤赢得了这场政争的胜利。他依靠哀帝的恩宠取代丁明,成为大司马,可谓春风得意。但他也面临着严重危机。一方面,他晋升太快,隐患很多。董贤想和桓谭结交,"谭先奏书于贤,说以辅国保身之术,贤不能用,遂不与通"。④桓

---

① 《汉书》卷八六《何武王嘉师丹传》,第 3502 页。
② 据《汉书·哀帝纪》与《百官公卿表》,王嘉死在元寿元年三月。据本传,他是在下狱二十余日后绝食而死的。那么他被下狱的时间,应该在三月,或者更早一点的二月。《汉书》卷一一《哀帝纪》,第 344 页;卷一九下《百官公卿表下》,第 848—849 页。
③ 王嘉屡次上疏哀帝,反对尊崇董贤。《汉书》卷八六《何武王嘉师丹传》,第 3492—3500 页。
④ 《后汉书》卷二八上《桓谭传》,第 956 页。

谭说的很可能是谦退保身之类的话。董贤被哀帝以非常规手段提拔为大司马,损害了很多人的利益。他即使做出谦退的姿态,也可能遭到报复,所以他无法接受桓谭的建议。另一方面,哀帝的身体状况一直不好。一旦哀帝去世,董贤很难保住自己的权位。因此,他必须在朝中找到同盟者。孔光、何武等成帝朝宰辅,此时已罢官闲居数年。他们声名显著,且与丁、傅外戚不和。董贤选择与他们联手,巩固自己的地位。

成帝朝宰辅中,最重要的人物之一是前任丞相孔光。他在王嘉死前就已回朝任职。孔光回朝,背后的推动者很可能是董贤。孔光任御史大夫时,董贤父董恭担任御史,是孔光的下级。董、孔两家可能早有交往。成、哀之际,孔光反对傅氏掌权,遭傅氏忌恨。对董贤而言,孔光是敌人的敌人,是可以合作的人选。除孔光外,另一位成帝朝宰辅何武也回到朝中。据记载,他回朝的推荐人就是董贤。[①]董贤向哀帝进言,重新起用孔光,是合乎情理的。

王嘉死后,孔光复任丞相。此前遭丁、傅排挤的彭宣,也在元寿元年复起,先后担任光禄大夫和御史大夫。值得注意的是,孔光、何武、彭宣回朝的时间都是元寿元年。这恐怕不是巧合。傅太后在这年年初去世,丁明、傅晏也在这一年被免职。丁、傅势微,给了孔光等人东山再起的机会。这年七月,孔光复相,哀帝罢免近臣傅嘉,意味着傅氏势力逐渐退出权力中枢。哀帝即位之初,以傅晏为首的傅氏外戚排挤成帝朝宰辅。如今形势逆转,丁、傅失势,孔光等人再居高位。由此可见,儒生们的政治前景,与外戚斗争的形势紧密相关。

孔光、何武回朝后,宰辅的担任者和成帝末年相似。但与成帝晚年不同,此时的大司马不是王莽,而是董贤。王莽和董贤都是外

---

① 《汉书》卷八六《何武王嘉师丹传》,第 3486 页。

戚。孔光、何武需要当权外戚的支持，才能保住自己的权位，推行自己的主张。就像羊群需要一只领头羊一样，在成帝晚年，这个角色由王莽扮演；到了哀帝晚年，这个角色的扮演者是董贤。士大夫的政治主张，也在一定程度上影响外戚。何武等人曾推行复古改制。董贤虽然没有儒学背景，未必了解古制，但他既然与孔光联手，就会对改制给予一定支持。当然，董贤的支持不是无偿的，改制必须满足他的利益。

元寿二年五月，哀帝"正三公官分职。大司马卫将军董贤为大司马，丞相孔光为大司徒，御史大夫彭宣为大司空，封长平侯"。①此次改革将丞相一职变更为大司徒，比成帝末年的改制更进一步。至此，哀帝初年恢复汉制的政治路线遭到否定。值得注意的是，在新制度中，董贤的地位在孔光、彭宣之上，是汉朝的最高官员。哀帝对董贤和孔光地位高低非常在意，他"故令贤私过光。光雅恭谨，知上欲尊宠贤……送迎甚谨，不敢以宾客均敌之礼。贤归，上闻之喜，立拜光两兄子为谏大夫常侍"。②祝总斌先生认为，元寿二年的这次官制改革，是"孔光驯服，进一步讨得哀帝欢心，主相关系融洽，一致为了尊宠董贤的结果"。③哀帝改革三公制，确有提升董贤地位的用意。

成帝末年的复古改制，有外戚王氏的参与；哀帝初年废除改制，得到傅氏的支持；哀帝末年再行复古，得到董贤的支持。此后王莽能复古改制，凭借的也是其外戚身份。儒生想要施行改制，首先要得到外戚的同意。孔光等士人居庙堂之高，或处江湖之远，也取决于外戚斗争的结果。一些士大夫敢于公开反对外戚掌权，但他们毕竟是少数。与东汉不同，西汉的士大夫，对外戚没有明确的斗争意

---

① 《汉书》卷一一《哀帝纪》，第344页。
② 《汉书》卷九三《佞幸传》，第3738页。
③ 祝总斌：《两汉魏晋南北朝宰相制度研究》，第51页。

识。他们如果得不到外戚的支持,就无法实现自己的政治理想。我们可以认为,西汉末年的改制运动,是由皇帝和外戚主导的。

尽管哀帝很年轻,但他的身体状况一直不好。班固说他"即位痿痹,末年寝剧"。①痿痹应指风湿一类的疾病。②这种病会使人行动不便,还可能诱发心血管疾病,威胁患者生命。由于患病,哀帝不能生育皇嗣。这不仅是他的心病,也是国家的不稳定因素。息夫躬曾说:"上亡继嗣,体久不平,关东诸侯,心争阴谋。"③当年成帝无子,所以他考虑立弟弟或侄子做继承人。哀帝没有选择储君。或许他觉得自己还年轻,无需准备后事。但"末年寝剧"的疾病不仅伤害哀帝的身体,还折磨他的精神。在处理东平王谋反案时,他说自己"居位以来,寝疾未瘳,反逆之谋相连不绝,贼乱之臣近侍帷幄"。④哀帝认为很多人想害他,说明他已经变得敏感、多疑。他不信任大臣,但对董贤十分依赖。董贤常在哀帝身边,"每赐洗沐,不肯出,常留中视医药"。⑤董贤的陪伴,能在一定程度上抚慰哀帝脆弱的心,这也是哀帝一直宠信董贤的重要原因。

哀帝临死前曾考虑禅让皇位。久病不愈使哀帝精力不足。汉王朝的统治危机,复杂的政治斗争,或使他心力交瘁,萌生了禅位于亲信的想法。董贤是哀帝最信任的人,也是哀帝选定的禅位对象。《汉书·佞幸传》记载了哀帝考虑禅位的始末:

> (王)闳为贤弟驸马都尉宽信求(萧)咸女为妇,咸惶恐不敢

① 《汉书》卷一一《哀帝纪》,第 345 页。
② 汉代史游《急就篇》称:"痿,不能行也;痹,风湿不仁也。一曰:痿,偏枯也。"《急就篇》卷四,岳麓书社影印清光绪《急就篇颜王注本》,1989 年,第 267 页。
③ 《汉书》卷四五《蒯伍江息夫传》,第 2180 页。
④ 《汉书》卷八六《何武王嘉师丹传》,第 3492 页。
⑤ 《汉书》卷九三《佞幸传》,第 3733 页。

当,私谓闳曰:"董公为大司马,册文言'允执其中',此乃尧禅舜
之文,非三公故事,长老见者,莫不心惧。此岂家人子所能堪
邪!"闳性有知略,闻咸言,心亦悟……后上置酒麒麟殿,贤父子
亲属宴饮,王闳兄弟侍中中常侍皆在侧。上有酒所,从容视贤
笑,曰:"吾欲法尧禅舜,何如?"闳进曰:"天下乃高皇帝天下,非
陛下之有也。陛下承宗庙,当传子孙于亡穷。统业至重,天子
亡戏言!"上默然不说,左右皆恐。于是遣闳出,后不得复
侍宴。①

除身体原因外,"法尧禅舜"也是哀帝考虑禅位的理由。西汉后
期,刘氏应当传位异姓的谶言迭出不穷。昭帝时,眭弘上疏,直言
"汉家尧后,有传国之运。汉帝宜谁差天下,求索贤人,禅以帝位"。②
阎步克先生认为,西汉后期以来的神道化浪潮动摇了皇权,"哀帝之
'再受命',不过是这一浪潮激荡出来的一系列产物之一,但它也特
别地反映了这一浪潮在朝廷和社会上的汹涌程度"。③陈侃理先生指
出,自元帝以来,"汉家尧后,有传国之运"的说法越来越普及,使汉
朝君臣有衰世之感。④何武、王嘉都曾改革制度,但收效甚微。在此
背景下,哀帝有禅位之念,并不奇怪。倘若新皇帝是一位誉满天下
的贤人,也许哀帝会得到士大夫的称颂。可资望不够的"家人子"董
贤成为候选人,让人很难接受。哀帝杀掉反对董贤的王嘉,不能化
解人们对董贤的嫉恨。如果董贤真的称帝,那些反对者会对其群起
而攻之。若果真如此,那么哀帝也无法全身而退。战国时期,燕王
哙禅位子之,引发燕国内乱,燕王哙和子之都未能善终。正所谓殷

---

① 《汉书》卷九三《佞幸传》,第3738页。
② 《汉书》卷七五《眭两夏侯京翼李传》,第3154页。
③ 阎步克:《士大夫政治演生史稿》,第348页。
④ 陈侃理:《儒学、数术与政治:灾异的政治文化史》,第107—110页。

鉴不远。王闳等人的反对，使哀帝不敢贸然禅位，只能先将此事搁置起来。

禅位风波平息后，哀帝的生命也走到了尽头。元寿二年六月，哀帝去世，死前未指定皇嗣。太皇太后王政君“即日驾之未央宫收取玺绶，遣使者驰召莽”。①哀帝死后，王太后的动向，在《佞幸传》中有更详细的记录：“太皇太后召大司马贤，引见东厢，问以丧事调度。贤内忧，不能对，免冠谢。太后曰：‘新都侯莽前以大司马奉送先帝大行，晓习故事，吾令莽佐君。’贤顿首幸甚。太后遣使者召莽。”②董贤既是朝廷的最高官员，又是哀帝宠臣。他如果在宫里，那么王太后很可能与他会面，并从他那里收取皇帝玺绶。王太后和董贤见面的气氛，可能是很紧张的。《后汉书》中的一些记载，可以让我们对哀帝去世前后的政治形势有更多了解：

> 哀帝临崩，以玺绶付贤曰：“无妄以与人。”时国无嗣主，内外恇惧，(王)闳白元后，请夺之；即带剑至宣德后闼，举手叱贤曰：“宫车晏驾，国嗣未立，公受恩深重，当俯伏号泣，何事久持玺绶以待祸至邪！”贤知闳必死，不敢拒之，乃跪授玺绶。闳持上太后，朝廷壮之。③

王闳因反对哀帝禅位得罪董贤。他害怕遭到董氏的报复，出面夺走皇帝玺绶，阻断董贤对皇位继承人选的影响，是符合情理的。《后汉书》这条材料补充了一些细节，内容比较可信。哀帝临终前，将皇帝玺绶交给董贤，可能是想让董贤决定新皇人选。但哀帝没有考虑到王太后和王氏家族，最终导致玺绶落入王太后之手。董贤失去皇帝

---

① 《汉书》卷九九上《王莽传上》，第 4044 页。

② 《汉书》卷九三《佞幸传》，第 3739 页。

③ 《后汉书》卷一二《王刘张李彭卢传》，第 500 页。

玺绶，在政治上已陷于被动。王太后和王莽为哀帝处理后事，他们如何处理成、哀两任皇帝的政治遗产，以及如何对待哀帝朝的外戚和儒臣宰辅，将影响西汉的政治走向。

四、哀帝朝外戚和儒臣宰辅的结局

哀帝死后，董贤未能掌控局面。王太后收回皇帝玺绶，并召王莽主持丧事。此时的王莽声名显著。但哀帝即位后，王莽罢官闲居多年，一直不得志。哀帝去世，给了王莽东山再起的机会。他再次掌握大权，对哀帝朝的外戚展开了清算。

首先遭到打击的是董贤。他被免除官职，自杀身亡。董氏家产被抄没，家族成员遭流放。①王莽还报复傅太后和丁姬，贬去她们的"太后"称号。元始五年（5），王莽提议发掘她们的陵墓，将此事奏请于王太后。王太后与傅太后积怨甚深，但她不同意王莽这样做。在王莽的坚持下，丁、傅的陵墓和棺椁遭到毁坏。②傅氏族人也没能幸免。傅皇后自杀，傅晏一家被徙合浦。③王莽对丁、傅的报复程度要甚于董贤。董贤虽为哀帝宠臣，但和王莽交集不多，两人之间没有太多恩怨。傅氏家族和王莽的矛盾很深。哀帝即位，傅太后将王莽逐出长安。傅氏阵营中的朱博还上疏，要求削去王莽的爵位。④史载王莽重掌大权后，"附顺者拔擢，忤恨者诛灭"。⑤丁、傅外戚就是王莽最为"忤恨"的对象。王莽重新掌权，一定会对他们实施报复。

孔光、何武等士人，在王莽执政时期的遭遇各不相同。何武不

---

① 《汉书》卷九三《佞幸传》，第3739—3740页。
② 《汉书》卷九七下《外戚传下》，第4003—4004页。
③ 《汉书》卷九七下《外戚传下》，第4005页；卷八二《王商史丹傅喜传》，第3382页。
④ 《汉书》卷九九上《王莽传上》，第4042页。
⑤ 《汉书》卷九九上《王莽传上》，第4045页。

愿让外戚掌权,与王莽争夺大司马之位,被王莽迫害而死。①孔光党附王莽,得到善终。彭宣告老求退,数年后在封地病逝。②董贤死后,王莽"风大司徒光奏'贤质性巧佞,翼奸以获封侯……贤自杀伏辜,死后父恭等不悔过……恭等幸得免于诛,不宜在中土。臣请收没入财物县官。诸以贤为官者皆免'"。③孔光曾拜服于董贤,现在却转变态度,带头清算董氏。宋人洪迈厌恶孔光的为人,在随笔中写道:

> 汉王嘉为丞相,以忠谏忤哀帝。事下将军朝者,光禄大夫孔光等劾嘉迷国罔上,不道,请与廷尉杂治……案嘉之就狱,由光逢君之恶,而嘉且死,尚称其贤,嘉用忠直陨命,名章一时,然亦可谓不知人矣。光之邪佞,鬼所唾也,奴事董贤,胁媚王莽,为汉蟊蜮,尚得为贤也哉!④

洪氏怜王嘉,憎孔光。后人读其文字,能感受到他的强烈情绪。不过容斋对西汉政治的理解,难免书生意气。他说:"忠义守节之士,出于天资,非关居位贵贱、受恩深浅也。王莽移汉祚,刘歆以宗室之儁,导之为逆,孔光以宰相辅成其事,而龚胜以故大夫守谊以死……人之贤不肖,相去何止天冠地屦乎!"⑤成、哀时期,皇帝和外戚掌握最高权力。孔光、何武等士大夫不能掌握辅政权,只能依附于外戚。他们如果忤逆皇帝,或者得罪外戚,那么不管他们是贤或不肖,是"天冠"还是"地屦",都可能遭到当权者迫害,甚至丢掉性命。王嘉、何武都因得罪外戚而死。孔光能与丁、傅斗争,已属不易。他和王莽关系不错,也能得到哀帝的信任。若得罪这两人,那么他很难保

---

① 《汉书》卷八六《何武王嘉师丹传》,第3487—3488页。
② 《汉书》卷七一《隽疏于薛平彭传》,第3052页。
③ 《汉书》卷九三《佞幸传》,第3739—3740页。
④ 洪迈:《容斋随笔》,《唐宋史料笔记丛刊》,中华书局,2005年,上册,第285页。
⑤ 洪迈:《容斋随笔》,上册,第116—117页。

全自己的性命。因此，我们不能简单地指责孔光等人是奸佞，而是应该从他们的经历入手，研究那个时代的政治环境。

哀帝去世后，王莽大权独揽，成为西汉的实际执政者。他以《周礼》为蓝本，推行改制。在这个过程中，王莽积累了雄厚的政治资本，最终代汉自立。以往的研究大多重视王莽的儒学背景，以及学术背景对其复古改制的影响。这一研究取径有不可否认的价值，但研究王莽的政治作为，还可以从外戚斗争的视角入手。王莽曾在成帝末年担任大司马。哀帝即位后，王莽和孔光等士大夫一起反对傅氏外戚。傅氏势大，王莽被迫辞去职务。哀帝晚年，孔光等人在董贤的支持下担任要职。王莽和董贤之间没有太多矛盾。哀帝死后，王莽逼董贤自杀，一方面是为了平息众怒，另一方面是为了让自己取代董贤，当上复古改制的领头羊。王莽的外戚身份，使他得到权力；他的儒学背景，让他具备改制的相关知识。这两方面因素结合起来，使王莽顺利地推行复古，最终完成代汉大业。西汉王朝以这样的方式终结，既有必然因素，也有偶然因素。频繁发生的外戚斗争，最终将王莽推上了辅政之位，给了他代汉自立的机会。

在西汉末期的政局中，儒士大夫的作用有限。他们出仕做官，可以位至丞相，但很少有人能担任大司马。这个辅政要职常由外戚出任。儒生即使做丞相，也不能伤害外戚的利益。若不能与外戚和睦相处，儒生们不仅无法施展才华，还可能引来杀身之祸。王莽的儒学素养很高，但他能大权独揽，主要依靠的还是其外戚身份。尽管西汉后期，改朝换代呼声高涨，但社会动荡不多，国家力量没有遭受实质性削弱。想让刘氏交出皇位，并不是件容易的事。单凭儒生群体，很难完成这个任务。孔光、何武等士人没有外戚身份，所以他们不能掌握辅政权，更不能代汉自立。何武试图与王莽争权，反遭杀身之祸，便是例证。正如有的学者所说，汉代的儒生，"事实上是在权力的夹缝中,来伸张儒家之政治理想的"。①西汉后期的儒生,在皇帝和外戚的夹缝中寻找生存空间。他们在当权者的支持下,艰难地伸张儒家理想。班固评价孔光等人,说他们"持禄保位,被阿谀之讥。彼以古人之迹见绳,乌能胜其任乎"。②信哉斯言!

第二节　东汉儒士与宦官、外戚的交际

本节主要研究东汉前、中期外戚、宦官与儒士大夫的交际。东汉章帝以后,马氏、邓氏、窦氏和梁氏等外戚相继掌握辅政和禁卫军权。部分宦官凭借皇帝的信任参与政治决策,甚至达到专权的地步。传统观点认为,专权的外戚、宦官虽有行事恭谨者,但多数行为不法,与士大夫群体矛盾很深。钱穆先生认为:"王室削夺政府权任,而以私关系的外戚代之,则显然为统一政府之堕落……宦官亦在当时'王室'与'政府'之判分下得到其地位……王室与政府逐渐隔离而易趋腐化与堕落。"③外戚、宦官代表皇帝之"私",士大夫代表国家之"公"。"私"与"公"必然是相互矛盾、难以共存的。陈苏镇先生指出,和帝以后,外戚宦官专权使政治环境日渐恶化。部分士大夫敢于与宦官、外戚争斗,赢得了士林群体的赞誉。④以上研究思路都将士大夫群体与外戚、宦官置于对立的视角之下。士大夫与当权的宫廷势力经常发生冲突,固然是事实。但另一方面,东汉前、中

---

① 蔡仁厚:《徐复观先生对中国思想史的贡献》,收入《中国文化论文集(五)》,幼狮文化事业公司,1984年,第289页。
② 《汉书》卷八一《匡张孔马传》,第3366页。
③ 钱穆:《国史大纲》第九章《统一政府之堕落》,第163、167页。
④ 陈苏镇:《〈春秋〉与"汉道"——两汉政治与政治文化研究》,第687—692页。

期,外戚和宦官,特别是外戚势力与儒士大夫有很深的交往。外戚
与儒士群体间关系的正面特性,需要我们予以深度考察。本节将通
过分析史料,探讨东汉前、中期外戚、宦官与士大夫交际的真实
情况。

一、东汉初年的诸王、外戚宾客

东汉初年,诸侯王和外戚聚居京城,交通宾客。值得注意的是,
权贵聚居首都,拉拢豪杰之士为己所用,是战国以来的传统。战国
时期,各国贵公子养客成风。《史记》载:"是时齐有孟尝,魏有信陵,
楚有春申,故争相倾以待士。"①公子待门客以礼,门客也用才智回报
公子。孟尝君厚待冯驩,冯驩为孟尝出谋划策、游说秦王。②门客与
府主是价值交换的关系。门客可以参与公子的政治活动,以"智囊"
的身份活跃在后者身边;贵公子豢养门客,让门客衣食无忧。世入
汉代,外戚、贵族养客的情况仍很普遍。窦婴"喜宾客……封为魏其
侯,游士宾客争归之"。③东汉建国后,诸侯王,主要是光武帝诸子,与
功臣及阴、窦等外戚家族皆在京师居住。史称"建武中,禁网尚阔,
诸王既长,各招引宾客"。④外戚、功臣和诸侯王在京城招揽宾客,与
知名儒士和地方豪强交往。王莽从兄之子王磐,在东汉开国后"拥
富赀居故国,为人尚气节而爱士好施,有名江淮间",成为一方豪强。
后来他到京师,与卫尉阴兴、大司空朱浮和齐王章交好。不久,王磐
"与司隶校尉苏邺、丁鸿事相连,坐死洛阳狱"。王磐交游甚为广泛,
外戚、三公及司隶等权要人士,都与他有所往来。王磐死后,其子王

① 《史记》卷七六《平原君虞卿列传》,中华书局,1959 年,第 2366 页。
② 《史记》卷七五《孟尝君列传》,第 2359—2362 页。
③ 《汉书》卷五二《窦婴传》,第 2376 页。
④ 《后汉书》卷三二《樊宏传附樊儵传》,第 1122 页。

肃"复出入北宫及王侯邸第"。①王磐父子与司隶校尉等高官、权贵交游,目的是为自己在京城的交际活动提供便利,进而牟取政治利益。权贵的交游网络遍及首都及地方,是东汉初年重要的政治现象。

光武帝防备外戚势力,他"惩西京外戚宾客,故皆以法绳之,大者抵死徙,其余至贬黜"。②高调招揽宾客的诸侯王,也成为东汉初年皇帝的打击对象。明帝即位后,楚王刘英在封国"大交通方士,作金龟玉鹤,刻文字以为符瑞"。永平十三年(70),"男子燕广告英与渔阳王平、颜忠等造作图书,有逆谋",刘英被迫自杀。③明帝穷治其事,牵连甚广,这就是东汉著名的"楚狱"。王平、颜忠应是楚王交通的方士。同样在明帝朝,济南王刘康"不循法度,交通宾客",有人告发他"招来州郡奸猾渔阳颜忠、刘子产等,又多遗其缯帛,案图书,谋议不轨",刘康遂遭明帝处罚。④明帝打击诸王宾客,是为了削弱诸王的势力,消除诸王对皇位的威胁。自此,东汉诸侯王招揽宾客之事有所收敛,但外戚招揽宾客的现象仍屡见不鲜,并未就此终止。

外戚拉拢士大夫,招纳宾客,首先是为了提高自己的名声。据说西汉将军苏建劝说卫青:"大将军至尊重,而天下之贤士大夫无称焉,愿将军观古名将所招选者,勉之哉!"⑤苏建明确指出,权贵招揽宾客,目的是赢得士大夫的称道。像卫青这样的权要人士或凭借军功,或凭借裙带关系上位。他们与名士交往,可以塑造自己"礼贤下士"的形象。东汉开国后,儒学兴盛,儒士大夫的影响力越来越大。

① 《后汉书》卷二四《马援列传》,第850—851页。
② 《后汉书》卷二八上《冯衍传》,第978页。
③ 《后汉书》卷四二《楚王英传》,第1428—1429页。
④ 《后汉书》卷四二《济南王康传》,第1431页。
⑤ 《汉书》卷五五《卫青霍去病传》,第2493页。

许多功臣有儒士气质,刘秀本人亦是儒生出身。清人赵翼谓:"东汉中兴,则诸将帅皆有儒者气象,亦一时风会不同也。"①外戚功臣所礼之贤,也从方士、地方豪强等各类名流,转变为以儒士大夫为主。大儒杨政有名京师。他拜访杨虚侯马武,武"难见政,称疾不为起。政入户,径升床排武,把臂责之曰:'卿蒙国恩,备位藩辅,不思求贤以报殊宠,而骄天下英俊,此非养身之道也。今日动者刀入胁。'"②杨政责备马武对自己避而不见的态度是"不思求贤",说明在杨政看来,马武积极"求贤",亦即礼待自己,方是正确之举。马武如果礼待杨政,则会使他收获礼贤之名。

其次,礼待士大夫,还可以扩充功臣和外戚的人脉基础。儒士大夫可以经过当权外戚的荐举出任官职。傅晏扶植息夫躬、孙宠,使息夫、孙获得官职,进而让他们为傅氏效力,在政治斗争中充当傅氏的马前卒。东汉儒士冯衍为求得东平、山阳王属官的职务,接住外戚阴氏递出的橄榄枝,与阴氏来往甚密。③如果冯衍在阴氏的荐举下成功出任诸侯王属官,那么他必然对阴氏感恩,或许会利用职务之便为阴氏争取利益。

权戚、诸王交通士大夫,不可避免地对皇权构成挑战。《韩非子·二柄》曰:"人主非使赏罚之威利出于己也,听其臣而行其赏罚,则一国之人皆畏其臣而易其君,归其臣而去其君矣。"④按法家之说,群臣的赏罚应由君王一人独断,其权不能旁落臣下。卫青答复苏建的建议,曰:"自魏其、武安之厚宾客,天子常切齿。彼亲待士大夫,

<hr/>

① 赵翼著,王树民校证:《廿二史札记校证》卷四《后汉书》,中华书局,1984 年,上册,第 90 页。
② 《后汉书》卷七九上《儒林上·杨政传》,第 2552 页。
③ 《后汉书》卷二八上《冯衍传》章怀太子注,第 978 页。
④ 《韩非子集解》卷二《二柄》,第 39—40 页。

招贤黜不肖者,人主之柄也。人臣奉法遵职而已,何与招士!"①汉武帝忌惮外戚拉拢贤士,卫青对此心知肚明,故而拒绝招揽宾客。光武帝和明帝打击宾客,正是因为外戚礼待贤士,会对皇权产生动摇。不过尽管武帝、光武帝和明帝等强势皇帝打击外戚宾客,但外戚高调礼贤的现象仍屡禁不止。卫青的做法,在两汉的当权外戚中属于少数。

当权外戚招揽贤士的另一重要原因,是他们需要儒生为自己出谋划策。桓谭为傅晏谋划,使傅皇后免除灾患,正是其例。正如桓谭所说,"士以才智要君"。此语既可评论傅皇后身边的侍从,也可评论外戚交结的士人。与外戚交往的士大夫,不论是否成为外戚的门客,都有可能以政治投机者的面貌活跃于政坛之上,为外戚贡献才智。济南王刘康等诸侯王"案图书,谋议不轨",除了需要方士辅助外,也需要士大夫提供儒学指导。在政治斗争激烈的东汉初年,诸王、外戚如此拉拢儒士的行为必会受到皇帝重点打击。

光武帝、明帝和章帝这三位强势君主离世后,窦氏、邓氏、梁氏等外戚掌握执政权,于是当权外戚能更加方便地交结儒士。

二、东汉中期外戚、宦官与士大夫的交际

东汉中期,外戚辅政成为常见现象,许多士大夫随之成为外戚党羽。东汉初年,外戚与士人交往,受到光武帝、明帝等强势君主的打击和限制。东汉中期以后,外戚可以通过征辟掾属等形式,与士大夫建立"府主—故吏"关系。士大夫并不以成为外戚掾属为耻。相比外戚,宦官很难合法地与士大夫开展政治交际。士大夫群体对外戚和宦官的态度有本质差别。

---

① 《汉书》卷五五《卫青霍去病列传》,第 2493 页。

和帝以后,邓氏、窦氏、梁氏等外戚家族成员先后辅政,担任大将军、车骑将军等官。这些官职的担任者可以开府辟召官僚和士人。外戚多利用这一条件,征辟有名的士大夫。如车骑将军马防"外戚尊重,请(傅)毅为军司马,待以师友之礼";后来马氏败落,外戚窦宪担任车骑将军,"复请毅为主记室,崔骃为主簿。及宪迁大将军,复以毅为司马,班固为中护军。宪府文章之盛,冠于当世"。①马防、窦宪都征辟名士。窦宪不介意傅毅曾效力马氏,将他招入自己麾下。周景入仕之初,接受大将军梁冀的征辟。②在东汉的当权外戚中,窦宪、梁冀名声不佳,最终皆身败名裂,但傅毅、周景并不以自己曾出任他们的掾属为耻。到东汉后期,部分士人因鄙薄地方长官而拒绝在地方任职,如巴肃"历慎令、贝丘长,皆以郡守非其人,辞病去"。③不过外戚的征辟很少遭到士大夫拒绝。马融早年"不应征聘",后来大将军邓骘召其为舍人,据说马融认为该任命"非其好也,遂不应命",客居凉州。此后凉州爆发战乱,米价踊贵。马融因生活窘迫转变态度,接受邓氏的征召。④史书并未记载邓骘发出任命与马融接受征召的时间。实际上,东汉功臣家族之间联系甚多。马融作为马氏外戚的家族成员,他与邓家的联系很可能早已有之。且如果他在凉州生活窘迫,那么返归故里,或就近逃亡汉中、巴蜀等地,都是可行的。笔者大胆推测:邓骘最后不得善终,且此后马融忤逆邓氏,双方关系破裂,所以马融这位当世大儒需要改编自己的经历,让自己的出仕过程看起来更像迫不得已,而非邓氏"召之即来"。史书记载的,正是马融改编后的经历。

---

① 《后汉书》卷八〇上《文苑·傅毅传》,第 2613 页。
② 《后汉书》卷四五《周荣传附周景传》,第 1538 页。
③ 《后汉书》卷六七《党锢列传》,第 2203 页。
④ 《后汉书》卷六〇上《马融列传上》,第 1953 页。

汉末徐幹撰《中论·谴交》，批评当时的交游之风：

> 憔悴布衣，以欺人主，惑宰相，窃选举，盗荣宠者，不可胜数也……桓灵之世其甚者也。自公卿大夫、州牧郡守，王事不恤，宾客为务，冠盖填门，儒服塞道……有策名于朝，而称门生于富贵之家者，比屋有之。[1]

所谓"儒服塞道"，说明很多儒士也试图通过交游获利。"有策名于朝，称门生于富贵之家"的，恐怕也有不少士大夫。余英时先生据此指出："俗士交游之颓风既至桓灵之世而极盛，党锢之祸之适起于此时恐不能不与之有关。"[2]徐幹称当朝公卿、州牧郡守等门庭若市，外戚之家应该也会宾客辐辏。史称东汉初年，三公掾属"专尚交游，以不肯视事为高"。[3]三公掾属中有很多儒士。他们不务政务，而是专心交际。尽管徐幹批评东汉桓、灵二帝时期的现象，但结合东汉初年三公掾属以及杨政等人的经历看，士大夫醉心交游，特别是热衷于与外戚等权贵人士交际的现象，恐怕从东汉初年就已有之。

史官笔下的士大夫，在与外戚的交往中往往不畏权威、仗义执言。这些记载留给后人的印象，就是正直的士大夫与外戚对抗，即使在外戚幕府效力，也不与外戚同流合污。典型案例是儒士崔琦与梁冀的交往。崔琦在洛阳担任郎官，外戚梁冀"闻其才，请与交"。史称"冀行多不轨，琦数引古今成败以戒之，冀不能受"。崔琦于是作《外戚箴》讽谏梁氏，最终触怒梁冀，为梁氏所害。表面上看，崔琦一直与梁冀对抗，不过事实恐怕并不这样简单。《外戚箴》文末曰：

---

① 徐幹：《中论》卷下《谴交》，《诸子百家丛书》，上海古籍出版社影印本，1990年，第31—32页。

② 余英时：《士与中国文化》，第255页。

③ 《后汉书》卷四六《陈宠传》，第1548页。

"履道者固,杖埶者危。微臣司戚,敢告在斯。"他对梁冀说:"今将军累世台辅,任齐伊、公,而德政未闻,黎元涂炭,不能结纳贞良,以救祸败,反复欲钳塞士口,杜蔽主听,将使玄黄改色,马鹿易形乎?"①观此,崔琦劝谏梁冀的主旨,是梁冀应在国家遭遇统治危机的情况下低调处事,广纳贤士,以保全执政之位。崔琦的做法与西汉末年的桓谭并无本质区别,都是充当外戚的"智囊",为外戚执政出谋划策。只是他的言语过于直率,且梁冀心胸狭隘,最终他触怒梁冀,为自己招来杀身之祸。

士大夫与外戚矛盾激烈、友好关系破裂的情况,在东汉前、中期有很多。马融因建议朝廷勤修武备,不合邓氏之意而失去邓氏信任。②窦氏执政期间,崔骃亦劝谏窦宪"谦德之光,《周易》所美;满溢之位,道家所戒……矜矜业业,无殆无荒"。据说崔骃正直敢言,不得窦宪欢心,遭窦氏疏远。③这些案例或为士大夫与外戚政见不和,如马融与邓氏;或为士人劝谏外戚应低调执政,谨慎处事。在传世的东汉史料中,后一种记载更多。崔琦与梁冀的分歧就是崔骃与窦宪矛盾的"翻版"。为何这些儒士在得到外戚礼遇的情况下,会对外戚如此犯颜直谏,特别是为何他们要执着地劝谏外戚谦逊、低调,值得深入探讨。

东汉立国的重要基础之一,就是否定王莽篡汉。东汉初年,皇帝打击外戚势力,朝野上下亦对外戚掌权保持警惕。皇后本人也自我抑制,节制自己家族的权势。章帝即位后,朝臣提议封马太后亲属为侯,马太后予以回绝,称:"昔王氏五侯同日俱封,其时黄雾四塞,不闻澍雨之应。又田蚡、窦婴,宠贵横恣,倾覆之祸,为世所

---

① 《后汉书》卷八〇上《文苑·崔琦传》,第2619—2623页。
② 《后汉书》卷六〇上《马融列传上》,第1954—1970页。
③ 《后汉书》卷五二《崔骃传》,第1721页。

传……吾岂可上负先帝之旨,下亏先人之德,重袭西京败亡之祸哉!"她引用西汉田蚡、窦婴等外戚骄横的例子,表明东汉不能重蹈西汉骄纵外戚的覆辙。①从这个角度上看,警惕外戚专权,是东汉王朝的"国策"。尽管这一"国策"在东汉中后期未能贯彻执行,但我们不能否认它在东汉初年的存在。在东汉中后期外戚频频掌权的背景下,这一原则仍能以某种方式制约、限制外戚的行为。

　　章帝以后,皇帝即位的年龄越来越幼小,外戚执政遂无法避免。但外戚高调处事,仍会引起官僚士大夫的警惕。章帝在位期间,马廖兄弟"倾身交结,冠盖之士争赴趣之"。司空第五伦"以后族过盛,欲令朝廷抑损其权",上疏建议皇帝限制马氏的交际活动。他列举明帝与阴太后打击外戚宾客的做法:"近代光烈皇后,虽友爱天至,而卒使阴就归国,徙废阴兴宾客;其后梁、窦之家,互有非法,明帝即位,竟多诛之。"针对马氏兄弟交结豪杰和士大夫的行为,第五伦提醒皇帝"陛下情欲厚之,亦宜所以安之。臣今言此,诚欲上忠陛下,下全后家"。②第五伦不仅站在东汉朝廷的立场上,建议皇帝抑制外戚的交游,还声称自己直言进谏是为了保全马氏家族。这说明在士大夫看来,外戚高调地交结宾客,不仅对朝廷构成威胁,也不利于其自身。正是东汉防备外戚的国策,使外戚一旦高调处事,就会吸引朝野上下的关注,给家族带来危险。第五伦声称他反对马廖兄弟高调交游,是为了马氏家族的安全,并非全然虚言。

　　外戚执政,不可避免地与朝臣和士人广泛接触。外戚家族成员往往求低调而不得。如果他们举荐贤士入朝为官,其自身亦严守法度,就会减少过失,赢得朝野上下的赞誉,降低被反对势力针对的风

---

① 《后汉书》卷一〇上《皇后纪上》,第 411 页。
② 《后汉书》卷四一《第五伦传》,第 1398—1399 页。

险。崔骃、崔琦或为外戚属下,或为外戚智囊,有责任提醒当权者保持清醒的头脑,减少"逾矩"行为。崔骃与窦氏产生矛盾,是在窦宪北征匈奴之时。史称宪"道路愈多不法",崔骃作为窦宪主簿,指出窦宪的过失,"前后奏记数十,指切长短"。①此前窦宪因派人刺杀都乡侯刘畅而遭处罚。为将功折罪,窦宪率军出击北匈奴。②因此,此次出兵,窦宪的各种举措必然受到朝野瞩目。崔骃劝谏窦宪,是为了让后者恪守法度,以平息朝野上下针对窦氏的不利舆论。窦宪未听从崔骃的劝告,数年后果然遭到和帝打击,被迫自杀。崔琦劝告梁冀的初衷,是在"黎元涂炭",梁冀执政遭遇危机的背景下,为梁冀寻找保身之道。梁冀最终身败名裂,与他迫害士大夫,特别是崔琦这样的忠直之士有很大关系。此前马融得罪邓氏,只是累年不得升迁;窦宪不采纳崔骃的建议,也只将崔骃逐出自己的幕府。其他外戚杀戮士人,大多只是诛除政敌。梁冀却因意见不合,杀害曾经的友人崔琦。这是践踏东汉外戚与士大夫交往底线的行为,也是他身后声名狼藉的重要原因之一。

许多儒士与外戚在朝堂上展开斗争,利用公开上奏等方式,反对外戚僭越、奢侈等行为。这些士大夫的正直不可否认。但另一方面,部分士人与外戚的争斗看似激烈,实则留有一定余地。士人何敞"性公正",早年出任太尉宋由的掾属,力劝宋由彻查窦宪刺杀刘畅之事。后来他又屡次上疏,弹劾窦宪及其弟窦笃、窦景超规格营建府第等不法行为。窦宪对他深为忌惮,于是将他调任地方。表面上看,何敞与窦氏外戚水火不容,关系恶劣。不过窦氏败落后,"有司奏敞子与夏阳侯(窦)瓌厚善";当年何敞屡次弹劾窦宪,却称赞窦

---

① 《后汉书》卷五二《崔骃传》,第 1721—1722 页。
② 《后汉书》卷二三《窦融列传》,第 813—814 页。

宪之弟窦瓌"虽在弱冠,有不隐之忠,比请退身,愿抑家权。可与参谋,听顺其意"。①何敞称赞窦瓌在政治上的低调,似乎表明窦瓌的行事作风与窦宪、窦笃、窦景不同。但据《后汉书·窦融列传》,至少在营修宅第的问题上,窦瓌的奢华、逾制与诸位兄长无异。何敞一家应确实与窦瓌保持友好关系,故何敞对窦瓌颇为偏袒。这种友好关系,至少在客观上为何敞与窦氏家族的关系留出了修复的空间。窦瓌最终被安置于封国,形同软禁,未能回归京城。②假使他后来东山再起,重回朝廷,那么何敞应当能得到重用。因此,在考察东汉士人与外戚的关系时,如果只看士大夫激烈反对外戚的言行,是不够全面的。蒋晓亮女士考察成阳三碑,认为东汉后期的仲氏家族同宦官势力结好,"又和清流寄望的刘郃关系密切。实际情势远非史书呈现的两种势力间截然对立"。③东汉后期名士与宦官势力的关系容后再论。在东汉中期,士大夫与外戚势力绝非公然对立的。即使是那些与外戚斗争的士大夫,有时也会留有余地,保留与外戚势力联合的可能性。

在现有史料中,部分外戚故吏与外戚间的联系记录甚少。儒士周景受大将军梁冀征辟入仕,历任河内太守、将作大匠等官。梁冀被诛后,周景"以故吏免官禁锢"。梁冀执政期间,能先后出任国家核心地带——"三河"之地郡守,并主管营建宫室的人,一定是他的心腹。或许由于周景此后打击宦官子弟,在汉末士大夫心目中的形象比较正面,所以在史书中,周景与梁冀的联系未得到充分记录。④朱穆早年举孝廉,梁冀欲以之为谋主,遂征辟之。朱穆在梁冀幕府

① 《后汉书》卷四三《何敞传》,第 1480—1487 页。
② 以上材料参看:《后汉书》卷二三《窦融列传》,第 818、820 页。
③ 蒋晓亮:《东汉魏晋官僚士人关系网络研究》,第 183 页。
④ 有关周景的材料参看:《后汉书》卷四五《周景传》,第 1538 页。

"甚见亲任",获举侍御史。后来他劝谏梁冀要节俭为政,"言甚切",但心胸狭隘的梁冀却未怪罪朱穆。[1]朱穆应当是梁冀的亲信,所以梁冀能容忍他的谏言。周景、朱穆与梁氏外戚的政治联系,在史书中遭到弱化。部分士人受恩于外戚的事实,亦遭史家删除。据《朱穆传》,朱穆举荐栾巴于梁冀,冀遂向朝廷推荐栾巴为议郎。栾巴本传言"荆州刺史李固荐巴治迹,征拜议郎"。[2]李固应当向朝廷汇报栾巴的优秀政绩,而后梁冀荐巴为议郎。且当时梁冀辅政,若无其允准,即使得到李固举荐,栾巴也没有机会出任议郎。因此,梁冀对栾巴有知遇之恩。但在栾巴本传中,梁冀对他的知遇之恩并未得到记录。由此可见,许多在史书中留下正面形象的士大夫,或是外戚故吏,或受恩于外戚。但史书通常只记载他们劝谏外戚节俭、谨慎的言论。史家想通过这类记载突出他们正直的品格,弱化他们受恩于外戚的历史事实。

外戚家族在政治斗争中落败前后,士大夫对他们的态度难免"前恭后倨",即从原先的恭敬转变为此后的倨傲。部分士人甚至对外戚家族落井下石。窦宪任大将军,娶妻之时"天下郡国皆有礼庆"。[3]东汉郡国长官阿附当权外戚,会抓住各种机会表达自己对外戚的"忠诚"。一旦外戚权势稍有衰弱,这些士人往往会一改此前的恭敬之态,转而对外戚"落井下石"。梁冀死后,黄琼上疏:"尚书周永,昔为沛令,素事梁冀,幸其威势,坐事当罪,越拜令职。见冀将衰,乃阳毁示忠,遂因奸计,亦取封侯。"[4]像周永这样本是梁冀心腹、后充当反梁先锋的官僚士人,应该不占多数。但梁冀声名狼藉,他

---

[1]《后汉书》卷四三《朱晖传附朱穆传》,第 1462—1469 页。

[2]《后汉书》卷四三《朱晖传附朱穆传》,第 1463 页;卷五七《栾巴传》,第 1841 页。

[3]《后汉书》卷八二上《方术上·李郃传》,第 2718 页。

[4]《后汉书》卷六一《黄琼传》,第 2038 页。

死后,许多因他得官的士人恐怕会自觉地与之划清界限。这也是史书鲜少正面记载士大夫与外戚关系的重要原因。

相比外戚,宦官在笼络士大夫方面缺乏优势。《后汉书·何进传》载何太后曰:"中官统领禁省,自古及今,汉家故事,不可废也。"①陈苏镇先生指出,东汉章帝以后,侍中等士人出居禁中之外,不再拥有随时出入禁中的权利。②自此,负责禁省事务的宦官在政治决策中的作用越来越大。②宦官能参与高层的政务决策,也承担向禁宫之外传达命令的职责,有机会与外朝大臣会面。但他们的主要工作区域在禁中,与士大夫交际联络的机会少于外戚。宦官日常工作的上述特性,给了他们接近皇权的便利,也限制了他们与士大夫的政治交际。

东汉有限制宦官与官僚交往的法律。《三国志》卷一《魏书·武帝纪》注引司马彪《续汉书》曰:"蜀郡太守因计吏修敬于(曹)腾,益州刺史种暠于函谷关搜得其笺……奏腾内臣外交,所不当为,请免官治罪。"③当然,法律规定与现实之间有很大差距。当权宦官交通朝臣,往往不受约束。东汉末年,十常侍宾客"典据州郡,辜榷财利,侵掠百姓",说明这些宦官庞大的交际网络从中央延伸到地方。④曹腾本人与海内名士多有联系,"其所进达,皆海内名人,陈留虞放、边韶、南阳延固、张温、弘农张奂、颍川堂溪典等"。⑤他推荐名士任官,为自己赢得良好声誉。不过像曹腾这样交际广泛的宦官只是少数。宦官通常利用联姻扩大自己的人脉。比如中常侍丁肃与太傅胡广

① 《后汉书》卷六九《何进传》,第 2249 页。
② 陈苏镇:《东汉的"殿中"和"禁中"》,《中华文史论丛》2018 年第 1 期,第 145—154 页;收入氏著《从未央宫到洛阳宫:两汉魏晋宫禁制度考论》,生活·读书·新知三联书店,2022 年,第 185—194 页。
③ 《三国志》卷一《魏书·武帝纪》注引司马彪《续汉书》,第 2 页。
④ 《后汉书》卷七八《宦者列传》,第 2535 页。
⑤ 《三国志》卷一《魏书·武帝纪》注引司马彪《续汉书》,第 2 页。

联姻;太尉陈球小妻为宦官程璜之女;济南相荀绲亦忌惮宦官势力,为其子荀彧娶中常侍唐衡之女。不过与宦官联姻的士大夫,声誉难免受损。胡广联姻宦官,"以此讥毁于时";荀彧"以少有才名,故得免于讥议",①说明宦官的联姻对象受士大夫群体鄙视。因此,相比外戚,宦官与士大夫的政治交际不易开展。

后人将外戚和宦官并称,将这两个群体专权视作东汉政治之弊端。不过细读史书,能发现东汉士人对外戚和宦官的态度并不相同。正如前文所述,东汉士人,即使是那些史书中的骨鲠之士,也未将自己出身外戚故吏作为耻辱。宦官的姻党,却往往遭到士大夫的鄙薄。党锢之祸的起因,是宦官势力与士大夫之间的冲突。上疏弹劾李膺等士人的,正是宦官的党羽。②宦官群体始终被士大夫视作"佞幸"。即使他们当中有个别虚心纳贤者,士大夫群体也不将宦官参政视为正当的政治现象。

许多外戚故吏与宦官矛盾深重。太尉杨震早年受邓骘征辟。后杨震反对中常侍樊丰等内宠奢僭逾制等不法行为,宦官弹劾杨震"邓氏故吏,有恚恨之心"。清算邓氏的正是安帝。宦官此语意在激怒安帝,诱使安帝诛杀杨震。安帝果然罢免杨震的官职,逼迫杨震自杀。邓太后临朝期间,杨震并无直言劝谏之事。邓太后去世后,"内宠始盛",自此杨震屡次上疏,劝安帝节制对乳母和宦官的宠信。③宦官和安帝认为,杨震因邓氏遭诛灭而心怀怨恨,所以才处处针对因邓氏倒台而得利的近幸群体。类似外戚故吏与宦官之间矛

---

① 以上材料见于《后汉书》卷四四《胡广传》,第 1510 页;卷五六《陈球传》,第 1834 页;卷七〇《荀彧传》,第 2281 页。
② 《后汉书》卷六七《党锢列传》,第 2187 页。
③ 《后汉书》卷五四《杨震列传》,第 1761—1767 页。

盾深重的例子还有很多。朱穆提议罢遣宦官,遭宦官"因事称诏诋毁之"。[1]赵岐早年亦受梁冀征辟,为梁冀"陈损益求贤之策",梁冀未采纳,但也未怪罪于他。后来赵岐及其从兄赵袭与中常侍唐衡之兄唐玹不和,双方矛盾深重,唐玹遂借故大肆杀戮赵氏家族成员。[2]唐衡是诛杀梁冀的重要功臣。赵、唐两家的矛盾是否与赵岐受梁冀征辟有关,现已不可确知。不过曾为外戚效力的士大夫,与诛除外戚得利的宦官多有不和,不能说是巧合。这些士大夫反对宦官,未必是想为外戚复仇,但宦官群体会将他们视作外戚势力的残余。且士大夫对待外戚故主与宦官的态度差异巨大,说明宦官得到皇帝信任,参与政治决策,并不能得到这些士大夫的认可。

余英时先生认为,东汉后期清流士人与外戚联手,原因是这两股势力有共同的敌人——宦官,以及部分外戚兼具士大夫身份。[3]本节内容提示我们:外戚与士大夫联合,是东汉前、中期以来常见的现象。许多以正直形象示人的士大夫甘愿成为外戚属吏,或与外戚交游。他们即使与外戚争斗,也会留有一定余地。在史书中,外戚与士人的政治联系往往遭到史官"选择性记录",部分士人与外戚之关系亲密的史实并未得到记载。在汉代的高层权力结构中,宦官始终不被士大夫群体视作正当的组成部分。他们与皇家无亲缘关系,也无开府之权,无法征辟士人为自己的幕僚。士大夫对于宦官当权缺乏好感,他们反抗宦官的斗争,也在东汉后期逐渐进入白热化阶段。

三、东汉后期外戚、儒士同宦官的斗争

东汉后期,部分士人与外戚联手,同宦官势力展开争斗。皇帝

---

① 《后汉书》卷四三《朱穆传》,第1472页。
② 《后汉书》卷六四《赵岐传》,第2122页。
③ 余英时:《士与中国文化》,第254页。

与宦官先后两次对参与斗争的士大夫群体实施"党锢"。前人研究多将士大夫与外戚联手归因于士大夫的自觉意识。余英时先生说："从来论汉末党锢之祸者……以为起于士大夫与宦官之相互激荡，此诚不易之论也。然结党一事关涉士大夫之群体自觉……似不能纯以一时偶然之刺激说之。"①有关东汉后期士大夫之"群体自觉"，余先生已论之甚详。我将从两汉儒士结党的传统运作方式入手，探讨汉末士大夫、外戚与宦官群体的斗争的特点。

自东汉建国起，部分官僚士大夫坚守法令，刚正不阿，打击权贵豪强。到王朝后期，随着高层官僚和权贵腐败的情况越来越严重，正直士人与他们的斗争也愈发激烈。李膺、陈蕃就是这一时期正直士大夫的代表。李膺担任河南尹，负责首都附近的监察工作，"与廷尉冯绲、大司农刘祐等共同心志，纠罚奸幸"；②太尉陈蕃上疏皇帝，保护对抗宦官的士大夫。③他们还与不少同道之士联手，整肃官场不正之风。比如陈蕃与黄琬整顿三署郎官，二人"同心，显用志士……遂为权富郎所见中伤"。④他们的举动得到士林群体的广泛拥护。自此，士大夫与当权者的斗争，从朝堂和公府蔓延到全国。士林群体以李膺、陈蕃为核心，联合起来对抗宦官势力。

东汉后期以陈蕃、李膺为首的士林交结，呈现出比西汉和东汉前、中期儒士更强的独立性。这一时期的士林阶层，已经形成了自成一体的评价倾向。士大夫群体对一个人的评价，与后者的官位高低无关。官场中的上下级，也能成为好友；相互交游的好友，也不一定是同辈之人。陈蕃出任地方官时，与接受功曹任命的徐稚交游。

---

① 余英时：《士与中国文化》，第 254 页。
② 《后汉书》卷六七《党锢列传》，第 2192 页。
③ 《后汉书》卷六六《陈蕃传》，第 2164 页。
④ 《后汉书》卷六一《黄琼传附黄琬传》，第 2040 页。

史称陈蕃"在郡不接宾客,唯稚来特设一榻,去则县之",①后世遂有"徐孺下陈蕃之榻"的典故。士大夫交游打破年齿、官职等因素的限制,使得官位较低,甚至在野的士人能与陈蕃、李膺等高级官僚交换对朝政的意见。他们普遍对宦官专权的现象不满,使得针对宦官的舆论遍布朝堂和乡野。他们有的是政治斗争中的朋党关系,有的只是志趣相投的好友。川胜义雄先生认为,汉末士林清议在全国、郡和县、基层乡村社会分别形成了三个层次的乡论网,这些乡论网络中的士人就是东汉政府指称的"党人"。②清议是否形成严整的三层次乡论网络,或有进一步讨论的空间。川胜先生注意到针对宦官的舆论遍布各地,在全国范围内蔓延开来,应当属实。

在宦官势力看来,士大夫相互交结的行为即是结党,他们以打击朋党的方式应对即可。范晔《后汉书》载宦官党羽牢修上疏,告李膺等士大夫"养太学游士,交结诸郡生徒,更相驱驰,共为部党,诽讪朝廷,疑乱风俗",③但范晔仅对这封上疏进行概括,未抄录全文。袁宏《后汉纪》载牢修之文曰:"司隶李膺……等相与结为党,诽谤朝廷,迫胁公卿,自相荐举。三桓专鲁,六卿分晋,政在大夫,《春秋》所讥。"④桓帝于是下令抓捕这些士大夫,党锢之祸自此而起。由此可见,桓帝认可牢修的说法,认为李膺等高官与太学生、各郡国游士结成朋党,动摇皇权。

建宁元年(168),太傅陈蕃、大将军窦武诛杀宦官失败,宦官大肆报复"党人",诛杀、流放士大夫,史称"死徙废禁者,六七百人"。⑤

---

① 《后汉书》卷五三《徐稚传》,第 1746 页。
② 川胜义雄:《六朝贵族制社会研究》,李济沧、徐谷芃译,上海古籍出版社,2018 年,第 67 页。
③ 《后汉书》卷六七《党锢列传》,第 2187 页。
④ 《两汉纪》卷二二《孝桓皇帝纪下》,中华书局,2002 年,第 430 页。
⑤ 《后汉书》卷六七《党锢列传》,第 2188 页。

这就是第二次党锢之祸。陈蕃、窦武与宦官的斗争,与此前两汉士大夫参与的党争差别不大。这些政治斗争的表现形式,都是士大夫依附于当权外戚,与另一派当权者进行争斗。第一次党锢之祸发生后,窦武上疏,为党人求情,李膺等人遂得开释。①灵帝即位后,陈、窦执政,共同对抗宦官势力。他们"同心尽力,征用名贤,共参政事,天下之士,莫不延颈想望太平"。②陈蕃依附于窦武,借助窦武的外戚身份与宦官势力斗争。二人"征天下名士废黜者前司隶李膺……辟颍川陈寔为属:共定计策。于是天下雄俊,知其风旨,莫不延颈企踵,思奋其智力"。③反对宦官的士大夫群体在陈蕃、李膺的带领下结成朋党。宦官最终诛杀窦武、陈蕃,他们的党羽也遭处罚。这一朋党的部分领袖人物,如李膺、范滂等遭迫害而死。宦官杀戮陈、李等敌对朋党的领袖,在朝堂上消灭了敌对势力。

仔细观察陈蕃、窦武的作为,能发现他们针对的是以宦官曹节为首的朋党。诛杀窦武的重要人物除曹节外,还有长乐五官史朱瑀。史载典中书者抓住窦武出宫回府的时机,将窦武的谋划告知朱瑀。朱瑀看到窦武上疏,怒曰:"中官放纵者,自可诛耳。我曹何罪,而当尽见族灭?"④这说明朱瑀并非宦官。据《续汉书·百官志》,长乐五官史是长乐少府的属官。⑤《后汉书·皇后纪》章怀太子注曰:"长乐少府,掌皇太后宫,秩二千石。"⑥窦太后去世后,李咸上疏力争窦太后与桓帝合葬,疏中称窦氏为"长乐太后"。⑦窦武谋划诛灭宦官

---

① 《后汉书》卷六九《窦武传》,第 2240 页。
② 《后汉书》卷六六《陈蕃传》,第 2169 页。
③ 《后汉书》卷六九《窦武传》,第 2242 页。
④ 《后汉书》卷六九《窦武传》,第 2243 页。
⑤ 《续汉书》志二七《百官志四》,《后汉书》,第 3608 页。
⑥ 《后汉书》卷一〇上《皇后纪上》章怀太子注,第 404 页。
⑦ 《后汉书》卷五六《陈球传》,第 1833 页。

时,窦太后居于长乐宫。时任长乐少府是李膺,[①]长乐太仆是曹节。[②]李膺在灵帝即位、窦武和陈蕃执政后才被任命为长乐少府,对长乐宫属官的控制不及在宫中任职多年的曹节等人。窦武要求诛杀长乐五官史朱瑀,显然是因为他认定朱瑀乃曹节一党。

表面上看,窦武、陈蕃一党想要尽诛宦官。窦武上疏太后:"故事,黄门、常侍但当给事省内,典门户,主近署财物耳。今乃使与政事而任权重,子弟布列,专为贪暴。天下匈匈,正以此故。宜悉诛废,以清朝廷。"从奏疏中看,窦武认为黄门、常侍权势过重,导致天下人怨气深重,应当全部诛杀。但实际上,窦武等人只是想诛杀与他们不和的宦官及其党羽。史载窦武抓捕宦官,"奏免黄门令魏彪,以所亲小黄门山冰代之。使冰奏素狡猾尤无状者长乐尚书郑飒,送北寺狱"。[③]如果窦武等人的谋划成功,山冰应该会取代曹节等人,成为内廷中最具权势的宦官。当然,如果窦武、陈蕃成功,宦官的权力一定遭到大幅削弱,只是既然窦、陈一党欲使山冰取代魏彪,那么窦武对宦官"宜悉诛废"之语,就不得不让人怀疑是虚张声势。

窦武、陈蕃死后,东汉朝廷扩大迫害士人的范围,李膺的许多交游对象都遭受刑罚。需要注意的是,对于犯"大逆"之类大罪者的朋友进行处罚,是两汉惯例。西汉末年,淳于长获罪,其友人也遭处分。杜业指责丞相翟方进执法过严,称"故事,大逆朋友坐免官,无归故郡者,今坐长者归故郡,已深一等"。[④]杜业只是指责翟方进对淳于长友人"归故郡"的处罚过重,未否认"大逆朋友坐免官"这一"故事"的合法性。对于犯"大逆"之罪的官僚,朝廷处罚其友人,有一定

---

① 《后汉书》卷六七《党锢列传》,第 2196 页。

② 《后汉书》卷七八《宦者列传》,第 2523 页。

③ 《后汉书》卷六九《窦武传》,第 2242—2243 页。

④ 《汉书》卷六〇《杜周传附杜业传》,第 2679 页。

的法理依据。宦官起兵讨伐窦武、陈蕃,在宫中宣称:"陈蕃、窦武奏白太后废帝,为大逆!"①如果窦、陈一党胜利,那么这一罪名自然不成立;但窦、陈失败,意味着二人是以"大逆"之罪被诛杀的。宦官可以因循旧例打击他们的好友。

朝廷打击陈蕃、李膺的交游对象,有一定的法理依据。但不可否认的是,统治者在打击陈、李好友之时有意扩大打击面。《后汉书·党锢列传》曰:

> 又张俭乡人朱并,承望中常侍侯览意旨,上书告俭与同乡二十四人别相署号,共为部党,图危社稷。以俭及檀彬……徐乾为"八俊",田林……公绪恭为"八顾",朱楷……宣褒为"八及",刻石立墠,共为部党,而俭为之魁……大长秋曹节因此讽有司奏捕前党故司空虞放、太仆杜密、长乐少府李膺……太尉掾范滂等百余人,皆死狱中……又州郡承旨,或有未尝交关,亦离祸毒。其死徙废禁者,六七百人。②

从这段记载看,宦官群体有意扩大打击对象的范围。这些受到打击的士人尽管都被称作"党人",但他们或在朝堂之上与李膺、陈蕃结党,是真正的李、陈一党,或与李、陈的关系介于"交""党"之间。范晔提到有部分与李、陈"未尝交关"的士大夫也被列为禁锢对象。他将打击党人的始作俑者指向侯览、曹节等宦官。但实际上,扩大打击面,将李、陈的交游对象列为党人,是桓帝和宦官的共同意志。统治者意识到李、陈交游圈对朝廷的威胁,即所谓党人"图危社稷",故而杀戮、流放、禁锢这部分士人。这激化了士大夫群体对宦官势力的仇恨,也使不少有识之士对东汉朝廷深感失望。清除宦官,重新

①《后汉书》卷六九《窦武传》,第 2243 页。
②《后汉书》卷六七《党锢列传》,第 2188 页。

定位士大夫群体在朝廷中的地位,成为士大夫群体需要完成的事业。

黄巾之乱爆发后,东汉朝廷风雨飘摇。迫于压力,统治者不得不解禁党人。何颙等幸存的党锢名士回到朝堂,为东汉政府效力。不过灵帝在世时,士大夫群体并未得到施展抱负的机会。灵帝去世后,外戚、大将军何进手握重兵,以袁绍为代表的士大夫群体亦依附于他。此时的何进与袁绍,形成了类似当年窦武与陈蕃那样的合作模式。以党锢士人为代表的士大夫集团,不可能放下对宦官群体的仇恨。何进因个人名声需要,以及宦官首领蹇硕欲谋杀自己、迎立刘协而决定杀戮宦官。何氏家族曾受宦官提携,何太后及其弟何苗与宦官关系良好,所以何进亦在是否诛杀全体宦官一事上犹豫不定,一度只想"诛其放纵者"。在袁绍力劝之下,何进最终下定决心诛灭全体宦官。①

何进、袁绍的合作与窦、陈合作有很大不同。首先,何进并非东汉传统的"四姓"外戚,②其家族在东汉朝廷根基较浅、人才较少。何进、何苗兄弟也不像窦武那样有深厚的儒学素养。何氏与宦官家族交往甚密,何进、何苗兄弟并不齐心。以上因素使何氏家族对士大夫的号召力较弱。何进能与袁绍合作,只是因为双方有共同的敌人——宦官。其次,何进、袁绍都领有禁军,袁绍弟袁术亦为虎贲中郎将。③史称灵帝晚年"置西园八校尉,以小黄门蹇硕为上军校尉,虎贲中郎将袁绍为中军校尉,屯骑都尉鲍鸿为下军校尉,议郎曹操为典军校尉,赵融为助军校尉,淳于琼为佐军校尉,又有左右校尉",宦

---

① 《后汉书》卷六九《何进传》,第 2248—2249 页。
② 有关东汉的"四姓"外戚,参看陈苏镇:《〈春秋〉与"汉道"——两汉政治与政治文化研究》,第 671—681 页。
③ 《后汉书》卷七五《袁术传》,第 2438 页。

官蹇硕为八校尉的元帅,但在这八校尉中,宦官只占其一。蹇硕被杀后,何进吞并其营兵,宦官遂彻底失去禁卫军权。而袁绍一党势力正盛,正如他所说:"前窦武欲诛内宠而反为所害者,以其言语漏泄,而五营百官服畏中人故也。今将军既有元舅之重,而兄弟并领劲兵,部曲将吏皆英俊名士,乐尽力命,事在掌握,此天赞之时也。"①窦武、陈蕃之所以失败,是因为他们对京城的军事力量缺乏足够的掌控。何进、袁绍等人手握军权,士大夫一党的军事实力已强于宦官。士大夫群体对宦官的仇视,以及士大夫群体的实力皆达到东汉建国以来的顶峰。最终,宦官发动宫廷政变,杀何进,随后袁绍组织禁军尽杀宦官。东汉最后一拨外戚、宦官势力被清除,意味着士大夫群体最终摆脱了这两股宫廷势力的约束,迎来属于自己的时代。

第三节　东汉后期士林群体的交游活动

东汉后期士大夫群体的交际,展现出与西汉及东汉前、中期不相同的特质。尽管在政治斗争中,士大夫仍依附外戚势力,但他们已有独立的政治诉求和明确的政治目标。这预示着士大夫群体内部的交游和结党活动,将对魏晋以后的政治产生重大影响。

前辈学者对汉末士林交游有一定的关注。余英时先生指出,党锢之祸以来,"抱共同政治理想之清流士大夫"有了群体自觉的现象。他认为这与"汉晋之际士风与学风之转变"有很大关系。②阎步

---

① 《后汉书》卷六九《何进传》,第2247—2249页。
② 余英时:《士与中国文化》,第256页。

克先生的著作《察举制度变迁史稿》及论文《孝廉"同岁"与汉末选官》，①研究汉末魏晋以来的士林活动。郑雅如女士以任昉为中心，研究南朝齐梁时代的士人交游，亦可供我们参考。②日本学者也重视汉末名士交游的历史。川胜义雄先生指出，汉末儒士清议，其实质是士大夫掌控了地方舆论，进而形成乡论圈层和贵族社交界。③福原启郎先生研究汉末"清议"，认为"清议"是对豪族领主化、国家私权化的批判。④前述学者都将汉末士大夫交游与政治联系起来，并将该时段的士大夫交游活动与他们和宦官、外戚势力的斗争联系起来。上述研究为本节内容提供了一定参考。

近年来，部分学者重视对东汉史料的批判，其中的典型代表是安部聪一郎先生。他提出，范晔《后汉书》掺杂了三国至两晋的观念；党锢名士"三君"等称号出现在东汉灭亡后；郭泰等汉末名士的形象，是经过三国、两晋逐渐建构起来的。⑤安部先生反思、批判传世的东汉史料，提示我们应当注意史料书写者编排史料的主观意图。不过东汉后期，士大夫交游结友之事应当不是史家凭空编造的。宦官势力之所以迫害党人，是因为士大夫清议使他们有了强烈的危机感。西晋山简上疏皇帝，提到汉末"郭泰、许劭之伦，明清议于草野；

---

① 阎步克：《察举制度变迁史稿》；《孝廉"同岁"与汉末选官》，《北大史学》(6)，北京大学出版社，1999年，第1—13页。

② 郑雅如：《齐梁士人的交游——以任昉的社交网络为中心的考察》，《台大历史学报》第44期，2009年，第43—91页。

③ 川胜义雄：《六朝贵族制社会研究》，李济沧、徐谷芃译，第72—82页。

④ 福原启郎：《晋武帝司马炎》，陆帅译，江苏人民出版社，2020年，第218—222页。

⑤ 参看安部聪一郎：《党錮の「名士」再考：貴族制成立過程の再検討のために》，《史學雜誌》第111卷第10号，2002年，第1591—1620页；《清流・濁流と「名士」—貴族制成立の研究をめぐって―》，《中國史学》第14卷，2004年，第167—186页；《郭太列傳の構成過程——人物批評家としての郭泰像の成立》，《金沢大学文学部論集史学・考古学・地理学篇》第28号，2008年，第13—110页。

陈蕃、李固之徒，守忠节于朝廷"，①说明郭泰等名士相互交结，以及他们的交游活动与朝廷政治斗争的联系，应当都是属实的。东汉后期的名士事迹或经史家有意剪辑、编排，但史家应未编造这些史事。本节仍将采用传世东汉史料的记载，探讨汉末士林交游活动与东汉前期儒士交游活动的区别和联系，并研究交游对士人仕途发展的影响。

一、"道问学"与"尊德性"——东汉前、中期士林群体内部的交游

在探讨东汉后期士大夫交游前，我们需要首先简要考察东汉前、中期，儒士大夫群体内部的交游情况，进而探讨这一时期士大夫群体内部的交游与东汉后期士林交游活动的联系和区别。

东汉前期，部分专笃学术的儒士拒绝出任官职。张霸之子张楷有经学造诣，"通《严氏春秋》《古文尚书》，门徒常百人。宾客慕之，自父党风儒，偕造门焉。车马填街，徒从无所止，黄门及贵戚之家，皆起舍巷次，以候过客往来之利。楷疾其如此，辄徙避之"。张楷有意躲避权贵，"隐居弘农山中，学者随之，所居成市，后华阴山南遂有公超市。五府连辟，举贤良方正，不就"。如果张楷有意做官，那么公府的征辟，意味着他已经获得了一个很高的仕途起点。不过终其一生，张楷也未出仕。②大儒周燮"专精《礼》《易》。不读非圣之书，不修贺问之好"，朝廷屡次征聘，"举孝廉、贤良方正，特征，皆以疾辞"。安帝"以玄纁羔币聘燮"，亦为周燮所辞。③周燮寿至七十，终身不仕。

---

① 《晋书》卷四三《山涛传附山简传》，第 1229 页。
② 《后汉书》卷三六《张霸传附张楷传》，第 1242—1243 页。
③ 《后汉书》卷五三《周燮传》，第 1742 页。

东汉一朝,特别是东汉前、中期,像张楷、周燮这样拒绝出仕的大儒有很多。他们专精学问,对结交权贵、在官场中编织人际网络兴趣寥寥。朱穆《绝交论》曰:"古者,进退趋业,无私游之交,相见以公朝,享会以礼纪,否则朋徒受习而已。"①这番话可以概括这些士大夫的交游取向。

部分隐居不仕的士大夫在乡里教授生徒,如大儒杨厚回到家乡广汉后,"修黄老,教授门生,上名录者三千余人"。这些门生应当大多来自附近郡县。他死后,"乡人谥曰文父。门人为立庙,郡文学掾史春秋飨射常祠之"。②有的士人在乡里施行教化,如南阳冯良"志行高整,非礼不动,遇妻子如君臣,乡党以为仪表"。③亦有既教授经学、也在乡里实施教化的士人,如济阴孙期在家乡"牧豕",史称"远人从其学者,皆执经垄畔以追之,里落化其仁让"。④这些士人在乡间教授经学,教化乡人,其声名远播本乡之外。由此,同类士人之间相互交结,酝酿出一套对儒士学问和道德的评价体系。鲁丕"性沈深好学,孳孳不倦,遂杜绝交游,不答候问之礼。士友常以此短之,而丕欣然自得"。鲁丕杜绝的交游对象,应当就是"士友",说明当时专笃学术的士大夫,相互交往和问候是很普遍的。史称鲁丕"兼通《五经》,以《鲁诗》《尚书》教授,为当世名儒……关东号之曰'五经复兴鲁叔陵'",⑤说明鲁丕的学问得到了关东士人的广泛认可。朱穆之父朱颉死后,"穆与诸儒考依古义,谥曰贞宣先生"。章怀太子注引《谥法》曰:"清白守节曰贞,善闻周达曰宣。"⑥这说明朱颉的品

① 《后汉书》卷四三《朱晖传附朱穆传》注引《朱穆集》,第1467页。
② 《后汉书》卷三〇上《杨厚传》,第1050页。
③ 《后汉书》卷五三《冯良传》,第1743页。
④ 《后汉书》卷七九上《儒林上·孙期传》,第2554页。
⑤ 《后汉书》卷二五《鲁丕传》,第883页。
⑥ 《后汉书》卷四三《朱晖传附朱穆传》,第1473页。

行和学问得到了儒士们的认可。以上现象说明，截至东汉中期，士林群体内部已形成了独立于官场之外的评价体系。学者将东汉私谥之盛归因于东汉后期士大夫与宦官、外戚势力的对立。[①]东汉前、中期私谥的出现，说明东汉后期士林高调的交结活动，在此前已有萌芽。

《礼记·中庸》曰："君子尊德性而道问学。"[②]士人"道问学"和"尊德性"，都是交游的重要内容。东汉前期，士林交游的重点是"学"。学问是儒士的立身之本，儒家经典是儒士的精神旨归。东汉前、中期的乡野名士多学有所成，以学问为立身之本。到了东汉后期，士林关注的焦点逐渐由"实"向"虚"，由"学"向"德"。在抨击执政者的浪潮中，道德比学问更受重视。儒士重交游，则难免疏学业。士林交游重"德"，使这一活动逐渐背离了重视儒学学术，转向对朝政提出诉求。

二、"同德比义"——东汉后期以来士人交游活动的特点

士人交游对朝政产生重要影响，是从东汉后期开始的。余英时先生指出，党锢之祸以来，"抱共同政治理想之清流士大夫"有了群体自觉的现象。他认为这与"汉晋之际士风与学风之转变"有很大关系。东汉后期，清流士人对社会政治的影响力逐渐增强，应属事实。范晔所说"激扬名声，互相题拂"，指的是士人交游活动中的现象。清流士人相互结交，使这一群体成为举足轻重的社会势力。阎步克先生研究汉末的孝廉，指出同年察举的孝廉结为"同岁"关系，编制"同岁名"等名册，并为同岁承担一定的义务。阎先生进一步指

---

① 徐国荣：《汉末私谥和曹操碑禁的文化意蕴》，《东南文化》1997年第3期，第108—111页。
② 《礼记注疏》卷五三《中庸》，《重刊宋本十三经注疏附校勘记》，第897页。

出，"东汉末年知识群体的充分发展，还造成了有别于'乡里'和'官场'的另一个活动空间，可称'士林'"。士林和官场都已表现为更加分化而高级的活动场所。①交游是士林活动的主要形式。相比西汉及东汉前、中期，东汉后期的士人交游有何独特之处，值得我们深入考察。

　　东汉后期，士人交游活动最主要的变化之一，就是对"尊德性"的高度强调。范晔说党锢士人"品核公卿，裁量执政"。部分清流士人不仅用道德标准评价执政者，也相互评价，并在道德精神层面相互激励。李膺评价荀淑、钟皓说："荀君清识难尚，钟君至德可师。"②李膺认为钟皓的道德品质值得学习。"至德可师"是东汉后期清流士人择友的重要标准。《世说新语·赏誉》刘孝标注引《汝南先贤传》载："周乘字子居，汝南安城人。天姿聪朗，高峙岳立，非陈仲举、黄叔度之俦则不交也。"③《世说》还记载周乘曰："吾时月不见黄叔度，则鄙吝之心已复生矣。"④周乘和黄宪，以及李膺、荀淑和钟皓之间的友谊，带有相互为师的意味。士人有时称交游对象为"友"，有时称"师友"。李膺以荀淑、陈寔为师友，就是例证。孔融谓李膺："先君孔子与君先人李老君同德比义，而相师友，则融与君累世通家。"⑤孔融不仅谈论孔子与老子，也暗喻自己与李膺"同德比义"。师友既是朋友，又是"可师"的对象。交游对象经常相互师法，学习对方的优秀品质。随着士大夫交游活动的兴盛，士林关注的焦点逐渐由"实"向"虚"，由"学"向"德"。东汉后期的清流士人并非不学之

---

① 阎步克：《孝廉"同岁"与汉末选官》，第 1—13 页。
② 余嘉锡笺疏：《世说新语笺疏》卷上之上《德行》，中华书局，2007 年，第 8 页。
③ 余嘉锡笺疏：《世说新语笺疏》卷中之下《赏誉》，第 489 页。
④ 余嘉锡笺疏：《世说新语笺疏》卷上之上《德行》，第 4 页。
⑤ 《后汉书》卷七〇《孔融传》，第 2261 页。

辈。只是他们在远离官场时,也不会像东汉前、中期的笃学之士那样埋首书斋,而是投身交际,在交游中获取声名。

不同士人的精神气质和人生志趣差异很大,他们可能因此绝交。《世说新语·德行》载:"管宁、华歆共园中锄菜,见地有片金,管挥锄与瓦石不异,华捉而掷去之。又尝同席读书,有乘轩冕过门者,宁读如故,歆废书出看。宁割席分坐曰:'子非吾友也。'"刘孝标注引《魏略》曰:"宁少恬静,常笑邴原、华子鱼有仕宦意。及歆为司徒,上书让宁。宁闻之笑曰:'子鱼本欲作老吏,故荣之耳。'"①《三国志·管宁传》载管宁"与平原华歆、同县邴原相友,俱游学于异国"。后来"与原及平原王烈等至于辽东"。②《三国志·华歆传》注引《魏略》曰:"歆与北海邴原、管宁俱游学,三人相善,时人号三人为'一龙',歆为龙头,原为龙腹,宁为龙尾。"③这些材料说明,管宁游学之时,的确与华歆交友。但等到管宁、邴原避难辽东,却不见华歆与他们同行。割席分坐的故事可能有虚构成分,但管宁鄙薄华歆"欲作老吏"的人生志向,两人因此绝交,应接近事实。

交游是双向选择的人际关系。任何一方不同意交往,这种关系都不能成立。《世说新语》载汉末名士宗承"魏武同时,而甚薄其为人,不与之交"。后来曹操"作司空,总朝政,从容问宗曰:'可以交未?'答曰:'松柏之志犹存。'"④由于不合曹操心意,宗承"位不配德。文帝兄弟每造其门,皆独拜床下,其见礼如此"。刘孝标注引《楚国先贤传》曰:"帝犹以旧情介意,薄其位而优其礼,就家访以朝政,居

① 余嘉锡《世说新语笺疏》卷上之上《德行》,第 16 页。
② 《三国志》卷一一《魏书·管宁传》,第 354 页。
③ 《三国志》卷一三《魏书·华歆传》,第 402 页。
④ 余嘉锡《世说新语笺疏》卷中之上《方正》,第 332 页。

宾客之右。文帝征为直谏大夫。明帝欲引以为相,以老固辞。"①曹操不加害宗承,曹丕、曹叡等后继之君对他优礼有加,说明曹魏君王对于士人的"松柏之志"也予以认可。如果对方不符合自己的择友标准,即使是统治者,士人也可拒绝与之交往。《礼记》说儒士应当秉持"上不臣天子,下不事诸侯"的品格。②汉末魏晋的部分士人在交游活动中践行这样的原则,保持独立的人格。

汉末的士人交游,并未随政治上的分裂而受到阻碍。故友即使天各一方,分属不同政权,也能保持通信。汝南许靖与很多中原名士交好。后来他流亡蜀地。蜀汉建立后,许靖担任司徒。"始靖兄事颍川陈纪,与陈郡袁涣、平原华歆、东海王朗等亲善,歆、朗及纪子群,魏初为公辅大臣,咸与靖书,申陈旧好,情义款至。"与许靖通信的魏国大臣有很多,他们之间应有多次信件往来。《魏略》抄录王朗给许靖的信:"道初开通,展叙旧情,以达声问。久阔情愒,非夫笔墨所能写陈,亦想足下同其志念。"除表达对许靖的思念外,王朗还提到两人的家庭情况:"今者,亲生男女凡有几人?年并何如?仆连失一男一女,今有二男:大儿名肃,年二十九,生于会稽;小儿裁岁余。临书怆恨,有怀缅然。"③蜀魏之间的政治对立,并未阻碍王朗等人与许靖通信。他们在信中表达问候,闲话家常,蜀魏两国也没有治他们"通敌"之罪。各政权尊重士人交游这一活动的独立性,士人并不会因"越境而交"遭受处罚。

汉末士人常与少数几人交游,组成规模不大的交际网络,我们可以把这种交际网络称作交游圈。交游圈通常有清晰的边界。李

---

① 余嘉锡《世说新语笺疏》卷中之上《方正》,第 332 页。
② 《礼记注疏》卷五九《儒行》《重刊宋本十三经注疏附校勘记》,第 979 页。
③ 《三国志》卷三八《蜀书·许靖传》,第 967—968 页。

膺除荀淑和陈寔外，很少与他人交友。他还说钟皓"至德可师"，说明钟皓也是他交游的对象。《世说新语·赏誉》刘孝标注引《汝南先贤传》曰："周乘字子居，汝南安城人。天姿聪朗，高崎岳立，非陈仲举、黄叔度之侪则不交也。"①李膺、荀淑、陈寔、钟皓，以及周乘、陈蕃、黄宪分属两个交游圈。交游圈人数不多，且具有一定的封闭性。像李膺这样清高不群，只与荀淑等少数几人交友的名士，在当时有不少。东汉后期以来，许多士人标榜自己的交游圈为"四友""八达"。"四友"之说出自儒家经典。《诗·大雅·文王之什·绵》"予曰有疏附，予曰有先后，予曰有奔奏，予曰有御侮"。郑玄笺曰："文王之德，所以至然者，我念之曰：'此亦由有疏附、先后、奏奔、御侮之臣力也。'"孔颖达疏引《书传》云："孔子曰：'文王得四臣，吾亦得四友。自吾得回也，门人加亲，是非疏附与……自吾得由也，恶言不至于门，是非御侮与？文王有四臣，以免虎口。丘亦有四友以御侮。'"②曹丕为魏国太子，司马懿与陈群、吴质、朱铄号称曹丕四友。③尽管很多人交游甚广，交游范围不止四人，但他们仍给自己及好友冠以这样的称呼。文王有四臣，孔子有四友，那些号称四友的士人自比前代圣贤，并以这种方式显示自己交际圈的边界。

在李膺、荀淑等名士的影响下，士人交游的道德与文化色彩越来越浓厚。一些人不具备高尚的道德品质，但也会标榜自己，以求得到名士的认可。谢甄"与陈留边让并善谈论，俱有盛名。每共候(郭)林宗，未尝不连日达夜"。谢甄、边让善于谈论，二人的名声应从交游中来。他们与名士郭泰交往，是为了得到后者的认可。郭泰

---

① 余嘉锡《世说新语笺疏》卷中之下《赏誉》，第489页。
② 《毛诗注疏》卷一六《文王之什》，《重刊宋本十三经注疏附校勘记》，第551—552页。
③ 《晋书》卷一《宣帝纪》，第2页。

认为二人"英才有余,而并不入道"。谢甄"后不拘细行,为时所毁",①与郭泰所料一致。上述事例说明,交游活动中的知名人士,并不都像李膺、周乘这样言行一致。很多士人只是用道德标准"裁量执政",但未必能做到以此自律。他们对这些道德标准的接受程度,停留在自我认同的层面,并未将其内化为自身的行为准则。许多人以自己标榜的价值观念作为一种"符号",寻找那些所持"符号"相近之人,与他们结为朋友。孔融所说的"同德比义",可以用来形容汉末清流名士对交游对象的期待。只是所同之"德",所比之"义",有时是抽象的。很多士人的言行举止,与自己认可的道德原则并不一致。

汉晋时期,好友与对方家人间的互动,值得关注。阎步克先生认为,汉末举孝廉的各位"同岁",会照顾彼此的子弟。一些士人"视'同岁子'如子弟,'同岁'关系又可比拟兄弟之亲"。②我赞同这一观点。西晋庾衮提出:"拜人之亲者,将自同于人之子也,其义至重,衮敢轻乎!"③他说拜人之亲同于人之子,那么好友就同于兄弟,好友之子同于子侄。东汉侯霸欲与王丹结交,霸子侯昱"迎拜车下,丹下答之。昱曰:'家公欲与君结交,何为见拜?'丹曰:'君房有是言,丹未之许也。'"④在侯昱看来,王丹与父亲为友,自己就应行子侄之礼,因此王丹不必答拜。而王丹认为,他既然未答允侯霸的交游之请,他与侯昱就没有行辈之论,故需答拜。不过相比亲属关系,朋友关系缺乏血缘或联姻的基础,比较脆弱。因此,交游活动中的一些礼俗,比如拜亲,以及将朋友比附为兄弟,都是为了拉近与友人之间的

① 《后汉书》卷六八《郭林宗传》,第2230—2231页。
② 阎步克:《孝廉"同岁"与汉末选官》,第1—6页。
③ 《晋书》卷八八《孝友·庾衮传》,第2282页。
④ 《后汉书》卷二七《王丹传》,第931页。

距离。这并不意味着人们与友人亲属能成为真正的亲人。社会大众对于朋友之"义"常抱有一定的期待。义气深重、照拂友人家庭的人,在任何时代都能得到社会大众的赞赏,但不是所有人都能做到这一点。古人强调忠君,将君比为父,以忠比于孝。可是君、父毕竟有别。以孝事父母的标准尽忠君王者,只能是少数。交游之义也一样。拜亲等礼俗,或许能在一定程度上增强友人的亲密程度,但这恰恰说明人们与朋友的家人有一定的距离。

东汉后期以来,士林交游活动的繁盛,对亲属关系起到了一定的瓦解作用。西汉公孙弘曰:"君臣、父子、夫妇、长幼、朋友之交,五者天下之通道也。"①朋友之交和父子、夫妇之道是并列关系,说明友道与父子、夫妇之道不属同一范畴。史称夏侯玄"以乡党贵齿,本不论德位,年长者必为拜"。②乡党活动重年齿和辈分,而士人交游重"德"与"才"。交游与亲属关系彼此独立,并行不悖。汉末荀悦批评交游之风"简父兄之尊而崇宾客之礼,薄骨肉之恩而笃朋友之爱";③阮武也认为交游对家族关系起到了消极作用,"家有不协之论,至令父子不同好,兄弟异交友"。④一些保守的士人将繁盛的交游活动视作破坏家庭和睦的因素。对于个人而言,亲属关系是很重要的。不过东汉后期以来,士人交游成为一种特定的社会活动。在这种活动中,人们能否在道德与文化层面相互契合,对他们的关系有很大影响。

父子兄弟在交游活动中的亲疏远近,不取决于他们之间的血缘关系。他们各自的道德标准和文化趣味,使他们重新评判自家亲

---

① 《汉书》卷五八《公孙弘卜式兒宽传》,第2621页。
② 余嘉锡笺疏:《世说新语笺疏》卷中之上《方正》,第340页。
③ 《两汉纪》卷一〇《孝武皇帝纪》,第158页。
④ 《太平御览》卷四〇六《人事部四七》,中华书局,1960年,第1878页。

属。阮武就批评交游"破和穆之道,长净讼之源"。①许劭在汝南郡内交游甚广。但在交游过程中,他与从兄许靖产生矛盾。史称二人"并有人伦臧否之称,而私情不协",于是许劭利用自己出任郡功曹这一职务的便利排挤许靖。②在主张维护长幼秩序,提倡家族和睦的人看来,这种交游活动的兴盛,无疑是对原有家族秩序和道德准则的"叛逆"。但随着士人阶层的发展、壮大,士人群体内部产生分化,士人,特别是名士辈出的家族,其内部关系也会随之受到冲击。曹魏初年,王昶告诫子侄曰:"孝敬则宗族安之……此行成于内,名著于外者矣。人若不笃于至行,而背本逐末,以陷浮华焉,以成朋党焉;浮华则有虚伪之累,朋党则有彼此之患。"③在王昶看来,浮华交游是"孝敬至行"的对立面,士人的立身之本应是后者。魏晋时期,类似这样反对"浮华"的声音不绝于耳,但收效甚微。宗族秩序与士人交游活动之间的张力,在汉末魏晋的社会中一直存在,成为那个时代重要的社会文化现象。

需要注意的是,在东汉后期士林交游活动兴盛的浪潮之下,仍有部分士人鲜少参与交游活动,保持东汉前、中期"笃学"的特性。仇览在太学学习,他的同学,也是当世名士符融"宾客盈室",并劝仇览:"今京师英雄四集,志士交结之秋,虽务经学,守之何固?"侯览反驳道:"天子修设太学,岂但使人游谈其中!"④范晔把符融与郭泰、许劭列入同一列传,说明他们都是东汉后期名士交游的核心人物。仇览对符融热衷交结的做法不以为然,他并未利用洛阳太学这一平台广泛交游,而是专心学问。当时像仇览这样的士大夫仍有很多。朱

---

① 《太平御览》卷四〇六《人事部四七》,第 1878 页。
② 《后汉书》卷六八《许劭传》注引《蜀志》,第 2235 页。
③ 《三国志》卷二七《魏书·王昶传》,第 744—745 页。
④ 《后汉书》卷七六《循吏列传·仇览传》,第 2481 页。

穆著《绝交论》称："古者，进退趋业，无私游之交，相见以公朝，享会以礼纪，否则朋徒受习而已。"①在他看来，士人的私交，除学术交流外皆非正当。只是相比符融、李膺等交游广泛的名士，这些坚守学业的士大夫在历史上影响力有限。不过从他们的言论中，我们仍能看到这一时期"交"和"学"之间的张力。东汉后期以来，专心学术的儒士，与热衷于交游成名者分途，后者在魏晋成为"浮华"的指向对象。

三、东汉后期士人交游中的权威与竞争

东汉后期以来，士林群体的交游活动具有浓厚的道德和文化色彩。但另一方面，士人交游亦非远离竞争的"净土"。在交游活动中，士人竞逐的主要对象是名声。阎步克先生指出，东汉后期以来，"所谓'士名'便贵重于时……欲得'士名'，必须使他人了解自己，在士人中建立名望。汉末士林交游谈论、清议品题蔚成时风，形成了一种具有'穷是非、定臧否'之权威的社会交际圈，人物评价生乎其中"。②士名是士人的重要资本，交游是他们获取这种资本的最佳途径。

东汉郭泰"性明知人，好奖训士类"，据说他"奖拔士人，皆如所鉴"。郭泰死后，"四方之士千余人，皆来会葬"。范晔说郭"恂恂善导，使士慕成名"。③郭泰是东汉后期士人交游的核心人物。像郭泰这样的权威名士，是我们需要特别关注的。他们不仅拥有崇高的名望，还经常臧否人物，提升后进之士的身价。汉晋时期的交游网络，多以这些权威名士为中心。很多士人周游于这些名士之间，希望以

---

① 《后汉书》卷四三《朱穆传》注引《朱穆集》，第1467页。
② 阎步克：《察举制度变迁史稿》，第77页。
③ 《后汉书》卷六八《郭林宗传》，第2225—2231页。

此提高自己的声望。

古代信息流通不畅。寻常人想要名闻天下,是很困难的。汉晋时期,名人轶事的传播,主要依赖口耳相传。在这一过程中,复杂的信息难免遭到删减。因此,汉末魏晋的人物品评,通常简短有力,比如许劭说曹操"治世之能臣,乱世之奸雄",①裴楷评价王戎"戎眼烂烂,如岩下电"。②这类评价朗朗上口,易于为人们传播和接受。阮武说:"夫交游者……或以利厚而比,或以名高相求。"③相比得到名士品评,与名士成为朋友,更易使普通士人名声大噪。汉晋时期通行的"四友""八达"等名号,提高了这些士人的知名度,使其人其事更易为大众所知。

汉末名士陈蕃、李膺等人政治地位崇高,对士林群体有很强的影响力。李膺任司隶校尉,"独持风裁,以声名自高";他被免职后,"天下士大夫皆高尚其道,而污秽朝廷"。④陈蕃官至太傅。他利用自己在朝堂中的地位和权势,保护了许多与宦官、外戚斗争的士大夫。⑤二人的地位和品格,使他们成为士林群体中的权威人士。他们对一个士人的毁誉,往往决定后者在士林群体中的地位。史载李膺"风格秀整,高自标持,欲以天下名教是非为己任。后进之士,有升其堂者,皆以为登龙门"。⑥《太平御览》引《袁子正书》,称李膺"言出于口,人莫得违也。有难李君之言者,则乡党非之。李君(子)与人同舆载,则名闻天下"。⑦李膺得到士林群体的广泛拥护。能"升其

---

① 《三国志》卷一《魏书·武帝纪》注引孙盛《异同杂语》,第3页。
② 《晋书》卷四三《王戎传》,第1231页。
③ 《太平御览》卷四〇六《人事部四七》,第1878页。
④ 《后汉书》卷六七《党锢列传》,第2195页。
⑤ 《后汉书》卷六六《陈蕃传》,第2163—2167页。
⑥ 余嘉锡笺疏:《世说新语笺疏》卷上之上《德行》,第7页。
⑦ 此处的"李君子"殊不可解。李膺之子,史书无载。《袁子正书》上下文也并未提及李膺之子,故此处"子"字疑衍。《太平御览》卷四四七《人事部八十八》,第2055页。

堂""同舆载"的人，就能名扬四海。像李膺这样的权威人士，是后进士人愿意结交的对象。当然，郭泰、许劭等士人从未做官，也拥有崇高的声望，得到许多士大夫倾慕。只是相比郭、许，历任地方长官和中央要职的陈蕃、李膺，有更多的机会同各地名士交往。他们在交游场域中攫取声名，比郭、许这样的"草野"之士更容易。

魏晋人物品评常常区分高下。在小规模的交游圈中，人物亦有高下之分。前引华歆、邴原和管宁"龙头""龙腹"和"龙尾"之称，疑似是三人的排行。龙头华歆应是三人之首，邴原次之，管宁最末。类似这样的排名，在汉末魏晋的士人交游活动中非常普遍。很多人淡泊名利，与友人情谊坚固，不为名声高低所动。这样纯洁的友谊，在任何时代都不罕见。但另一方面，不是所有人都能做到甘居人下。正如魏文帝《典论·论文》所说，"文人相轻，自古而然"。①士人富于才学，难免心高气傲，交游之中的竞争也难以避免。

交游场域中也存在竞争。布迪厄认为，场域是"冲突和竞争的空间，这里可以将其类比为一个战场。在这里，参与者彼此竞争，以确立对在场域内能发挥有效作用的种种资本的垄断"。他举例说，这些资本，"在艺术场域里是文化权威，在科学场域是科学权威，在宗教场域是司铎权威"。②士人交游场域内的竞争，并不像布迪厄所说的这样明显。将该场域比作战场，不够合适。但布迪厄提醒我们，在探讨士人交游这类活动时，不能忽视竞争这一关键因素。"龙首""龙尾"等称号的出现，说明士人在各自交游圈中也有高下之分。一般来说，获得类似"龙首"称号的人，是交游圈的核心人物。

为争夺交游活动中的声望和人脉资源，名士们也会相互排挤。

① 《文选》卷五二《论二》，上海古籍出版社，1986 年，第 2270 页。
② 布迪厄、康华德《反思社会学导引》，第 18 页。

许劭与其从兄许靖不和。两人之所以产生矛盾,很可能是因为他们"并有人伦臧否之称",有一定竞争的缘故。许靖亲善的对象,多为非汝南郡出身的人,像颍川陈纪,陈郡袁涣,以及东海王朗等。[①]对这种现象的合理解释,是他遭许劭排挤,只能在汝南郡之外寻找交游对象。

不同的交游群体之间也会相互竞争。范晔总结东汉党人的历史,曰:

> 初,桓帝为蠡吾侯,受学于甘陵周福,及即帝位,擢福为尚书。时同郡河南尹房植有名当朝,乡人为之谣曰:"天下规矩房伯武,因师获印周仲进。"二家宾客,互相讥揣,遂各树朋徒,渐成尤隙,由是甘陵有南北部,党人之议,自此始矣。[②]

甘陵南北部的出现,是不同交游圈隔离与冲突的典型案例。个体士人难以甘居人下,一个群体的士人亦是如此。社会大众对某一交游圈的评价,直接影响该交游圈中每一个人的风评。因此,不同交游圈之间存在隔离与竞争,是很正常的。

交游圈有相对清晰的边界。不同的交游网络之间存在一定的隔离。汝南许劭"少峻名节,好人伦,多所赏识。若樊子昭、和阳士者,并显名于世。故天下言拔士者,咸称许、郭"。[③]郭即太原郭泰。史载郭泰至汝南,见袁宏、黄宪,对黄宪评价甚高,[④]但史书未载他对许劭及樊、和的评价。许、郭各有交游。二人在当时并称,名气孰高孰低,难以判断。颍川陈寔和荀淑交好,荀、陈两家后辈亦有交情。

---

① 《三国志》卷三八《蜀书·许靖传》,第 967 页。
② 《后汉书》卷六七《党锢列传》,第 2185—2186 页。
③ 《后汉书》卷六八《许劭传》,第 2234 页。
④ 《后汉书》卷六八《郭林宗传》,第 2227 页。

史载许劭至颍川"多长者之游,唯不候陈寔"。①他的"月旦评"名重一时,但我们没有看到他对荀、陈家族后辈有什么评价。与许劭交游的人,主要是汝南名士。他与荀、陈等颍川名士交集不多。同样是颍川名士,荀爽、贾彪"俱知名而不相能"。②这种交游圈的分化,体现出东汉后期名士交游已经成为相对独立、高度发展的场域。不同志向、喜好的士人在该场域中相互交结,彼此竞争,争夺更高的声名。

小 结

自汉武帝"独尊儒术"以来,儒生群体从学林走向政坛,成为官僚队伍的重要组成部分。西汉末年,儒生倡导复古改制;东汉前、中期,儒士大夫忙于文案,将儒家理想融入现实行政中。③儒生受制于两汉的政治惯例,在最高权力被外戚掌握的现实中,尽可能地实践自己的理念。在这一过程中,儒生不可避免地依附于外戚。个别希望摆脱这一规律,主宰政局的士人,通常遭到杀戮,如西汉末年的何武。王莽得以代汉而立的重要因素,除了他具备儒学背景、在儒生群体中拥有崇高威望外,还有他利用自己的外戚身份,在哀、平之际的政治动荡中成功地把控朝政。外戚斗争是西汉末年政治的主要内容。在外戚斗争中,王莽一度成为牺牲品,最终又成为胜利果实的摘取者,由此开启代汉之路。

作为两汉政治的"潜规则",外戚在皇帝幼弱之时执掌朝权的正

---

① 《后汉书》卷六八《许劭传》,第 2234 页。
② 《后汉书》卷六三《李固传附李燮传》,第 2090 页。
③ 有关东汉循吏政治的研究成果,参看陈苏镇:《〈春秋〉与"汉道"——两汉政治与政治文化研究》,第 562—571 页。

当性,从西汉到东汉并无变化。两汉外戚执政的区别,仅是西汉外戚多出自皇帝生母家族;东汉外戚出身功臣、贵族之家,与皇帝通常没有血缘关系。即使东汉后期,像李膺、陈蕃这样"风骨独立"的士大夫,也需依附外戚,才有可能施展自己的政治抱负。外戚的掾属,是儒士青睐的官职。儒生们在朝堂上保持正直的性格底色,并不妨碍他们与外戚建立府主—故吏关系。部分儒生与执政外戚交结、为后者出谋献策。外戚与士人的紧密联系,是宦官无法比拟的。士大夫始终不将宦官视作执掌高级政治权力的合法成员。在"汉魏革命"后,宦官不再居于权力中枢,而外戚并未彻底从权力核心中退场。魏晋以降,外戚执政的情况仍屡有发生。西晋杨骏执政,以及东晋庾氏执政,皆是其例。只是外戚与士大夫的地位发生颠倒。杨骏遭许多士大夫鄙薄,原因是他"素无美望",[1]与名士少有交游,不能得到名士拥护;庾亮兄弟皆为江左名士,因此庾氏执政,得到东晋士大夫的认可。士大夫并未将外戚逐出权力核心,而是用自己的标准衡量外戚执政的合理性。能与士大夫广泛交游的外戚,仍能获得士人拥护,坐稳执政之位。

东汉前、中期,部分儒士拒绝出任官职,专笃学术,主要交游对象也是同侪师友。东汉后期,部分士人在交游活动中重视道德品质和精神气质,他们更多以"激扬名声"的形象出现在史料当中。虽然他们对仕途并非全无追求之心,但获取官位,不一定是他们参与交游活动的主要目的。阎步克先生指出,汉末选官重视士人声名,"发展下去,许多士人索性三察不起、九辟不就。在士林交游得名,似乎比王朝禄位更能保证社会地位……把入仕称为'屈身降志',遂成了

---

[1] 《晋书》卷四〇《杨骏传》,第 1178 页。

汉末士林之习语"。①交游之中的声名高低,已超越乡党、年齿、官位等因素,独立地存在于士林之中。士大夫对于官职地位,不再一味地热衷。且党锢之祸爆发后,不少名士见到天下将乱,主动选择避世隐居,如许劭声称:"方今小人道长,王室将乱,吾欲避地淮海,以全老幼。"②岑晊"及李、杜之诛,因复逃窜,终于江夏山中"。③这些士大夫对于东汉朝廷采取观望的态度,不再参与政治。随着黄巾起义的爆发,政局逐渐动荡、混乱。名士们或效力于各路军阀,或避世不出。但士大夫群体的高调交游活动,却并未就此沉寂下来。随着曹魏政权的建立,士大夫群体的交游、结党活动,也将以全新的面貌出现,并影响朝廷政局。

---

① 阎步克:《察举制度变迁史稿》,第 79 页。
② 《后汉书》卷六八《许劭传》,第 2235 页。
③ 《后汉书》卷六七《党锢列传》,第 2213 页。

第二章　魏末晋初士人结党研究

　　本章研究曹魏后期至西晋前期士人的结党活动。曹魏中期，曹爽与司马懿展开政争。司马懿发动高平陵之变，诛杀曹爽兄弟，赢得了政治斗争的胜利。此后十余年，司马懿、司马师、司马昭和司马炎相继执政，终移魏祚，以建晋朝。司马氏初掌朝权之时，并未整合出一个拥戴他们禅让的政治集团，亦即"党"。司马氏集团是在司马师、司马昭兄弟执政期间逐渐形成、发展的。本章将研究魏末晋初的士人结党，主要从司马氏集团核心人物——贾充入手，对西晋前期的朋党作深入考察。

　　从曹魏末年开始，贾充就和一些朝臣联手。西晋建国后，贾充及其同党荀勖、冯紞等人影响很大。许多朝臣党附贾充，使他一度权倾朝野。囿于史料所限，贾充一党的成员，可考者甚少。但考察他们政治履历，仍有一定的学术价值。研究贾充一党的结合过程及其政敌，是切入西晋党争的好方法。

　　谈到贾充一党，必须从魏末的司马氏集团说起。曹魏末年，贾充是司马氏集团的核心成员之一。西晋初年的党争，与魏末司马氏集团的内部矛盾有一定关联。研究贾充一党，不能忽视魏末司马氏集团的内部矛盾。司马氏集团的核心成员，可稽考的主要是在司马昭晚年。《晋书·王沈传》载："沈以才望，显名当世，是以创业之事，羊祜、荀勖、裴秀、贾充等，皆与沈咨谋焉。"①《贾充传》曰："帝甚信重充，与裴秀、王沈、羊祜、荀勖同受腹心之任。"②《荀勖传》载："（钟）会平，还洛，与裴秀、羊祜共管机密。"③根据这些材料，仇鹿鸣先生认为，羊祜、荀勖和王沈等人在司马昭晚年进入司马氏集团的核心圈。武帝即位之初，贾充、裴秀、荀勖、王沈、羊祜五人构成了决策核心。④我认为仇先生所说大致不错。但需注意的是，王沈是在司马昭死、司马炎即晋王位后才被召回洛阳，担任晋国御史大夫的。⑤所谓"创业之事，皆与沈咨谋"，只能反映司马炎即位后，王沈参与高层决策的情况。在伐灭蜀汉前，钟会也为司马昭出谋划策，"时人谓之子房"，⑥他显然也在司马氏集团的权力核心之中。钟会、贾充、裴秀、荀勖、羊祜、王沈六人是司马氏集团的核心成员，也是本章第一节主要研究的对象。

泰始年间，贾充与任恺结党相争。任恺阵营中的士人，大多是武帝身边的侍从文官。这种现象或非偶然。表面上看，武帝对贾充颇为宠信，以至"朝臣咸侧目焉"，⑦但实际上，那些年轻的侍从官，与武帝的关系更亲密。侍从文官与贾充一党的斗争，将是我在第二、三节中主要研究的对象。我还将关注武帝在晋初朋党中的作用，探讨皇权与士人结党行为之间的关系。

---

① 《晋书》卷三九《王沈传》，第 1145 页。
② 《晋书》卷四〇《贾充传》，第 1166 页。
③ 《晋书》卷三九《荀勖传》，第 1153 页。
④ 仇鹿鸣：《魏晋之际的政治权力与家族网络》，第 187—193 页。
⑤ 《晋书》卷三《武帝纪》，第 50 页。
⑥ 《三国志》卷二八《魏书·钟会传》，第 787 页。
⑦ 《晋书》卷四〇《贾充传》，第 1169 页。

第一节　魏末司马氏集团的核心成员

一、司马昭执政前期的背景

司马氏集团的核心成员，多与司马昭关系密切。考察他们之间的矛盾，不能忽视司马昭执政的背景。司马师死后，司马昭继任大将军。由于司马师无子，所以司马昭代兄辅政，似乎顺理成章。但如果仔细分析兄弟二人的政治履历，会发现事实并不这样简单。

在司马家族中，司马师的声望比司马昭更高。司马师年少时就已名动京华，《晋书》说他"少流美誉，与夏侯玄、何晏齐名。晏常称曰'惟几也能成天下之务，司马子元是也'"。①司马师年轻时交游广泛，得到玄学名士的认可。他的前后三任妻子分别是夏侯尚、吴质与羊衜之女。前两位夫人的父亲都是魏国高官，最后一位夫人的家族——泰山羊氏也是汉魏名门，羊衜官至上党太守。②通过婚姻与交游，司马师积累了丰富的人脉，在朝野上下树立了很高的威望。他的能力也很强。司马懿发动高平陵政变，司马师豢养的三千勇士发挥了重要作用。他本人处变不惊，在政变前一晚"寝如常"，其弟司马昭"不能安席"。司马懿去世后，司马师继任辅政大臣。部分朝臣有"伊尹既卒，伊陟嗣事"的感叹，③说明司马师代父辅政并不令人意外。

由于司马昭受封晋公、晋王，为西晋王朝的建立打下基础，所以后人往往将司马昭视为曹魏末年的强势人物。在《晋书》中，司马昭

---

① 《晋书》卷二《景帝纪》，第25页。
② 《晋书》卷三一《后妃上·景献羊皇后传》，第949页。
③ 《晋书》卷二《景帝纪》，第25页。

执政前的事迹也比司马师更丰富。司马昭做典农中郎将,"值魏明奢侈之后,帝蠲除苛碎,不夺农时,百姓大悦"。《文帝纪》还记载他逼退蜀将姜维的进攻。①这些记载可能夸大了司马昭的功劳。以骆谷之战为例,《文帝纪》曰:

> 大将军曹爽之伐蜀也,以帝为征蜀将军,副夏侯玄出骆谷,次于兴势。蜀将王林夜袭帝营,帝坚卧不动。林退,帝谓玄曰:"费祎以据险距守,进不获战,攻之不可,宜亟旋军,以为后图。"爽等引旋,祎果驰兵趣三岭,争险乃得过。②

这场战争以失败告终,原因很多。王永平先生指出,魏军准备不足,蜀汉费祎等人指挥得当,凭险距守,使魏军失去进攻时机。司马懿父子及其党羽郭淮、钟毓等人为防止曹爽立功,在后方阻挠。这些因素结合起来,使曹爽无功而返。③于公,对魏国而言,司马昭劝夏侯玄回军,不为无私;于私,对司马家族而言,伐蜀失利,有利于制衡曹爽,但这并非司马昭一人之功。在西晋国史中,司马昭的早年事迹可能被有意美化。《晋书》的记载值得怀疑。

由于司马师是司马懿的长子,所以在司马师、司马昭兄弟年轻的时候,司马家族很可能更多地扶植司马师。因此,司马师早年的履历比司马昭更显耀。首先,司马师的起家官是散骑常侍,司马昭只是典农中郎将。④相比之下,司马师仕途的起点更高。其次,司马师"累迁中护军。为选用之法,举不越功,吏无私焉"。⑤中护军是禁

① 《晋书》卷二《文帝纪》,第 32 页。
② 《晋书》卷二《文帝纪》,第 32 页。
③ 王永平:《曹爽伐蜀之目的及其失败原因考析》,《许昌师专学报》1999 年第 3 期,第 70—72 页。
④ 《晋书》卷二《景帝纪》,第 25 页;卷二《文帝纪》,第 32 页。
⑤ 《晋书》卷二《景帝纪》,第 25 页。

卫系统的高官,司马昭早年从未担任如此重要的职务。最后,玄学名士对司马师赞誉有加,却不见他们对司马昭有什么评价。司马昭早年的实际形象,是有一定才干,但名望不显的世家子弟。兄弟二人有一定差别。

司马师执政期间,魏国对东吴发动了东关之战,大败而归。司马昭作为统帅,承担主要责任,遭削爵处分。司马昭还与他的属下,安东司马王仪产生矛盾。史载:"东关之败,文王曰:'近日之事,谁任其咎?'仪曰:'责在军帅。'文王怒曰:'司马欲委罪于孤邪?'遂杀之。"王仪是汉魏之际的名士王脩之子,王脩"识高柔于弱冠,异王基于幼童,终皆远至,世称其知人"。①高柔和王基都成为魏朝高官。以上事例说明,王仪一家在曹魏官僚阶层中有一定的人脉基础。对司马昭而言,战败削爵已属难堪。擅杀名士之子,更会削弱他本不甚高的政治声望。毌丘俭、文钦反叛之时,司马师染病,"或以司马景王不宜自行,可遣太尉孚往"。②仇鹿鸣先生认为,朝臣考虑替代司马师出征的人选是司马孚,"而并未考虑司马昭,可见司马昭在司马氏家族内部并没有明确的仅次于司马师的地位"。③需要说明的一点是,在司马氏掌权期间发生的"淮南三叛"中,只有毌丘俭和文钦这次叛乱采取了主动进攻的态势。毌丘俭和文钦"帅众六万,渡淮而西",一度抵达战略要地项城。④王肃建议司马师"急往御卫",⑤说明战争形势还是比较危急的。无论谁代替司马师出征,都可谓责任重大。当时司马孚已经七十五岁高龄,带兵出征并不方便。司马昭只

① 《三国志》卷一一《魏书·王脩传》注引王隐《晋书》,第347—348页。
② 《三国志》卷二一《魏书·傅嘏传》,第627页。
③ 仇鹿鸣:《魏晋之际的政治权力与家族网络》,第122页。
④ 《晋书》卷二《景帝纪》,第30页。
⑤ 《三国志》卷一三《魏书·王朗传附王肃传》,第419页。

有四十四岁,年富力强。朝臣考虑让司马孚出征,说明在朝廷中,司马昭确实没有明确的、仅次于司马师的地位。

尽管司马师没有亲生儿子,但他有嗣子。司马昭次子司马攸幼年时"才望出武帝之右,宣帝每器之。景帝无子,命攸为嗣。从征王凌,封长乐亭侯"。[1]"命攸为嗣"的主语应为司马懿。他将司马攸过继给司马师,是为了防备司马师身后无子,想让司马攸继承司马师的祭祀。征讨王凌时,司马攸年仅四岁。尽管司马攸身边应该有人负责照顾,但无论如何,大军出征,携带这样一位孩童,并不方便。这说明司马懿对司马攸非常重视。按司马懿生前设想,司马师的接班人应是其嗣子司马攸,而不是司马昭。如果司马师得终天年,已经成年的司马攸顺利接班,那么司马昭会像其叔司马孚那样,成为德高望重的家族长辈。但司马师暴卒,给了司马昭掌握朝政的机会。

司马师盛年而死,司马昭继任大将军。相比父兄,甫登辅政之位的司马昭声望不足,地位难称稳固。大将军这一职务也很难让他高枕无忧。曹爽就是担任大将军时遭到罢免,最终失权殒命的。司马师担任大将军,也遇到了毌丘俭叛乱这样的棘手事件。因此,司马昭不能安于大将军之位。他需要像曹操那样受封王公,建立霸府,开启禅代进程,才能强化自己的执政地位。正元二年(255)二月,司马昭接任大将军。次年,即甘露元年(256)正月,司马昭"加大都督,奏事不名"。六月,"进封高都公,地方七百里,加之九锡,假斧钺,进号大都督,剑履上殿。又固辞不受"。八月,"加假黄钺,增封三县"。[2]司马懿诛灭曹爽,获魏朝丞相、九锡之命;讨灭王凌后,又获封相国、郡公,但他都推辞了。[3]司马师杀李丰、张缉、夏侯玄等人,立

---

[1]《晋书》卷三八《齐王攸传》,第 1130 页。
[2]《晋书》卷二《文帝纪》,第 33 页。
[3]《晋书》卷一《宣帝纪》,第 18—19 页。

曹髦为皇帝。朝廷拜他为相国,他固辞不受。①司马懿是四朝元老、明帝的托孤重臣。即便不论诛灭曹爽的"功绩",他一生东征西讨,也堪称功勋卓著。司马师的功业和地位不及乃父,但他也有废立皇帝之威。司马昭在执政初期,还没有取得很大的政治成就时,就给自己封公、加九锡,说明他想尽快开启禅代进程。此后的甘露二年二月,"青龙见温县井中"。②温县是司马氏故里。这样一条"祥瑞"获得重视,也是司马氏集团为禅代造势的力证。在此前后,司马昭派贾充到淮南,探察诸葛诞的立场。《晋书·贾充传》曰:

> 帝新执朝权,恐方镇有异议,使充诣诸葛诞……充既论说时事,因谓诞曰:"天下皆愿禅代,君以为如何?"诞厉声曰:"卿非贾豫州子乎,世受魏恩,岂可欲以社稷输人乎! 若洛中有难,吾当死之。"充默然。及还,白帝曰:"诞再在扬州,威名夙著,能得人死力。观其规略,为反必也。今征之,反速而事小;不征,事迟而祸大。"帝乃征诞为司空,而诞果叛。③

司马昭征诸葛诞为司空的时间,是甘露二年四月。贾充和诸葛诞会谈,当在此前不久。这正是司马昭制造祥瑞,为禅代造势的关键时期。贾充对诸葛诞说"天下皆愿禅代",是迫使诸葛诞对禅代问题表态。诸葛诞不愿屈服,起兵叛乱。甘露三年二月,诸葛诞叛乱被镇压;四月,司马昭回到洛阳;五月,便有了封司马昭为晋公,加九锡,进位相国的动议。司马昭虽然"九让,乃止",④但魏晋禅代已进入新阶段,新朝国号——"晋"已经确定。此后不久,皇帝曹髦讨伐司马昭,对侍从说:"司马昭之心,路人所知也。"⑤这是皇帝看到司马氏集

---

① 《晋书》卷二《景帝纪》,第29页。
② 《三国志》卷四《魏书·三少帝纪》,第139页。
③ 《晋书》卷四〇《贾充传》,第1165—1166页。
④ 《晋书》卷二《文帝纪》,第35页。
⑤ 《三国志》卷四《魏书·三少帝纪》注引《汉晋春秋》,第144页。

团准备禅代,心中愤懑,对司马昭发出的指责。它反映出司马昭对禅代的急切,以及他的行动带给皇帝的压力。

司马昭想登上皇位,必须培养起忠于自己、忠于禅代目标的政治集团。①在此过程中,司马师留下的臣僚,与司马昭旧部,以及新加入司马氏集团的官僚之间,形成了既合作、又竞争的关系。司马氏集团的内部矛盾也逐渐衍生出来。

二、贾充、钟会进入司马氏集团权力核心的过程

钟会和贾充是司马昭身边的两个重要人物。钟会担任司隶校尉,贾充统领禁军。在钟会谋反前,钟、贾常为司马昭出谋划策,与司马昭关系密切。我认为钟会和贾充组成了一个利益共同体。我将探讨钟、贾进入司马氏集团权力核心的过程,考察他们与司马师、司马昭兄弟之间的政治联系。

正元二年,司马师在讨伐毌丘俭时病重,返回许昌,不久去世。司马氏的政治前景因司马师之死而变得扑朔迷离。②史载:"景帝崩,天子命(文)帝镇许昌,尚书傅嘏帅六军还京师。"③权臣死亡,是皇帝收回权力的好机会。曹髦让傅嘏率六军返回京城,就是为了夺回禁军军权。根据一些史料记载,司马师死前,想将辅政权交给傅嘏。《三国志·傅嘏传》裴松之注引《世语》曰:"景王疾甚,以朝政授傅

---

① 仇鹿鸣认为,司马师对司马氏集团的贡献之一,就是培养一支支持司马氏完成魏晋嬗代的政治力量。但司马师在世时,没有迹象表明司马氏集团已准备禅代。培养一支忠于禅代目标的政治集团,是司马昭执政后完成的任务。仇鹿鸣:《魏晋之际的政治权力与家族网络》,第120—122页。
② 有关司马师、司马昭的权力交接,仇鹿鸣也作了研究。他重点关注司马师兄弟之间的权力转移,对此后司马昭立储以及司马炎、司马攸兄弟关系的影响。仇鹿鸣:《魏晋之际的政治权力与家族网络》,第122—124页。
③ 《晋书》卷二《文帝纪》,第33页。

嘏,嘏不敢受。及薨,嘏秘不发丧,以景王命召文王于许昌,领公军焉。"东晋孙盛认为这条记载不真,"晋宣、景、文王之相魏也,权重相承,王业基矣。岂蕞尔傅嘏所宜间厕?《世语》所云,斯不然矣"。①孙盛从法统传承的角度反驳《世语》,但他的说法缺乏实证。有学者认为:"盖景王卒于仓卒,乃以诸军授嘏,非朝政也。嘏以尚书仆射从征,名位与景王相亚,非贾充钟会之比,故以诸军授之。"②傅嘏官居尚书仆射,又是当世名士,的确不是蕞尔小辈。司马师去世后,傅嘏同样是司马师继任者的备选。司马昭并不是唯一有资格继承辅政权的人。

司马昭接替大将军之位的过程,在《三国志·钟会传》中有详细记载:

> 毌丘俭作乱,大将军司马景王东征,会从,典知密事,卫将军司马文王为大军后继。景王薨于许昌,文王总统六军,会谋谟帷幄。时中诏敕尚书傅嘏,以东南新定,权留卫将军屯许昌为内外之援,令嘏率诸军还。会与嘏谋,使嘏表上,辄与卫将军俱发,还到洛水南屯住。于是朝廷拜文王为大将军、辅政,会迁黄门侍郎,封东武亭侯,邑三百户。③

这段材料中"卫将军司马文王为大军后继"一语甚为不明。据《晋书·文帝纪》,司马师东征,司马昭"兼中领军,留镇洛阳。及景帝疾笃,帝自京都省疾,拜卫将军"。④如果司马昭参与平叛,史书不会全无记录。司马师率军东征,需要亲信留守洛阳,控制皇帝。司马昭

---

① 《三国志》卷二一《魏书·傅嘏传》裴松之注,第628页。
② 吴士鉴、刘承幹斠注:《晋书斠注》卷二,中华书局影印本,2008年,第26页。
③ 《三国志》卷二八《魏书·钟会传》,第785页。
④ 《晋书》卷二《文帝纪》,第33页。

兼任中领军，承担这个任务，是合适的。《文帝纪》的记载是准确的。

司马师死后，司马昭得到军权，他的主要支持者有两位——钟会和傅嘏。钟会为司马昭出谋划策，本传记载甚详。所谓"还到洛水南屯住"，是指钟会和司马昭屯军于洛水以南。这支军队是司马师统领的洛阳禁军，亦即所谓的六军。在钟会的帮助下，司马昭掌握了这支军队，获得了接替兄长地位的军事保障。

相比钟会，贾充在司马昭继承权位的过程中起到了什么作用，史书记载不多。要回答这个问题，首先要探讨司马师死亡前后的政治局势。

司马师在乐嘉之战中受伤，病情转重。史载文鸯突袭，司马师"惊而目出"，①只能返回许昌休养。他将前线军队的指挥权交给谁呢？据《晋书·景帝纪》，司马师"闰月疾笃，使文帝总统诸军"。②但司马昭统军，是司马师去世之后的事了。据《贾充传》记载，充"参大将军军事，从景帝讨毌丘俭、文钦于乐嘉。帝疾笃，还许昌，留充监诸军事"。③《晋书斠注》的编者认为："景王疾笃，还许昌，而充监诸军事，见《贾充传》。充所监者，王基胡遵邓艾等军。其景王所统中外诸军，皆还许昌矣。"④此说在一定程度上是对的，但仍有值得深入探讨之处。淮南之战，贾充监军之事仅有这一处记载，甚为简略。司马师为何选择地位不高、资历不深的贾充承担重任，史书并无记录。这件事对贾充此后的政治发展影响很大，值得详察。

司马师从前线撤回时，诸葛诞、胡遵与王基等将领仍在淮南作战。与毌丘俭一同起兵的文钦逃到吴国，致信魏将郭淮，提到自己

---

① 《晋书》卷二《景帝纪》，第 31 页。
② 《晋书》卷二《景帝纪》，第 31 页。
③ 《晋书》卷四〇《贾充传》，第 1165 页。
④ 吴士鉴、刘承幹斠注：《晋书斠注》卷二，第 26 页。

战败后,"复遇王基等十二军……进兵讨之,即时克破,所向全胜,要那后无继何"。①文钦能击败王基等人的进攻,说明他所统军队的战斗力很强。由于这支军队甚有威胁,王基等部不能马上撤离。司马师需要找人代替自己指挥各军,完成善后工作。他让贾充承担这个任务。

贾充留在前线,有何具体任务呢?要探究这个问题,我们需要对战争过程做简单回顾。文钦在乐嘉战败,"是日,(毌丘)俭闻钦战败,恐惧夜走,众溃"。②据《三国志·三少帝纪》,乐嘉之战的时间,是正元二年闰月己亥;毌丘俭被擒杀于闰月甲辰。据《晋书·景帝纪》,司马师死于闰月辛亥。③这年闰月朔日是甲申,则己亥是十六日,甲辰是二十一日,辛亥是二十八日。也就是说,毌丘俭死亡,在乐嘉之战后五日。尽管文钦战败,但战争全局的胜负仍未可知。毌丘俭惊慌恐惧,连夜撤退,与后方寿春的得失有关。实际上,镇南将军诸葛诞及其统领的豫州军,是这场战争的关键。毌丘俭、文钦起兵时,曾"遣使诣诞,招呼豫州士民"。诸葛诞没有跟随他们起兵,而是"斩其使,露布天下,令知俭、钦凶逆"。④司马师率中外军出征,"别使诸葛诞督豫州诸军从安风津拟寿春,征东将军胡遵督青、徐诸军出于谯、宋之间,绝其归路"。这些部署使毌丘俭和文钦进退两难。"俭、钦进不得斗,退恐寿春见袭,不得归,计穷不知所为"。⑤诸葛诞从豫州直捣寿春,让毌丘俭难以在淮北久留。乐嘉战败的消息,是压垮毌丘俭及其属下战争意志的最后一根稻草。他慌忙撤退,"比

---

① 《三国志》卷二八《魏书·毌丘俭传》裴松之注,第767页。
② 《三国志》卷二八《魏书·毌丘俭传》,第765页。
③ 《三国志》卷四《魏书·三少帝纪》,第133页;《晋书》卷二《景帝纪》,第31页。
④ 《三国志》卷二八《魏书·诸葛诞传》,第769页。
⑤ 《三国志》卷二八《魏书·毌丘俭传》,第765页。

至慎县,左右人兵稍弃俭去……安风津都尉部民张属就射杀俭"。①
至此,毌丘俭已死,文钦逃到吴国,这场叛乱算是初步平息了。

尽管战争结束,但淮南的局势非常混乱。据诸葛诞本传,毌丘
俭和文钦兵败后,"诞先至寿春。寿春中十余万口,闻俭、钦败,恐
诛,悉破城门出,流迸山泽,或散走入吴"。②吴国也想趁火打劫,"吴
大将孙峻、吕据、留赞等闻淮南乱,会文钦往,乃帅众将钦径至寿
春"。吴国让文钦带路,企图乘乱攻占寿春。但诸葛诞等部已进驻
寿春,"城不可攻,(吴军)乃走"。③诸葛诞及其麾下的豫州军,对稳定
淮南非常重要。朝廷任命他为镇东大将军、仪同三司、都督扬州。④
他与夏侯玄等人交好,毌丘俭在起兵前也拉拢他。实际上,由于邓
飏、夏侯玄先后被杀,诸葛诞与司马氏之间的关系已经恶化。把淮
南交给诸葛诞,司马师不会放心。他需要制衡诸葛诞。贾充的父亲
贾逵曾长期担任豫州刺史,在豫州甚有威望。他死后,"豫州吏民追
思之,为刻石立祠"。贾充承袭了其父的亭侯爵位。⑤作为"贾豫州"
的嗣子,贾充能在一定程度上制约豫州军,从而达到制衡诸葛诞的
目的。这应该是司马师安排贾充监军最主要的考虑。

根据文钦的书信,司马师受伤后,王基所部没有撤退,而是继续
追击文钦。这支军队与胡遵率领的青、徐军应该都进驻淮南。贾充
所监之军包括王基、胡遵等部,《晋书斠注》所言大体不错。但中外
军可能没有全部撤回许昌。文钦从乐嘉撤退时,司马师"遣左长史
司马琏督骁骑八千翼而追之"。⑥司马琏是司马师的左长史,他手下

---

① 《三国志》卷二八《魏书·毌丘俭传》,第765—766页。
② 《三国志》卷二八《魏书·诸葛诞传》,第769—770页。
③ 《三国志》卷二八《魏书·诸葛诞传》,第770页。
④ 《三国志》卷二八《魏书·诸葛诞传》,第770页。
⑤ 《三国志》卷一五《魏书·贾逵传》,第482—484页。
⑥ 《晋书》卷二《景帝纪》,第31页。

的这支骑兵,应来自司马师统领的中外军。据《魏末传》记载,司马师受伤后,"殿中人姓尹,字大目……知大将军一目已突出,启云:'文钦本是明公腹心……大目昔为文钦所信,乞得追解语之,令还与公复好。'大将军听遣大目单身往"。①以上材料说明,乐嘉之战胜利后,尽管司马师病情加重,但他没有立即旋师,而是坚持指挥诸军,追击文钦等人。很可能由于伤势过重,不久,司马师返回许昌。从乐嘉之战到司马师死亡,中间仅有十二日。司马师回程,应在十日左右。按情理,司马师病重,返回时更匆忙,中外军恐怕很难如此迅速地返回,他们应该是分批分次撤退的。司马师是否会为了稳定局势,让部分中外军暂驻淮南,也未可知。若有中外军屯驻淮南,那么负责统领他们的人就是贾充。

司马师之死,是朝野上下无法预知的。如果司马师未死,那么淮南善后、撤军等工作有序进行即可。值得一提的是,司马师是浮华和正始名士的故友。他与何晏、夏侯玄皆有交往,与文钦亦有交情。诸葛诞与司马师或许也有私交。与司马师不同,司马昭与名士交往不多。辅政者由司马师变为司马昭,或许会使诸葛诞更生疑忌之心。

贾充监王基等军,制约诸葛诞,对甫登大将军之位的司马昭很重要。淮南方罹战火,人心不安;吴国虎视眈眈;诸葛诞的政治立场也不可靠。如果贾充不支持司马昭,或者他能力不足,不能稳定淮南局势,那么司马昭很难顺利地完成权力交接。从结果看,贾充出色地完成了任务,为司马昭顺利接掌朝政作出了一定贡献。司马昭继任大将军,贾充由参大将军军事升任大将军司马,又转右长史,成为大将军府最重要的属员之一,地位大幅上升。淮南之战后,贾充

---

① 《三国志》卷二八《魏书·毌丘俭传》注引《魏末传》,第766页。

"以劳增邑三百五十户",比钟会得到的三百户封邑还多。[①]这说明贾充善后淮南局势,得到了司马昭的认可。

钟会和贾充的关系,史书并无正面记载。但结合二人家世和履历,或可作出推断。钟、贾两家早有渊源。汉末,曹操和袁尚对峙。袁尚命郭援为河东太守,进攻河东。贾逵做绛邑长,战败为郭援所擒。郭援败后,贾逵任渑池令。高干、张琰反叛曹操,贾逵用计抵挡张琰的进攻。[②]司隶校尉钟繇指挥各军,先后战胜郭援和高干。贾逵一直在钟繇的辖区之内。后来贾逵"以议郎参司隶军事",[③]正式成为钟繇的属官。直到曹操征讨马超,任命贾逵为弘农太守,钟繇为前军师,钟、贾二人的合作才算结束。

曹操让钟繇做司隶校尉,主要是为了防备关中诸将。史称"太祖方有事山东,以关右为忧。乃表繇以侍中守司隶校尉,持节督关中诸军,委之以后事"。[④]东汉的司隶校尉,管辖包括河东在内的"三河"与关中。曹操既让钟繇防备关中诸将,也把河东等地的防务交给他。郭援、高干的叛乱,都是在钟繇的协调下平定的。河东与关中一河之隔,战略位置非常重要。占据河东,就能从军事上威胁关中。河东还有盐池。《续汉书·郡国志》"河东郡"条记载安邑"有铁,有盐池"。[⑤]卫觊给荀彧写信,谈到制衡关中诸将的问题,说:"夫盐,国之大宝也,自乱来散放,宜如旧置使者监卖,以其直益市犁牛。"荀彧"以白太祖。太祖从之,始遣谒者仆射监盐官,司隶校尉治弘农"。卫觊就是河东安邑人。[⑥]他建议曹操监管盐业专卖,主要监

---

① 《晋书》卷四〇《贾充传》,第 1165 页;《三国志》卷二八《魏书·钟会传》,第 785 页。
② 《三国志》卷一五《魏书·贾逵传》,第 479—481 页。
③ 《三国志》卷一五《魏书·贾逵传》,第 481 页。
④ 《三国志》卷一三《魏书·钟繇传》,第 392 页。
⑤ 《续汉书》志一九《郡国志一》,《后汉书》,第 3397 页。
⑥ 《三国志》卷二一《魏书·卫觊传》,第 610—611 页。

管的应是安邑附近的盐池。钟繇需要掌握河东的盐业资源，从而达到制约关中诸将的目的。河东郡对他的重要性不言而喻。

汉末，河东郡受战乱破坏较少。史称"是时天下郡县皆残破，河东最先定，少耗减"。①高幹进犯河东，河东卫固、范先举兵依附。河东太守杜畿说："卫、范，河东之望也，吾仰成而已。"②说明卫、范是河东本地的豪族。尽管他们失败被杀，但钟繇和杜畿仍需结好当地大族。贾逵"世为著姓"，③又在守绛邑时积累了一定声望，很可能成为钟繇拉拢的对象。贾逵以议郎的身份参钟繇军事。这类参军事一般是由府主"表拜"。钟繇就曾表拜杜袭为议郎参军事。④贾逵参司隶军事，应是钟繇拉拢河东豪强，与这些势力合作的策略。在钟繇等人的努力下，河东局势安定，为曹操平定关中创造了有利条件。⑤

钟繇与贾逵的合作关系，是否会影响钟、贾两家的交往，我们无法确知。但魏晋通家之好的例子有很多。司马懿发动高平陵之变，钟会时任中书郎，在皇帝身边供职。当时洛阳城内之人大多恐惧不安，而钟会之母"自若"。史载："中书令刘放、侍郎卫瓘、夏侯和等家皆怪问：'夫人一子在危难之中，何能无忧？'"⑥卫瓘是卫觊之子。卫、钟两家交往密切，所以卫瓘才能与钟会母亲谈论此事。卫氏是河东大族。同为河东大族的贾氏，也许同样会与钟家保持友好往来。钟繇及其长子钟毓都曾担任廷尉。钟繇"辨理刑狱，决嫌明

---

① 《三国志》卷一六《魏书·杜畿传》，第496页。
② 《三国志》卷一六《魏书·杜畿传》，第495页。
③ 《三国志》卷一五《魏书·贾逵传》注引《魏略》，第480页。
④ 《三国志》卷二三《魏书·杜袭传》，第666页。
⑤ 《晋书·贾充传》载贾充为平阳襄陵人。据《魏书·三少帝纪》，正始八年（247）五月，魏国"分河东之汾北十县为平阳郡"。在此之前，襄陵属河东郡。贾氏是汉末河东郡的著姓，当无疑义。《晋书》卷四〇《贾充传》，第1165页；《三国志》卷四《魏书·三少帝纪》，第122页。
⑥ 《三国志》卷二八《魏书·钟会传》裴松之注，第786页。

疑"，钟毓亦曾修订法条，①钟氏堪称律令世家。贾充熟习律令，在魏末担任廷尉，"雅长法理，有平反之称"。②贾、钟两家有所交往，有一定的可能性。

钟会是在司马师执政期间得到重用的。《三国志·钟会传》载："正始中，以为秘书郎，迁尚书中书侍郎。"③裴松之注引《世语》曰：

> 司马景王命中书令虞松作表，再呈辄不可意，命松更定……会察其有忧，问松，松以实答。会取视，为定五字。松悦服，以呈景王，王曰："不当尔邪，谁所定也?"松曰："钟会。向亦欲启之，会公见问，不敢赞其能。"王曰："如此，可大用，可令来。"会问松王所能，松曰："博学明识，无所不贯。"会乃绝宾客，精思十日，平旦入见，至鼓二乃出。出后，王独拊手叹息曰："此真王佐材也!"

裴松之说："臣松之以为钟会名公之子，声誉夙著……但见五字而便知可大用，虽圣人其犹病诸，而况景王哉?"④他否认这条材料的真实性。有学者分析《世语》与裴氏的评论，认为虞松推荐钟会，有一定的合理性。⑤从情理上推断，尽管钟会是"名公之子，声誉夙著"，但司马师不一定了解钟会的政治才能。钟会受到重用，正是从司马师当政期间开始的。我们不能轻易否定《世语》记载的这则故事。尽管钟会从未在司马师幕府任职，但他在司马师身边"典知密事"，⑥说明

---

① 《三国志》卷一三《魏书·钟繇传》注引《魏书》，第 399 页;同卷《钟繇传附钟毓传》，第 400 页。
② 《晋书》卷四〇《贾充传》，第 1166 页。
③ 《三国志》卷二八《魏书·钟会传》，第 784 页。
④ 《三国志》卷二八《魏书·钟会传》注引《世语》，第 784—785 页。
⑤ 仇鹿鸣:《魏晋之际的政治权力与家族网络》，第 141 页。
⑥ 《三国志》卷二八《魏书·钟会传》，第 785 页。

他对司马师的重要性不低于大将军府的属官。

贾充入仕之初,担任过尚书郎和汲郡典农中郎将等官,何晏还曾推荐他做黄门侍郎。①在进入司马师幕府前,贾充与司马氏集团并无太多联系。后来他跟随司马师征讨淮南。司马师让他监军,一方面是看重他的家世背景,另一方面也说明他的能力得到司马师认可。司马师的提拔和信任,是他在政治上飞黄腾达的基础。在这一点上,他和钟会是很相似的。

钟会和贾充都是由司马师提拔的。他们之所以能得到司马昭的信任,进入权力核心,是因为他们都为司马昭完成权力交接作出贡献。钟、贾二人履历相似,在政治上更易亲近。为了巩固自己的地位,他们容易与司马昭做安东将军时的旧部,以及后加入司马氏集团的朝臣展开竞争。钟、贾二人尽心辅佐司马昭,在司马昭身边组成了一个利益共同体。

史书对钟会、贾充关系的正面记载仅有一例。钟会在蜀中收捕邓艾后,司马昭亲至长安。僚属邵悌提醒司马昭,钟会所统之军人数甚多,收捕邓艾不成问题,司马昭无需亲自前往,昭答复曰:"卿忘前时所言邪……我要自当以信义待人,但人不当负我,我岂可先人生心哉!近日贾护军问我,言:'颇疑钟会不?'我答言:'如今遣卿行,宁可复疑卿邪?'贾亦无以易我语也。"据《钟会传》,钟会收捕邓艾后,司马昭致信于他:"恐邓艾或不就征,今遣中护军贾充将步骑万人径入斜谷,屯乐城,吾自将十万屯长安,相见在近。"②可知司马昭亲至长安,与贾充屯驻汉中,是同时进行的,目的就是防备钟会。司马昭对贾充说"如今遣卿行",指的正是他派贾充进驻汉中。以上

---

① 《晋书》卷四〇《贾充传》,第 1165 页;《三国志》卷二八《魏书·钟会传》裴松之注,第 795 页。
② 《三国志》卷二八《魏书·钟会传》,第 792—794 页。

这些部署，说明他对钟会不够信任。贾充问司马昭是否怀疑钟会，是对司马昭的态度表示不确定。充是昭的心腹。若贾、钟不合，为使这些部署起到更好的效果，司马昭应将自己对钟会的怀疑，以及派兵进入汉中的用意告知贾充。仇鹿鸣先生分析史料，认为伐蜀之役前，钟会行事强横，且无子弟留京为质，引起一些人担心，但当时无人能准确预料到钟会谋反。①是否有人预料到钟会反叛司马氏，姑置不论。钟会收捕邓艾后，手握强兵。他在蜀地举兵，绝非司马昭乐见之事。司马昭亲至长安，实属形势所迫，不得已而为之。若贾充与钟会不和，在此敏感时期，派他进驻汉中，岂非直接逼反钟会？因此，司马昭派贾充入汉中，至少不能说明钟、贾不和。

司马昭执政期间，钟会出谋划策，"为腹心之任"。他担任司隶校尉，主要负责监察。史称他"虽在外司，时政损益，当世与夺，无不综典。嵇康等见诛，皆会谋也"。②贾充探察诸葛诞对禅代的态度。后来他做中护军，掌管禁卫。钟、贾二人是司马昭控制朝政的得力助手。司马昭的权位，也是钟、贾权力甚至身家性命的保障。皇帝曹髦起事，欲攻打司马昭，情势危急。贾充让成济刺杀皇帝，对成济说："司马家事若败，汝等岂复有种乎？"③司马昭如果失败，连成济都不能"复有种"，那么身为司马氏亲信的贾充，又岂能免遭清算？这句话更能反映贾充本人的心态。他和司马昭是一荣俱荣、一损俱损的关系。钟会为司马昭翦除异己，他同样和司马昭荣辱与共。尽管为司马昭效力的人很多，但司马昭最为倚重的心腹，还是钟会和贾充。

钟会常向司马昭荐士。史载"吏部郎缺，文帝问其人于钟会。

---

① 仇鹿鸣：《魏晋之际的政治权力与家族网络》，第137—138页。
② 《三国志》卷二八《魏书·钟会传》，第787页。
③ 《三国志》卷四《魏书·三少帝纪》注引《魏末传》，第145页。

会曰：'裴楷清通，王戎简要，皆其选也。'于是以楷为吏部郎"。[1]西晋建国后，贾充做尚书台长官，"颇好进士，每有所荐达，必终始经纬之，是以士多归焉"。[2]司马昭、司马炎父子对朝廷重要职务的任命，经常询问钟、贾的意见。钟会和贾充提拔朝士，使许多朝官同他们保持友好关系。这是他们长期维持权势的重要助力。

钟会和贾充虽有共同利益，但他们维持友好关系的前提，是二人都为司马氏效忠。贾充对司马氏忠心耿耿。当钟会最终选择反叛，站在司马氏集团的对立面时，钟、贾之间的共同利益也就不复存在。钟会素来行事张扬。他出身名门，交游甚广，又伐灭蜀汉，吞并邓艾的兵力，政治野心不断膨胀。相比钟会，贾充缺少背叛司马氏的理由和机会。司马昭并不担心贾充与钟会合谋，所以他放心委派贾充屯驻汉中。另一方面，钟会谋反，只是使他个人脱离了司马氏集团。他对司马氏集团的影响力，并未随其死亡而消散。研究西晋初年的政治，不能忽视钟会对朝士的影响。

三、司马氏集团的其他核心成员

司马氏集团其他几位核心成员，或与钟会、贾充结盟，或与二人竞争权力。他们进入司马氏集团权力核心的过程，值得我们深入研究。

荀勖父祖名位不显，颍川荀氏的身份并不能保证他仕途顺利。他早年"辟大将军曹爽掾，迁中书通事郎。爽诛，门生故吏无敢往者，勖独临赴，众乃从之。为安阳令，转骠骑从事中郎"。[3]荀勖早年

---

[1]《晋书》卷三五《裴秀传附裴楷传》，第 1047 页。
[2]《晋书》卷四〇《贾充传》，第 1167 页。
[3]《晋书》卷三九《荀勖传》，第 1152 页。

的仕官经历和司马氏集团之间有很大距离。但司马昭掌权后,荀勖
的仕途有了很大发展。他在司马昭晚年得到重用。晋武帝即位后,
他担任中书监,掌管机要,还成为贾充的党羽。武帝下诏让贾充离
开京师,荀勖对人说:"贾公远放,吾等失势。"然后他为贾充谋划,使
贾充得以留在朝中。①荀勖为何能获得司马昭父子的信任,还成为贾
充的党羽,史书没有明确记载。我认为荀勖和钟会的亲属关系,是
他地位上升的重要因素。荀勖之父早亡,史称:"勖依于舅氏……从
外祖魏太傅钟繇曰:'此儿当及其曾祖。'"荀勖之母出自颍川钟氏,
与钟繇、钟会同宗。后来钟会谋反,司马昭主簿郭奕等人"以勖是会
从甥,少长舅氏,劝帝斥出之"。②由此看来,荀勖和钟氏关系亲密。
他能进入司马昭幕府,应得益于钟会举荐。钟会伐蜀前,荀勖建议
司马昭:"伐蜀,宜以卫瓘为监军。"③后来钟会谋反,为卫瓘所平定。
但正如上文所说,卫瓘与钟家来往密切。荀勖推荐卫瓘为监军,其
本意不在掣肘,而是配合钟会。这也能从侧面说明荀勖和钟会
交好。

荀勖与钟会虽为甥舅,但钟会谋反时,荀勖及时向司马昭表露
忠心。《晋书·荀勖传》曰:

> 及钟会谋反,审问未至,而外人先告之。帝待会素厚,未之
> 信也。勖曰:"会虽受恩,然其性未可许以见得思义,不可不速
> 为之备。"帝即出镇长安,主簿郭奕、参军王深以勖是会从甥,少
> 长舅氏,劝帝斥出之。帝不纳,而使勖陪乘,待之如初……会
> 平,还洛,与裴秀、羊祜共管机密。④

① 《晋书》卷三九《荀勖传》,第 1153 页。
② 《晋书》卷三九《荀勖传》,第 1152—1153 页。
③ 《晋书》卷三九《荀勖传》,第 1153 页。
④ 《晋书》卷三九《荀勖传》,第 1153 页。

荀勖大义灭亲,得到司马昭的信任。钟会虽然谋反被杀,但他推荐的王戎、裴楷等人,日后都官至卿相,仕途并未受到影响。荀勖虽是钟会从甥,但他对司马昭忠心耿耿,且"性慎密",[①]有一定才干。司马昭让他掌管机密,是很合适的。钟会谋反前,和贾充有共同利益。钟会死后,荀勖寻求贾充庇护,和贾充结为同盟,合乎情理。荀勖所说"贾公远放,吾等失势",便是他自认贾充党羽的明证。

《世说新语》中的一条记载,似乎说明荀、钟二人的关系并不融洽:

> 钟会是荀济北从舅,二人情好不协。荀有宝剑,可直百万,常在母钟夫人许。会善书,学荀手迹,作书与母取剑,仍窃去不还。荀勖知是钟而无由得也,思所以报之。后钟兄弟以千万起一宅,始成,甚精丽,未得移住。荀极善画,乃潜往画钟门堂,作太傅形象,衣冠状貌如平生。二钟入门,便大感恸,宅遂空废。

刘孝标注引《孔氏志怪》曰:"于时咸谓勖之报会,过于所失数十倍。彼此书画,巧妙之极。"[②]这是一则传言。如果钟会和荀勖的关系恶劣到众人皆知的地步,那么钟会谋反时,郭奕不会劝司马昭斥出荀勖。钟会谋反后,荀勖及时地向司马昭表露忠心,与钟会划清界限。无论荀、钟二人的实际关系如何,钟会死后,荀勖都不希望别人认为他和钟会关系亲密。《世说新语》记载二人"情好不协",或许正是荀勖想让人们认识到的。

裴秀是尚书令裴潜之子。他早年做曹爽掾属。曹爽被杀后,裴秀依例免官。司马昭为安东将军,裴秀做安东司马,成为司马昭的下属。司马昭升任卫将军,裴秀也转任卫将军司马。史称他在司马

---

① 《晋书》卷三九《荀勖传》,第 1157 页。
② 余嘉锡笺疏:《世说新语笺疏》卷下之上《巧艺》,第 844—845 页。

昭左右，"军国之政，多见信纳"。①司马昭担任大将军，裴秀也得到重用。他随司马昭出征，平定诸葛诞叛乱，回朝后担任尚书和尚书仆射。裴秀和钟会都是司马昭心腹，但钟、裴关系不好。山涛"晚与尚书和逌交，又与钟会、裴秀并申款昵。以二人居势争权，涛平心处中，各得其所，而俱无恨焉"。②裴秀是司马昭旧部，不是贾充、钟会这样的司马师旧属。这两股势力之间存在一定的竞争关系，应是裴、钟争权的根本原因。

和裴秀情况相似的还有王浑。魏晋之际，王浑尚非司马氏集团的核心成员，但他在西晋建国后得到重用，最终官至司徒。王浑也是曹爽故吏。曹爽死后，他同样依例免职，后又"参文帝安东军事"。③在司马昭安东府中，王浑的地位低于裴秀。但实际上，司马昭、司马炎父子对王浑一家很器重。王浑之子王济娶司马昭之女常山公主。④西晋建国后，王济成为晋武帝的亲信。研究魏晋之际的政治，不能忽视王浑、王济父子。

王浑族兄王沈也是司马氏集团的核心成员。史称他"少孤，养于从叔司空昶，事昶如父"。⑤王昶是王浑之父，王浑和王沈应是一起长大的。王沈早年是曹爽掾属。后来他担任侍中，做皇帝的侍从，曹髦称他为"文籍先生"。⑥这些履历都和司马氏集团距离甚远。他能得司马氏父子的信任，主要是因为他向司马昭告发曹髦。史载"高贵

---

① 《晋书》卷三五《裴秀传》，第 1038 页。

② 《晋书》卷四三《山涛传》，第 1224 页。

③ 《晋书》卷四二《王浑传》，第 1201 页。

④ 唐修《晋书》未言常山公主是文帝还是武帝之女。《文选》李善注引王隐《晋书》曰："王武子……尚武帝姊常山公主。"可知常山公主是文帝之女、武帝之姊。《文选》卷五八《碑文上》李善注引王隐《晋书》，第 2511 页。

⑤ 《晋书》卷三九《王沈传》，第 1143 页。

⑥ 《晋书》卷三九《王沈传》，第 1143 页。

乡公将攻文帝,召沈及王业告之,沈、业驰白帝,以功封安平侯,邑二千户。沈既不忠于主,甚为众论所非"。①曹髦被杀,与王沈等人告密有一定关系。和贾充一样,王沈也因弑君毁掉了自己的名声。但王沈及时告密,表明了自己的政治立场,所以他和王业都得司马氏重用。据《三国志·三少帝纪》注引《世语》,王业"武陵人,后为晋中护军"。②《晋书·武帝纪》载泰始七年(271)三月,"以中护军王业为尚书左仆射"。③王业先担任禁军统率,又出任左仆射,可见他得到了司马昭和晋武帝的信任。只是和王沈相比,王业的仕途发展偏慢。王沈官运亨通,除了他关键时刻的投诚外,还有其家族背景的因素。

研究魏晋之际的太原王氏,必须对王昶进行深入考察。司马懿曾向魏明帝举荐王昶,对王昶有知遇之恩。后来王昶做征南将军,都督荆、豫诸军事,④是地方实力派。曹爽当政,王昶的一子一侄都在曹爽府中做官,这或许是曹爽拉拢他的手段。曹爽被杀后,王昶并没有反对司马氏。朝廷让他"撰百官考课事",王昶说:"周制冢宰之职,大计群吏之治而诛赏,又无校比之制。由此言之,圣主明于任贤,略举黜陟之体,以委达官之长,而总其统纪,故能否可得而知也。"⑤他建议朝廷把考课权交给"冢宰"或"达官之长",也就意味着交给司马氏,这说明他拥护司马氏。王昶治下的荆州没有像王凌、毌丘俭等人掌管的扬州那样,成为反对司马氏的据点。相反,在毌丘俭、文钦起兵时,王昶"引兵拒俭、钦有功"。诸葛诞反叛,王昶又出兵牵制东吴,"据夹石以逼江陵,持施绩、全熙使不得东",⑥令吴国

---

① 《晋书》卷三九《王沈传》,第1143页。
② 《三国志》卷四《魏书·三少帝纪》注引《世语》,第145页。
③ 《晋书》卷三《武帝纪》,第60页。
④ 《三国志》卷二七《魏书·王昶传》,第748—749页。
⑤ 《三国志》卷二七《魏书·王昶传》,第749页。
⑥ 《三国志》卷二七《魏书·王昶传》,第750页。

无法全力援救诸葛诞，为司马昭讨平叛乱创造了有利条件。对这样一位功勋卓著的方镇大员，司马氏必须尽力拉拢，所以司马昭将女儿嫁给王济。①到了魏晋之际，王昶已死，王浑资历尚浅，王沈就成了太原王氏家族利益的代言人。史称他"以才望，显名当世，是以创业之事，羊祜、荀勖、裴秀、贾充等，皆与沈咨谋焉"。他家世显赫，能力出色，忠心可靠，最终成为司马昭父子最倚重的谋士之一。

羊祜是司马师的妻弟。但司马师执政期间，羊祜没有凭借这段关系入仕。史书中的羊祜淡泊名利，不愿卷入政治漩涡。他年轻时，"五府交命，皆不就"。曹爽征辟羊祜，羊祜说："委质事人，复何容易"。②他长年不出仕，或与其谨慎的性格有关。但除此之外，政局动荡也对他产生影响。羊祜之妻是夏侯霸之女，夏侯霸是曹爽亲信。曹爽和司马懿展开斗争，曹、马两方都有羊祜的亲人。委质事曹，还是委质事马，他很难抉择，所以他用不出仕的办法来躲避政治漩涡。司马懿诛杀曹爽后，夏侯霸叛降蜀汉。史称"夏侯霸之降蜀也，姻亲多告绝，祜独安其室，恩礼有加焉。寻遭母忧，长兄发又卒，毁慕寝顿十余年"。③常人遇母兄之丧，不至守孝十余年。更为合理的解释是，夏侯霸降蜀，使羊祜的政治立场更加尴尬。他只得以守孝为名，逃避政治压力。徐高阮先生认为，羊祜的政治立场偏向曹氏，"丧制和哀思……可以说都正好掩饰他在政治上的挫折退避"。④我认为羊祜未必偏向曹氏。对他来说，如果此时入仕，只有加入司马氏阵营这一种选择了。但他是夏侯霸的女婿，身份敏感，容易遭

---

① 司马昭去世时，司马炎已二十九岁。常山公主既为武帝之姊，年龄不应小于武帝。她年过二十九还未出嫁，在古代显然不合情理。因此，将常山公主嫁与王济，是司马昭在世时的事。

② 《晋书》卷三四《羊祜传》，第 1013 页。

③ 《晋书》卷三四《羊祜传》，第 1014 页。

④ 徐高阮：《重刊洛阳伽蓝记·山涛论》，第 242 页。

到猜忌。司马师执政时，羊祜可以得到保护，超然地保持处士身份。但司马师死后，羊祜就不能逍遥于政局之外了。

司马昭掌权后，羊祜也开始了他的政治生涯。史书没有记载他为何转变态度，同意入仕。但结合司马师死后发生的一些事，我们可以稍作推测。首先，司马师之死，使羊祜失去了政治上的保护。正如史书所说，"魏晋之际，天下多故，名士少有全者"。①在这样的局势下，作为叛国者的女婿，羊祜不得不努力做官，保全身家性命。其次，就在司马师去世的这一年，夏侯霸率领蜀军北伐，重创魏军。正元二年闰月，司马师去世；八月，姜维、夏侯霸攻打狄道，"大破魏雍州刺史王经于洮西，经众死者数万人。经退保狄道城，维围之"。②虽然蜀汉最终退兵，但此次进攻使魏军伤亡惨重。夏侯霸参与这场战争，会影响到他在魏国的亲属。羊祜如果不向司马昭输诚，表明自己的立场，很可能遭到清算。或许正因如此，羊祜决定接受任命，进入官场。史称"文帝为大将军，辟祜，未就，公车征拜中书侍郎，俄迁给事中、黄门郎"。③羊祜出任中书侍郎，是他在逃避入仕与进入司马昭幕府之间的折衷方案。此后羊祜在皇帝身边做官，"时高贵乡公好属文……汝南和逌以忤意见斥，祜在其间，不得而亲疏，有识尚焉"。④他和皇帝并不亲近。高贵乡公被杀后，羊祜也没有遭到清算。他处事谨慎的性格特点，使他得以成功自保。

羊祜是叛国者的女婿，很难摆脱猜忌。史称"钟会有宠而忌，祜亦惮之"。⑤对司马氏集团而言，羊祜的家庭背景不够清白。这应是

---

① 《晋书》卷四九《阮籍传》，第1360页。
② 《三国志》卷四四《蜀书·姜维传》，第1064页。
③ 《晋书》卷三四《羊祜传》，第1014页。
④ 《晋书》卷三四《羊祜传》，第1014页。
⑤ 《晋书》卷三四《羊祜传》，第1014页。

担任司隶校尉、主司纠察的钟会与羊祜不和的重要原因。钟会死后,羊祜"拜相国从事中郎,与荀勖共掌机密。迁中领军,悉统宿卫,入直殿中,执兵之要,事兼内外"。①司马昭让羊祜掌管机密,统领禁军,可见他对羊祜很信任。钟会死,羊祜地位上升,是可以理解的。但他能进入权力核心,并不寻常。这背后一定有更深层次的原因。

　　羊祜从弟羊琇和司马炎关系亲密。司马昭曾在立储问题上举棋不定,一度属意于司马攸。羊琇是司马师之妻羊徽瑜的从弟,司马攸是司马师嗣子。从礼法上讲,羊琇是司马攸的从舅,但羊琇坚定地支持司马炎,他"密为武帝画策,甚有匡救……由是储位遂定。及帝为抚军,命琇参军事"。②钟会在蜀中叛乱,羊琇参钟会军事,"抗节不挠,拒会凶言,临危不顾,词指正烈"。凭借出色表现,羊琇获爵关内侯。③羊琇是司马炎心腹,又在钟会谋反事件中表露忠心,自然得到重用。西晋建国后,羊琇长期担任禁军统率。但在司马昭晚年,羊琇资历尚浅。《世说新语》刘孝标注引《晋诸公赞》称他"通济有才干,与世祖同年相善"。④他与武帝同岁。西晋建国时,他还不到三十岁,年纪尚轻,难以担当重任。羊祜是羊琇从兄,两人关系亲密。⑤西晋建国时,羊祜已年过四十,且他谨慎持重,堪当大任。虽然司马攸是羊祜之姊羊徽瑜的养子,但我们没有看到羊祜为司马攸牟取过什么利益。据《晋书·后妃传》,司马炎外祖母,即王元姬之母、王肃的夫人出自羊氏。⑥史书没有记载这位羊夫人出自何地。我认

①《晋书》卷三四《羊祜传》,第 1014 页。
②《晋书》卷九三《外戚·羊琇传》,第 2410 页。
③《三国志》卷四《魏书·三少帝纪》,第 151 页。
④ 余嘉锡笺疏:《世说新语笺疏》卷中之上《方正》,第 348 页。
⑤ 羊祜自幼丧父,史称他"事叔父耽甚谨"。羊耽即是羊琇之父。羊祜死后,"从弟琇等述祜素志,求葬于先人墓次"。这些都可证明羊祜、羊琇这对从兄弟关系亲密。《晋书》卷三四《羊祜传》,第 1013、1021 页。
⑥《晋书》卷三一《后妃上·文明王皇后传》,第 951 页。

为她是泰山羊氏的家族成员。王肃之父王朗是曹魏高官,王氏所在的东海郡和泰山郡相去不远。王、羊两家联姻,是合乎情理的。尽管我们不知道这位羊夫人与羊祜的具体关系,但如果两人确属同宗,那么羊祜更没有支持司马攸的必要。对司马昭、司马炎父子来说,羊祜的政治立场是让人放心的。在羊琇得到司马昭父子重用的同时,羊祜的地位也随之提升。

以上是我对钟会、贾充、荀勖、裴秀、王沈和羊祜六人政治履历的分析。这六人能在魏晋之际得到信任,都不是偶然的。西晋建国时,晋武帝封拜司马孚、王祥等老臣为"八公"。但八公更像荣衔,而非掌握实权的要职。上述六人,排除已经死去的钟会,余下五人都不在八公之列。他们大多担任尚书令、中书监、宿卫将领等枢要职务。相比西晋政权优待老臣,宽容前朝罪人的一面,司马昭父子身边决策中枢的人员构成,反映出司马昭父子重用亲信的一面。

贾充、荀勖这一党,在魏晋之际很重要。司马昭去世前,"武帝请问后事。文帝曰:'知汝者贾公闾也。'"①贾充辅佐新君,能让司马昭放心。贾充为司马昭效力多年,尽心尽力,忠心耿耿,但他也想得到更高的权位。这就为西晋初年的政治斗争埋下伏笔。

第二节　西晋初年的贾充一党

一、贾充取得尚书台领导权

泰始元年,晋武帝即位,命王沈为骠骑将军、录尚书事,裴秀为

---

① 《晋书》卷四〇《贾充传》,第1166页。

尚书令,贾充为车骑将军、尚书仆射。尽管车骑将军地位较高,但这一职务没有实际职掌。贾充担任尚书仆射,实权不如尚书令裴秀。祝总斌先生指出:"西晋尚书台已经基本上形成宰相机构,尚书台长官已基本上相当于汉代三公,是国家宰相……尚书台已经有权独立地颁下文书,指挥政务……尚书长官在名义上也开始被视为宰相。"①西晋的尚书台负责处理行政事务,掌管尚书台的人位高权重。晋初政争首先围绕尚书台展开。

徐高阮先生认为,西晋初年,羊祜是亲魏力量的代表。在山涛的支持下,羊祜和贾充争夺权力。裴秀尽管没有成为贾充的攻击目标,但他与何曾都被卷入斗争。②实际上,在贾充和羊祜开展斗争前,裴秀就已离开尚书台。探讨贾充一党,应先分析裴秀失去尚书令职务,以及贾充成为尚书令的过程。③

录尚书事王沈在泰始二年去世。不久,裴秀也遭遇危机。《晋书·山涛传》说:"及羊祜执政,时人欲危裴秀,涛正色保持之。由是失权臣意,出为冀州刺史,加宁远将军。"④这里的"时人""权臣"不会是羊祜。如果羊祜加害裴秀,那么史书应直书羊祜,不必称加害者为"时人"或"权臣"。所谓羊祜"执政",指的是他担任尚书左仆射。那时裴秀已升任司空,贾充任尚书令。羊祜在尚书台任职时间不长,影响有限,不太可能驱逐山涛。徐高阮先生认为,此处想加害裴秀的"权臣"是贾充,但他也认为,"秀在当时并没有特别显著的锋芒,而且他是由尚书令进为司空,让出了总握枢要的位置,所以他本

---

① 祝总斌:《两汉魏晋南北朝宰相制度研究》,第149—154页。
② 徐高阮:《重刊洛阳伽蓝记·山涛论》,第239—259页。
③ 杨恩玉先生也注意到裴秀遭遇弹劾、被调离尚书台等事件,分析了"忠直派"大臣羊祜、山涛等人和贾充的斗争过程。杨恩玉:《山涛、羊祜与晋武帝朝之政争》,第50页。
④ 《晋书》卷四三《山涛传》,第1224页。

身也不应当成为贾充排击的目标"。贾充真正想要排击的并不是裴秀,而是羊祜。①杨恩玉先生考辨史料,认为"加害"裴秀之事与羊祜无关,排挤裴秀的应是贾充。②泰始年间,贾充一直担任尚书台长官。他是裴秀之子裴頠的"从母夫",③贾、裴两家有姻亲关系。但有姻亲关系的人在政治上相互敌对,并不罕见。西汉霍光和上官桀是儿女亲家。两人争权,最终上官桀落败而死。裴秀并非司马师旧属,又与钟会不和。他和贾充之间的矛盾,可能在西晋建国前就已存在。根据现有史料,贾充统领禁军,弑杀高贵乡公,参与平定钟会之乱。他对司马氏的贡献,要比裴秀大一些。裴秀做尚书令,实权大于贾充,易使贾充不满。贾充攻击裴秀,夺取权力,是可以理解的。

　　泰始初年,李憙担任司隶校尉,上疏弹劾山涛,称:"故立进令刘友、前尚书山涛、中山王睦、故尚书仆射武陔各占官三更稻田,请免涛、睦等官。陔已亡,请贬谥。"裴秀也遭弹劾。史载"司隶校尉李憙复上言,骑都尉刘尚为尚书令裴秀占官稻田,求禁止秀"。武帝只处罚刘友和刘尚,没有处理山涛和裴秀。④这两次指控都与占官稻田有关。所谓官稻田是何种类型的土地,史无明文,我想它很可能是魏晋政府的屯田。唐长孺先生指出,曹魏末年,司马氏废止屯田,但这一举措似乎并不彻底。从曹魏后期开始,许多屯田户成为公卿私家的佃客。⑤当时私占官田的人很多。李憙将弹劾的矛头指向裴秀和山涛,让人怀疑这两次弹劾有更深的政治目的。尽管武帝没有追究裴秀等人的贪腐之罪,但李憙的弹劾仍对裴秀产生了消极影响。此

---

① 徐高阮:《重刊洛阳伽蓝记·山涛论》,第 257—258 页。
② 杨恩玉:《山涛、羊祜与晋武帝朝之政争》,第 50 页。
③ 《晋书》卷三五《裴秀传附裴頠传》,第 1041 页。
④ 《晋书》卷四一《李憙传》,第 1189 页;卷三五《裴秀传》,第 1039 页。
⑤ 唐长孺:《西晋田制试释》,收入《魏晋南北朝史论丛》,第 38—40 页。

前安远护军郝诩称："与尚书令裴秀相知,望其为益。"事情暴露后,"有司奏免秀官",武帝没有允准。①现在裴秀贪腐案发,使武帝重新考虑尚书令的人选。泰始四年正月,裴秀升任司空。表面上看,裴秀荣任三公,官职上升。但当时司空的实权很小,几乎成为闲职。武帝也没有给裴秀加录尚书事衔。这次职务调动的实质,是将裴秀明升暗降。贾充升任尚书令,成为尚书台的最高长官。裴秀调任,贾充是最大受益者。从动机上分析,贾充或许正是弹劾裴秀的幕后推手。

贾充担任尚书令,尚书仆射一职空缺。泰始四年二月,武帝命羊祜为尚书左仆射。羊祜和钟会关系不好,也不属贾充、荀勖一党。因此,性格谨慎的他,在和贾充共事时表现出谦退的态度。史称"时王佑、贾充、裴秀皆前朝名望,祜每让,不处其右"。②尽管羊祜谦逊谨慎,但他还是与贾充不和。泰始末年,贾充被任恺等人排挤出朝,"羊祜密启留充,及是,帝以语充。充谢祜曰:'始知君长者。'"③如果两人此前关系和睦,贾充不会说出这样的话。羊祜和荀勖关系恶劣,"祜贞悫无私,疾恶邪佞,荀勖、冯紞之徒甚忌之"。④荀勖、冯紞是贾充党羽。羊祜与荀、冯关系恶劣,与贾充不够和睦。可以想见,他担任尚书仆射时,和贾充共事并不愉快。担任仆射一年后,羊祜调任荆州。《晋书·羊祜传》对此事的解释是"帝将有灭吴之志"。⑤但泰始年间,西晋对吴国少有大规模进攻。羊祜此次调任,很可能是贾充、荀勖排挤所致。史称"及羊祜等出镇,充复上表欲立勋边境,

---

① 《晋书》卷三五《裴秀传》,第 1039 页。
② 《晋书》卷三四《羊祜传》,第 1014 页。
③ 《晋书》卷四〇《贾充传》,第 1168 页。
④ 《晋书》卷三四《羊祜传》,第 1017 页。
⑤ 《晋书》卷三四《羊祜传》,第 1014 页。

帝并不许"。①后来贾充被调往雍凉,却不愿赴任,说明他只想在中央做官,不愿出镇地方。所以他此次求出,只能是故作姿态。实际上,随着裴秀和羊祜调离尚书台,贾充成功地排斥异己,成为掌管行政大权的重臣。

从泰始四年到咸宁二年,贾充担任尚书令,"务农节用,并官省职",②武帝对他的工作很满意。荀勖在武帝朝的绝大部分时间里担任中书监。中书监负责为皇帝起草诏书,是皇帝近臣,地位很重要。③贾充和荀勖联手,在一定程度上垄断了权力。

当时依附贾充的朝官有很多。晋武帝任命的"八公"之中,也有数人和贾充交往密切。史载"时司空贾充权拟人主,(何)曾卑充而附之。及充与庾纯因酒相竞,曾议党充而抑纯,以此为正直所非"。④何曾看不起贾充,却又依附贾充,应是由于贾充"权拟人主"的缘故。何曾之子何劭遭遇弹劾,"咸宁初,有司奏劭及兄遵等受故鬲令袁毅货……事下廷尉。诏曰:'太保与毅有累世之交,遵等所取差薄,一皆置之。'"⑤袁毅贿赂公卿,是咸宁初年的大案。华廙也牵涉此案。袁毅案发,在华廙之父华表去世前后。华表去世于咸宁元年八月,⑥所以袁毅案应发生在咸宁元年。荀勖和华廙有宿怨,"因密启帝,以袁毅货赇者多,不可尽罪,宜责最所亲者一人,因指廙当之",华廙被免官削爵。⑦荀勖让华廙承担罪责,保护了其他涉案人员,为武帝宽

---

① 《晋书》卷四〇《贾充传》,第 1167 页。
② 《晋书》卷四〇《贾充传》,第 1167 页。
③ 有关中书监的职掌,可参看祝总斌:《两汉魏晋南北朝宰相制度研究》,第 286—287 页。
④ 《晋书》卷三三《何曾传》,第 998 页。
⑤ 《晋书》卷三三《何曾传附何劭传》,第 998 页。
⑥ 《晋书》卷四四《华表传》,第 1260 页。
⑦ 《晋书》卷四四《华表传附华廙传》,第 1261 页。

赦何劭创造了条件。何曾党附贾充,抨击庾纯,在袁毅案发之前。①荀勖之所以让华廙担下所有罪责,除了他们之间的私人恩怨外,或许还有何曾依附贾充,荀勖想保全何劭的因素。总之,何曾党附贾充,对自己的家族有利。西晋另一开国功臣荀顗也和贾充、荀勖关系密切。史书说他"无质直之操,唯阿意苟合于荀勖、贾充之间"。贾充之女成为太子妃,与荀顗的推荐有一定关系。②何曾、荀顗都在八公之列,位极人臣,且年龄较大,政治上没有进一步发展的空间。他们讨好贾充和荀勖,应该都是为了自己的家族利益。贾充掌管尚书台,位高权重;荀勖在皇帝身边任职,在很多重大问题上有发言权。何曾、荀顗依附于他们,对自家后辈的仕途有益。

除西晋的开国功臣外,贾充还经常提拔其他朝官的亲属。他推举太常陆乂之兄陆亮为吏部尚书。③和逌在曹魏末年做吏部尚书,其子和峤少有名望,"贾充亦重之,称于武帝,入为给事黄门侍郎"。④后来和峤与荀勖不合,还和贾充的政敌相互友善,⑤似乎说明他与贾充并不和睦。但不论二人此后的关系如何,贾充对和峤有知遇之恩,确属事实。史载贾充"颇好进士,每有所荐达,必终始经纬之,是以士多归焉"。他还亲自征辟名士。荥阳潘岳少有重名,贾充辟其为司空掾。⑥贾充提拔陆亮,引荐和峤,征辟潘岳,可证史书记载不虚。

---

① 庾纯和贾充相互指责、庾纯被弹劾一事,在泰始八年到九年之间。庾纯在上疏中称"司空公贾充",贾充任司空,在泰始八年秋七月。庾纯因不归家养父被劾,司徒石苞参与朝议。石苞死于泰始九年二月。综上可知,庾纯和贾充之争,发生在泰始八年七月到泰始九年二月之间,早于咸宁元年。《晋书》卷三《武帝纪》,第62页;卷五〇《庾纯传》,第1398—1399页。
② 《晋书》卷三九《荀顗传》,第1151—1152页。
③ 余嘉锡笺疏:《世说新语笺疏》卷上之下《政事》刘孝标注引《晋诸公赞》,第201—202页。
④ 《晋书》卷四五《和峤传》,第1283页。
⑤ 《晋书》卷四五《和峤传》,第1283页;卷四五《任恺传》,第1286页。
⑥ 《晋书》卷五五《潘岳传》,第1500页。

尽管一些朝臣依附贾充,但仍有很多人对他不满。泰始年间,裴楷对武帝说:"陛下受命,四海承风,所以未比德于尧舜者,但以贾充之徒尚在朝耳。方宜引天下贤人,与弘正道,不宜示人以私。"史称"时任恺、庾纯亦以充为言,帝乃出充为关中都督"。①裴楷的建言是武帝外放贾充的导火索之一。从这段材料看,裴楷似乎与贾充不和,但事实并不这么简单。裴楷赏识名士乐广,"荐广于贾充,遂辟太尉掾"。②贾充做太尉,已是咸宁年间的事。如果当时裴、贾二人仍然关系恶劣,裴楷就不会把乐广推荐给贾充。贾充征辟乐广,说明贾、裴二人的关系有所缓和。裴楷对武帝说的那番话,主要意图应是建议武帝广任贤才,不能专任贾、荀一党。实际上,贾充专权不仅招致很多朝臣反对,也使皇帝对他心存忌惮。

二、晋武帝对贾充的制衡

西晋建国之初,贾充一度"权拟人主"。但需要注意的是,贾充是司马昭的得力干将,他与荀勖皆是魏末司马氏集团的核心人物。他们能获得权势,是因为他们为司马氏效力。因此,晋初的贾充一党,仍是依附于皇权的势力。贾充虽然强势,但他并无自外于司马氏的政治资本。他和他的党羽仍然受制于皇权。

晋武帝对贾充的态度耐人寻味。仇鹿鸣先生认为,武帝对贾充有防备之心,所以他不断削弱贾充的势力。③武帝对贾充既有防备的一面,也有信任的一面。如果武帝不信任贾充,就不会一直委之以重任。为了司马氏,贾充不惜背上弑君骂名。司马昭晚年,贾充在

---

① 《晋书》卷三五《裴秀传附裴楷传》,第 1048 页。
② 《晋书》卷四三《乐广传》,第 1243 页。
③ 仇鹿鸣:《魏晋之际的政治权力与家族网络》,第 196—212 页。

立储问题上支持武帝,称武帝"宽仁,且又居长,有人君之德,宜奉社稷"。①对司马昭父子而言,贾充的政治立场是正确的。他对司马氏的忠心,是武帝信任他的重要原因。史称贾充"有刀笔才"。他改定律令,"新律既班于天下,百姓便之"。②贾充有一定才干,可以担当重任。司马昭死后,武帝在短短数月之内就完成了即位晋王和受禅称帝这两件大事,离不开贾充的支持。武帝受禅,充"建明大命"。③史载石苞"每与陈骞讽魏帝以历数已终,天命有在。及禅位,苞有力焉"。④在武帝登上皇位的过程中,贾充发挥的作用不应比石苞、陈骞小,只是史书记载寥寥,使后人无从稽考。尽管贾充揽权,引起一些人不满,但不论是谁,都无法把他挤出朝廷。有学者认为,晋武帝忌惮贾充与齐王攸的翁婿关系。他将充外放,实际目的是逼迫充嫁女于太子。⑤总之,武帝需要贾充留在洛阳,为晋廷尽忠尽力。

武帝委任贾充,但不完全信任贾充。徐高阮先生发现,贾充原本统领洛阳城内和城外的军队。禅代完成后,王沈代替贾充,统领城外军。⑥西晋开国之初,武帝任裴秀为尚书令。后来贾充升任尚书令,武帝命羊祜为左仆射。武帝如此安排,是为了节制贾充在尚书台的权力。羊祜调任荆州,任恺等人又崭露头角,和贾充公然对立。武帝调贾充都督秦凉,便是任恺谋划的结果。贾充将女儿嫁给太

---

① 《晋书》卷四〇《贾充传》,第 1166 页。
② 《晋书》卷四〇《贾充传》,第 1166—1167 页。
③ 《晋书》卷四〇《贾充传》,第 1166 页。
④ 《晋书》卷三三《石苞传》,第 1002 页。
⑤ 权家玉:《晋武帝立嗣背景下的贾充》,第 58—64 页。韩树峰先生对贾充嫁女于太子之事的看法,与权先生类似。韩先生指出,武帝并不认为贾南风是合适的太子妃人选。但为巩固惠帝的储君地位,武帝需要贾充的支持。荀勖提出的这一建议,正中武帝下怀,也解除了贾充的危机。权、韩两位学者的研究可相互参看。韩树峰:《武帝立储与西晋政治斗争》,《中国人民大学学报》2009 年第 6 期,第 134—139 页。
⑥ 徐高阮:《重刊洛阳伽蓝记·山涛论》,第 249 页。

子,化解了这场危机,但朝臣已结为朋党,分裂成不同阵营。"庾纯、张华、温颙、向秀、和峤之徒皆与恺善,杨珧、王恂、华廙等充所亲敬,于是朋党纷然。"贾充一党与反对贾充的势力相互对立,矛盾激烈。

面对朝臣结党相争的局面,武帝的做法耐人寻味。他亲自出面,"召充、恺宴于式乾殿,而谓充等曰:'朝廷宜一,大臣当和。'充、恺各拜谢而罢"。表面上看,武帝是想调和贾、任两派的矛盾,但他的举措并无力度。史称:"既而充、恺等以帝已知之而不责,结怨愈深,外相崇重,内甚不平。"①武帝似乎放纵他们相互斗争。曹文柱先生认为,如果皇权强大,那么皇帝为了集权,会避免朋党纷争;但若皇权薄弱,那么朝廷中枢出现两派相互斗争的势力,可以避免朝臣威胁皇权。②司马氏的皇权是否薄弱,或有思考的余地。不过相比以武力征服立国的王朝,司马氏确实需要对朝臣作出更多的妥协。西晋建国之初,以贾充为代表的功臣群体,势力盘根错节,是皇帝一时难以撼动的。如何防备朝臣坐大,避免朝中出现第二个司马懿,是武帝需要考虑的问题。重用裴秀、羊祜,纵容党争,皆是武帝的应对之策。

贾充视任恺为眼中钉,"因称恺才能,宜在官人之职。帝不之疑,谓充举得其才。即日以恺为吏部尚书,加奉车都尉"。任恺最终被陷害免官。③权家玉先生认为,武帝和贾充联姻后,任恺已无利用价值,所以武帝逐渐疏远他。④太子成婚后,武帝达成了巩固太子地位的目标,需要给贾充一些回报,所以他默许贾充打击任恺,这也是武帝平衡朋党的策略。

任恺的政治生涯以不得志告终,但他的同盟者——庾纯和张华

---

① 《晋书》卷四五《任恺传》,第 1286 页。
② 曹文柱:《西晋前期的党争与武帝的对策》,第 48 页。
③ 《晋书》卷四五《任恺传》,第 1286 页。
④ 权家玉:《晋武帝立嗣背景下的贾充》,第 63 页。

等仍受武帝重用。中书令庾纯公开指斥贾充"高贵乡公何在"。①高贵乡公遇弑，是司马氏的重要污点，也是西晋王朝的忌讳。庾纯犯下如此严重的错误，武帝仅给他免官处分，后又召他担任国子祭酒和侍中等官。②张华继任中书令，③深得武帝信任。中书监荀勖与张华不合。④为了准备伐吴，武帝调张华为度支尚书，让和峤担任中书令。和峤与荀勖不合，已见前述。武帝安排与贾充、荀勖不和的人任中书令，目的就是制衡贾、荀一党。

除调整中书令的人选外，武帝也让山涛担任吏部尚书和尚书仆射。泰始初年，山涛被挤出朝廷，幕后主使应是贾充。山、贾不和，由来已久。二人争夺选官权，武帝同意贾充奏请，让陆亮做吏部尚书，山涛辞疾还家。但武帝让山涛负责选官，分化了贾充的权力，实际上起到了制衡贾充的作用。

武帝还让宗王担任尚书仆射。泰始四年，他命东莞王伷为尚书右仆射。泰始七年三月，武帝又命高阳王珪为尚书右仆射。值得注意的是，在司马珪就任仆射前，裴秀去世。这年七月，武帝命贾充为雍凉都督，作势要将贾充赶出朝廷。⑤高阳王珪赴任尚书台，正是贾充和任恺斗争最为激烈之时。史载司马珪"少有才望"，但事迹寥寥。⑥武帝让他做尚书右仆射，是看重他的宗王身份。在这个敏感的时候，由身份尊贵的宗王出任贾充副手，很可能是为了制衡后者。太子完婚后，任恺调离门下，远离皇帝，贾充陷害任恺，让高阳王珪

① 《晋书》卷五〇《庾纯传》，第 1398 页。
② 《晋书》卷五〇《庾纯传》，第 1398—1401 页。
③ 庾纯免职、张华担任中书令的具体时间，《晋书》都没有交待。但武帝朝前期，史书记载的中书令只有庾纯和张华，所以张华应该是接替庾纯担任中书令。
④ 《晋书》卷三六《张华传》，第 1070 页。
⑤ 《晋书》卷三《武帝纪》，第 56—61 页。
⑥ 《晋书》卷三七《宗室·高阳王珪传》，第 1091 页。

上疏劾奏。①但正如上文所论,此时武帝默许贾充报复任恺。高阳王珪的弹劾,并不违背皇帝意愿。总之,武帝委任贾充,但也制衡贾充。

第三节　武帝朝少壮派官僚与贾充一党的矛盾

上一节主要研究贾充一党,并简要论述了武帝对贾充党羽的制衡。实际上,任恺阵营中的很多士人,是武帝的亲近文官。他们与武帝关系密切,是武帝巩固皇权的重要助力。本节将从西晋的中书、门下和散骑之官入手,研究武帝身边的侍从文官,考察这些士人在政治上的起落浮沉,并探讨武帝朝士人结党与皇权之间的关系。

一、武帝朝前期侍从文官与贾充一党的对立

自曹魏时起,门下和散骑诸官就是皇帝的亲近之职。魏文帝说:“天下之士,欲使皆先历散骑,然后出据州郡,是吾本意也。”②可见他将散骑视为自己的亲信。高贵乡公即位后,“常与中护军司马望、侍中王沈、散骑常侍裴秀、黄门侍郎钟会等讲宴于东堂,并属文论。名秀为儒林丈人,沈为文籍先生,望、会亦各有名号”。③王沈、裴秀、钟会皆为门下、散骑官员。表面上看,曹髦和这些官员谈论诗赋,实际上,他是想用这样的方式拉拢朝臣,试图夺回权力。裴秀、钟会这两位司马昭的亲信出任门下、散骑之官,应是司马昭监视曹

---

① 《晋书》卷四五《任恺传》,第1286页。
② 《三国志》卷二四《魏书·崔林传》裴松之注,第680页。
③ 《三国志》卷四《魏书·三少帝纪》注引《晋诸公赞》,第138页。

髦之举。后来曹髦举兵,欲攻打司马昭,"呼侍中王沈、散骑常侍王业、尚书王经,出怀中黄素诏示之",①说明当时王沈、王业与曹髦关系密切。由此可见,曹髦想夺回皇权,只能从门下、散骑官员处寻找"突破口"。除门下、散骑外,中书省官也与皇帝亲近。曹魏初年,刘放为中书监,孙资为中书令。二人掌管机密,"尤见宠任"。②综上,门下、散骑和中书官员,与皇帝关系密切。本节研究的武帝侍从,指的是那些专任中书、散骑、门下之职,长期供职于皇帝身边的年轻官僚。

　　武帝登基后,他身边的侍从文官得到重用。相比贾充等开国功臣,这些士人年纪较轻,文化水平也比较高。张华、和峤、王济与裴楷是他们之中的代表人物。张华死于永康元年(300),卒年六十九,则他生于魏太和六年(232),比武帝年长四岁。裴楷死于元康元年(291),卒年五十五,则他生于魏景初元年(237),比武帝年少一岁。和峤、王济生年不详。王济为王浑之子。王浑卒于元康七年,卒年七十五,则他生于魏黄初四年(223)。王济出生的时间,不太可能早于王浑十五岁时,即魏景初元年。王济娶武帝之姊常山公主,他和武帝应该年龄相仿。和峤为王济姐夫,他的年龄应当与武帝和王济相近。贾充比武帝年长近二十岁,其他几位功臣也多为武帝父辈。相比他们,武帝和王济等人更易亲近。

　　张华在西晋初年担任中书令,负责起草诏书。为了准备伐吴,武帝将张华调任尚书,任命和峤为中书令。王济"累迁侍中,与侍中孔恂、王恂、杨济同列,为一时秀彦……帝益亲贵之。仕进虽速,论者不以主婿之故,咸谓才能致之"。③裴楷先后担任散骑侍郎、散骑常侍,后又出任屯骑校尉、右军将军、侍中。史称他与"山涛、和峤并以

---

① 《三国志》卷四《魏书·三少帝纪》,第143—144页。
② 《三国志》卷一四《魏书·刘放传》,第457页。
③ 《晋书》卷四二《王浑传附王济传》,第1205页。

盛德居位"。①相比贾充,王济等人年龄较轻,资历较浅。但他们在武帝身边供职,与皇帝的私人关系更近。武帝与王济关系亲密。他问王济"卿家痴叔死未",关心王济家事。他还曾去王济家用餐。②和峤与武帝关系亦属亲密。史称他"性至俭,家有好李,帝求之,不过数十"。③张华博学多识,"四海之内,若指诸掌。武帝尝问汉宫室制度及建章千门万户,华应对如流……帝甚异之"。④这些青年士人享受皇帝的恩宠,是西晋初年政坛之中的后起之秀。

王济、和峤与裴楷有姻亲关系。王济"与姊夫和峤及裴楷齐名"。⑤惠帝初年,楚王玮作乱,裴楷"单车入城,匿于妻父王浑家",⑥可知与和峤一样,裴楷也是王浑之婿。有了这层关系,裴、王、和三人容易在政治上联手。他们的家世背景都很显赫。王济祖父王昶,是曹魏末年的方镇大员。西晋建国后,王浑在淮北和豫州任职,又担任安东将军、都督扬州诸军事。王浑之妻、王济之母钟氏是钟繇曾孙女。⑦和峤祖父和洽官至太常,其父和逌在曹魏末年担任吏部尚书。和峤之舅夏侯玄,是正始年间的名士。⑧裴楷之父裴徽,官至曹魏冀州刺史;他的伯父裴潜官至尚书令,裴潜之子即裴秀。⑨以上几人的家族地位,毫不逊色于贾充等开国功臣。荀勖"自以大族"⑩,但

---

① 《晋书》卷三五《裴秀传附裴楷传》,第 1048 页。

② 《晋书》卷四二《王浑传附王济传》,第 1206 页。

③ 《晋书》卷四二《王浑传附王济传》,第 1206 页。

④ 《晋书》卷三六《张华传》,第 1070 页。

⑤ 《晋书》卷四二《王浑传附王济传》,第 1205 页。

⑥ 《晋书》卷三五《裴秀传附裴楷传》,第 1049 页。

⑦ 《晋书》卷九六《列女·王浑妻钟氏》,第 2510 页。

⑧ 《三国志》卷二三《魏书·和洽传》注引《晋诸公赞》,第 657 页。

⑨ 《三国志》卷二三《魏书·裴潜传》,第 673 页;卷二三《魏书·裴潜传》裴松之注,第 674 页。

⑩ 《晋书》卷三六《张华传》,第 1070 页。

其父祖官位不高。他的家世背景逊于王、和、裴三人。

王济、裴楷等武帝侍从多为名士。史称王济"少有逸才,风姿英爽,气盖一时……善《易》及《庄》《老》,文词俊茂,伎艺过人"。①《世说新语》中有很多王济的佚事,说明他的故事在两晋流传甚广。张华"学业优博,辞藻温丽,朗赡多通,图纬方伎之书莫不详览……陈留阮籍见之,叹曰:'王佐之才也!'由是声名始著"。②阮籍是著名的玄学名士。尽管张华不是玄学家,但他也得到了阮籍的认可。和峤"亦名士也"。③他性格严毅,"厚自崇重"。玄学名士庾敳对和峤评价很高:"森森如千丈松,虽磥砢多节目,施之大厦,有栋梁之用。"④与张华一样,和峤也很受玄学名士器重。裴楷"风神高迈,容仪俊爽,博涉群书,特精理义,时人谓之'玉人',又称'见裴叔则如近玉山,映照人也'"。⑤裴楷有名士风度,备受仰慕。这些年轻新锐既有显赫的家世出身,又有声望,易对执掌大权的贾充一党心生不服。

《晋书·王戎传》载:"朝贤尝上巳禊洛,或问王济曰:'昨游有何言谈?'济曰:'张华善说《史》《汉》;裴頠论前言往行,衮衮可听;王戎谈子房、季札之间,超然玄著。'"⑥他们相互交好,常在一起高谈阔论。相比这些名士,贾充的文化素养相对单薄。他"有刀笔才";博士秦秀也称充为"文案小才"。⑦在当时人心中,贾充是一个精于吏事的官僚,和多才多艺、擅长谈论的名士有很大差别。他很难融入名士的交际圈。魏晋名士好品评人物。贾充的文化素养,使他很难得

---

① 《晋书》卷四二《王浑传附王济传》,第 1205 页。
② 《晋书》卷三六《张华传》,第 1068—1069 页。
③ 余嘉锡笺疏:《世说新语笺疏》卷上之上《德行》,第 24 页。
④ 《晋书》卷四五《和峤传》,第 1283 页。
⑤ 《晋书》卷三五《裴秀传附裴楷传》,第 1048 页。
⑥ 《晋书》卷四三《王戎传》,第 1232 页。
⑦ 《晋书》卷五〇《秦秀传》,第 1405 页。

到好评。王济等人或许也视他为"文案小才"。庾纯在宴会上与贾充发生冲突,斥责后者"高贵乡公何在",导致场面失控,"充左右欲执纯,中护军羊琇、侍中王济佑之,因得出"。①王济保护庾纯,且他与和峤关系亲密。他对贾充一党的态度也很微妙。

西汉的中朝,亦即内朝官,有"大司马左右前后将军、侍中、常侍、散骑、诸吏"。②祝总斌先生认为,西汉的中朝官"侍从皇帝,任务为'辅政''顾问应对''献可替否'以至'平尚书奏事'",但不处理全国政务。③哀帝欲让外戚丁氏、傅氏"处爪牙官",所以他免除彭宣的左将军职务,让丁、傅子弟担任此职。④武帝朝的侍从官员,如王济、张华等人,也可以被视为皇帝"爪牙"。贾充、何曾等开国功臣,与司马师、司马昭关系密切。西晋开国后,他们理所当然地成为宰辅重臣。他们能身居高位,与武帝并无太大关系。相比这些老臣,侍从文官对皇帝更具依附性。他们是武帝伸张皇权的重要助力。

《晋书·职官志》载:"自魏至晋,散骑常侍、侍郎与侍中、黄门侍郎共平尚书奏事,江左乃罢。"⑤裴秀、羊祜调离中枢,贾充掌管尚书台后,武帝更需借助侍从官的力量制衡尚书省。任恺与贾充党争,任恺阵营中的庾纯、张华先后担任中书令。和峤做中书令前,任给事黄门侍郎,供职门下。温颙事迹不详。向秀先后出任散骑侍郎、黄门侍郎和散骑常侍,⑥任职于散骑和门下。任恺一方多为武帝侍从,恐怕并非巧合。史称任恺"恶贾充之为人也,不欲令久执朝政,每裁抑焉。充病之,不知所为"。⑦任恺如何"裁抑"贾充,史书无载。

---

① 《晋书》卷五〇《庾纯传》,第 1398 页。
② 《汉书》卷七七《盖诸葛刘郑孙毋将何传》注引"孟康曰",第 3253 页。
③ 祝总斌:《两汉魏晋南北朝宰相制度研究》,第 69 页。
④ 《汉书》卷七一《隽疏于薛平彭传》,第 3052 页。
⑤ 《晋书》卷二四《职官志》,第 733 页。
⑥ 《晋书》卷四九《向秀传》,第 1375 页。
⑦ 《晋书》卷四五《任恺传》,第 1285—1286 页。

王济担任侍中时,其父王浑为仆射,"主者处事或不当,济性峻厉,明法绳之"。①结合《晋志》的记载可知,门下有权对尚书奏事进行监督。祝总斌先生认为,任恺或在贾充奏事时有意刁难,或向武帝进言,反对贾充的谋议。祝先生指出,贾充是武帝的亲信之人。他政务繁忙,远离皇帝,对皇帝影响降低,才会给任恺从中作梗的机会。②实际上,作为武帝侍从,任恺等官员处理政务,代表着皇帝的意志。他们与贾充各自结党相争,并对贾充处处刁难,是符合武帝意愿的。

王济、张华等年轻一辈的名士成为武帝侍从,在一定程度上对贾充等开国功臣形成冲击。贾充和张华、王济等人的年龄差距较大,我们可将王济、裴楷等武帝的侍从文官称作"少壮派"官僚。

二、伐吴决策中的少壮派官僚与贾充一党

伐灭吴国,是西晋王朝的重要成就。但有趣的是,在开战之前,西晋高层迟迟未就伐吴问题达成共识。史载"初,帝潜与羊祜谋伐吴,而群臣多以为不可";③"时帝密有灭吴之计,而朝议多违,唯(杜)预、羊祜、张华与帝意合"。④朝臣对伐吴多持消极态度,只有武帝和少数几个大臣决意开战。以往的研究大多立足于伐吴胜利的结果,关注反对者的态度,研究他们反对开战的理由。但在开战前,多数人恐怕无法预料到战争的顺利进行。因此,考察推动武帝开战的势力,同样是很有必要的。

西晋之后,北方政权横渡长江,消灭江南政权的战例有不少。隋灭陈、北宋灭南唐,均在此列。孙晧在位期间,吴国上下离心,似

---

① 《晋书》卷四二《王浑传附王济传》,第 1205 页。
② 祝总斌:《两汉魏晋南北朝宰相制度研究》,第 246 页。
③ 《晋书》卷三六《张华传》,第 1070 页。
④ 《晋书》卷三四《杜预传》,第 1028 页。

有大厦将倾之相。以上两种因素,使研究者容易对反对伐吴的意见感到困惑。实际上,尽管西晋国力远胜吴国,但在开战之前,多数朝臣认为对吴作战有很大的不确定性。首先,北方军队不长于水战,北人也不易适应南方的气候。因此,北方政权向淮河以南进攻,往往不占优势。其次,在孙吴以前,占据长江中下游的大型政权,只有先秦的楚国。但楚国的政治中心始终在长江以北。战国末年,秦国将领王翦率军,在淮河沿线击败楚军,使楚国迅速灭亡。孙吴的政治中心在长江以南。北方政权攻灭孙吴,比消灭楚国难度更大。

消灭蜀汉后,司马昭提出战略构想:"先取蜀,三年之后,因巴蜀顺流之势,水陆并进,此灭虞定虢,吞韩并魏之势也。"①但从巴蜀进攻江东,首先要通过三峡天险,再从江陵地区顺江而下。在西晋以前,从这条路线出兵作战,没有成功的案例。时代接近的战例,有曹操发动的荆州之战,以及刘备发动的夷陵之战。曹操降服刘琮,占据荆襄之地后,欲从荆州顺江而下,消灭江东政权,结果失败而归。后来东吴夺取南郡,并一直占据江陵以及三峡附近的宜都等地。这对吴国防御北方进攻是有利的。刘备从三峡出兵,攻打荆州,最终也大败而归。最后也最为重要的是,曹魏、西晋与吴国对峙,南北两方在长江中下游的襄阳—江陵、弋阳—武昌与皖城—合肥等地反复拉锯,北方政权都未能取得决定性优势。泰始八年秋,吴国西陵督步阐降晋,晋车骑将军羊祜、荆州刺史杨肇从襄阳出兵,援救步阐,最终兵败,步阐被吴将陆抗擒杀。②武帝发动灭吴战役,距西陵之战仅有八年时间。尽管灭国大战,与局部战争的性质不同,但太康伐吴这场大战役,也是由多个局部战斗组成的。西晋对吴国的局部战

---

① 《晋书》卷二《文帝纪》,第38页。
② 《晋书》卷三《武帝纪》,第62页。

争如此不顺，会使多数朝臣不看好灭吴之役的前景。我们将西晋灭吴和几百年后的隋灭陈相比较，可以看出西晋缺乏优势。灭陈之前，隋朝已占据长江以北的江陵等地。陈朝领土仅剩江南一隅。隋军可从下游的广陵、六合分道渡江，从东西两个方向夹攻建康。吴国在长江中游占据江陵，在长江下游占据长江以北、巢湖以南，防御形势比陈朝更有利。曹魏初年，魏文帝率军至广陵，"见波涛汹涌，叹曰：'嗟乎！固天所以隔南北也！'遂归"。①因此，西晋朝臣反对伐吴，不只是因为他们缺乏进取心。在当时看来，这场战争风险很高。他们反对出兵，有军事层面的道理。

西晋不仅要对付东南方向的吴国，它的西北地区还经常出现叛乱。泰始、咸宁年间，匈奴、鲜卑等部族频繁发动反晋战争，关陇地区战乱不断，又屡屡爆发天灾。晋朝西北地区的军政长官也常死于战乱。泰始六年，"秦州刺史胡烈击叛虏于万斛堆，力战，死之"。泰始七年，"北地胡寇金城，凉州刺史牵弘讨之。群虏内叛，围弘于青山，弘军败，死之"。②雍、凉地区战事频仍，使西晋很难集中力量消灭东吴。羊祜建议武帝攻吴，"会秦凉屡败，祜复表曰：'吴平则胡自定，但当速济大功耳。'而议者多不同"。③像羊祜这样主张先定东南，再平西北的大臣，在当时是少数。贾充作为宰相，对国家两线作战的困境很清楚。武帝对吴国开战，任命贾充为统帅。贾充反对兴兵南伐，不愿接受任命，上疏曰："西有昆夷之患，北有幽并之戍，天下劳扰，年谷不登，兴军致讨，惧非其时。"战争后期，贾充又上奏："吴未可悉定，方夏，江淮下湿，疾疫必起，宜召诸军，以为后图。虽腰斩

---

① 《三国志》卷四七《吴书·吴主传》注引《吴录》，第 1132 页。
② 《晋书》卷三《武帝纪》，第 59—60 页。
③ 《晋书》卷三四《羊祜传》，第 1019 页。

张华,不足以谢天下。"荀勖也赞同贾充的提议。①不久之后,战争胜利,贾充的这封奏表成为人们的笑柄。秦秀一向憎恨贾充,"朝野以充位居人上,智出人下,佥以秀为知言"。②但在战争胜利的消息传到洛阳前,很多大臣的态度与贾充相近。《晋书·张华传》曰:"众军既进,而未有克获,贾充等奏诛华以谢天下。帝曰:'此是吾意,华但与吾同耳。'时大臣皆以为未可轻进,华独坚执,以为必克。"③尽管战事顺利,但由于天气转热等因素,很多朝臣仍对战争缺乏信心。武帝坚持开战,他和张华等主战派人士背负的压力可谓巨大。

既然伐吴如此困难,武帝为何执意开战,就值得我们关注。安田二郎先生认为,武帝想借伐吴获得绝对权威。④仇鹿鸣先生则把咸宁二年武帝病危作为分析的重点,认为夏侯和等人谋立齐王攸,使武帝对自己和太子的地位产生危机感。他执意伐吴,意在加强皇权。⑤两位学者从武帝巩固自身和太子地位的角度考察这场战争,对我们有一定的启发。但若能从主战大臣的角度研究伐吴决策,或许能对武帝朝政治产生新认识。渡边义浩先生指出,伐吴将领中,有多位司马氏姻亲。⑥重用姻亲是武帝在位后期的重要策略。不过探讨伐吴战争,不妨将观察对象从武帝姻亲扩大至他的亲信。推动这场战争,或从战争中受益的,除武帝姻亲外,还有武帝身边的少壮派官僚。探究他们在这场战争中的作用,能使我们对这些士人在武帝朝的作为有更深刻的认识。

---

① 《晋书》卷四〇《贾充传》,第1169—1170页。
② 《晋书》卷五〇《秦秀传》,第1405页。
③ 《晋书》卷三六《张华传》,第1070页。
④ 安田二郎:《西晋朝初期政治史试论》,第29—34页。
⑤ 仇鹿鸣:《魏晋之际的政治权力与家族网络》,第213—256页。
⑥ 渡边义浩:《西晋司马氏婚姻考》,收入《西晋「儒教國家」と貴族制》,汲古书院,2010年,第80—81页。

　　张华赞成武帝与羊祜的伐吴之议，史称"祜疾笃，帝遣华诣祜，问以伐吴之计，语在《祜传》。及将大举，以华为度支尚书，乃量计运漕，决定庙算"。①张华不仅是伐吴的支持者，也是这场战役的重要策划者。咸宁三年七月，武帝将王浑调任扬州，担任灭吴战役的下游主将。②有关王浑、王济父子对这场战争的态度，史书阙而不载。曹魏末年，司马昭谋划伐蜀，"惟（钟）会亦以为蜀可取"，于是昭以会为主将。③以此为参考，王浑若反对伐吴，武帝恐怕不会让他担当重任。据《华阳国志》，咸宁五年秋，武帝发兵前，"安东将军王浑表孙皓欲北侵，请兵，朝议征，欲须（咸宁）六年"。④据《三国志·吴书》，武帝发动灭吴战争的前一年，即西晋咸宁五年八月，吴将郭马反于广州，孙皓派陶濬领七千人，从"西道"平叛。陶濬至武昌，遭遇西晋的东征大军。⑤可知所谓西道，即从荆州南下交广。从建邺到荆州，需要经过长江下游。王浑或许不清楚吴军意图，故将吴军动向上报朝廷。想要将战争延后的不是王浑，而是"朝议"。而且王浑作为下游作战的主将，灭吴胜利，会使他的地位提高。于情于理，他和王济都不会反对开战。

　　伐吴胜利后，和峤受到嘉奖："以参谋议功，赐弟郁爵汝南亭侯。"⑥他时任中书令，在皇帝身边供职。说他参预谋议，是合乎情理的。荀勖担任中书监，吴国平灭后，"以专典诏命，论功封子一人为亭侯，邑一千户，赐绢千匹"。⑦"专典诏命"是荀勖的职责所在，并不

① 《晋书》卷三六《张华传》，第 1070 页。
② 《晋书》卷三《武帝纪》，第 67 页。
③ 《三国志》卷二八《魏书·钟会传》，第 787 页。
④ 刘琳校注：《华阳国志校注》卷八《大同志》，巴蜀出版社，1984 年，第 612 页。
⑤ 《三国志》卷四八《吴书·三嗣主传》，第 1172—1173 页。
⑥ 《晋书》卷四五《和峤传》，第 1283 页。
⑦ 《晋书》卷三九《荀勖传》，第 1154 页。

能据此说明他对战争有功。与荀勖不同,史书说和峤"参谋",明确指出他参与了伐吴决策。和峤同张华交好,与荀勖不合。荀勖又反对伐吴。①中书监、令负责起草诏书,若两人都反对开战,会令武帝尴尬。因此,张华调任尚书后,武帝需要一位支持,而非反对开战的人继任中书令。和峤应与张华一样,支持武帝开战,并为武帝出谋划策。总之,在伐吴一事上,张华、王济、和峤有共同利益。如果战争胜利,他们本人或家族的地位都能得到提升。

在贾充和荀勖看来,出兵伐吴,是武帝与少壮派官僚发动的冒进之举。不论对贾充一党,还是对西晋王朝而言,都是很危险的。少壮派官僚为提高自己的地位,支持武帝开战,无异于一场"豪赌"。战争胜利,也使这些士人得到了一定的回报。但太康年间,他们中的许多人与武帝关系恶化,政治前景也急转直下。

三、太康年间贾充一党和少壮派官僚的政治境遇

伐灭吴国后,张华等人都应获得晋升。史载"华名重一世,众所推服,晋史及仪礼宪章并属于华,多所损益,当时诏诰皆所草定,声誉益盛,有台辅之望焉"。②张华调任尚书前,一直在武帝身边掌管文翰。武帝命其主管战争物资,或是为将来用其为"台辅"作铺垫。王浑升任左仆射,王济"以其父之故,每排王濬"。③张华成为众人瞩目的政治新星,王浑父子的权势炙手可热。但张华、王济都因齐王出藩之事得罪武帝,君臣关系破裂。太康年间,他们的仕途遭遇挫折。

---

① 《晋书》卷三九《荀勖传》,第 1154 页。
② 《晋书》卷三六《张华传》,第 1070 页。
③ 《晋书》卷四二《王浑传》,第 1203 页;同卷《王浑传附王济传》,第 1205 页。

　　有关武帝和齐王争嫡之事,前人研究详尽备悉,在此不烦赘述。①吴国平灭后,武帝试探张华:"谁可托寄后事者?"张华对曰:"明德至亲,莫如齐王攸。"结果"既非上意所在,微为忤旨,间言遂行。乃出华为持节、都督幽州诸军事、领护乌桓校尉、安北将军"。此后张华再未得到武帝信任。武帝晚年,张华回朝,担任太常,"以太庙屋栋折,免官"。直到武帝去世,张华也未获新职。②他只是向武帝举荐齐王"托寄后事",便遭疏远、打压。相比张华,王济的态度更为激烈。武帝将齐王调出京师,"济既陈请,又累使公主与甄德妻长广公主俱入,稽颡泣请帝留攸"。公主即武帝之姊。武帝对王济此举极为愤怒,"怒谓侍中王戎曰:'兄弟至亲,今出齐王,自是朕家事。而甄德、王济连遣妇来生哭人!'(王济)以忤旨,左迁国子祭酒,常侍如故"。王济自此遭武帝疏远。后来武帝想重新起用他,"谓和峤曰:'我将骂济而后官爵之,何如?'峤曰:'济俊爽,恐不可屈'"。武帝召王济入宫,"切让之,既而曰:'知愧不?'济答曰:'尺布斗粟之谣,常为陛下耻。他人能令亲疏,臣不能使亲亲,以此愧陛下耳。'帝默然"。③可见齐王出藩,使武帝与王济关系破裂。武帝记恨王济,王济亦固执己见,君臣之间的裂痕不可弥补。

　　史书没有记载和峤对齐王出藩的态度,但他认为太子智力低下,不堪为君。《晋书·和峤传》曰:

---

① 此处可参看王永平:《晋武帝立嗣及其斗争考论——以齐王攸夺嫡为中心》,《河南科技大学学报》2004 年第 3 期,第 5—11 页;权家玉:《晋武帝立嗣背景下的贾充》,第 58—70 页;韩树峰:《武帝立储与西晋政治斗争》,第 134—139 页;仇鹿鸣:《魏晋之际的政治权力与家族网络》,第 233—269 页;顾江龙:《齐王攸就国考论——晋武帝"必建五等"的历程之一》,第 242—263 页,等。
② 《晋书》卷三六《张华传》,第 1070—1071 页。
③ 《晋书》卷四二《王浑传附王济传》,第 1205—1206 页。

> 峤见太子不令，因侍坐曰："皇太子有淳古之风，而季世多
> 伪，恐不了陛下家事。"帝默然不答。后与荀顗、荀勖同侍，帝
> 曰："太子近入朝，差长进，卿可俱诣之，粗及世事。"既奉诏而
> 还，顗、勖并称太子明识弘雅，诚如明诏。峤曰："圣质如初耳！"
> 帝不悦而起。峤退居，恒怀慨叹，知不见用，犹不能已。在御坐
> 言及社稷，未尝不以储君为忧。帝知其言忠，每不酬和。后与
> 峤语，不及来事。①

此事在《世说新语·方正》篇也有记载。值得注意的是刘孝标注引
干宝《晋纪》曰："皇太子有醇古之风，美于信受。侍中和峤数言于上
曰：'季世多伪，而太子尚信，非四海之主。忧太子不了陛下家事，愿
追思文、武之祚。'上既重长适，又怀齐王，朋党之论弗入也。"②顾江
龙先生分析和峤进谏之事，认为"公亶父传位幼子季历，季历子孙文
王、武王遂开启周代八百年之祚。和峤讽武帝'追思文、武之祚'，只
能解释为劝立秦王柬……由'怀齐王'可知，和峤的执着进谏一直持
续到太康四年齐王攸卒后"。③顾先生的分析比较扎实，只是"怀齐
王"是否意味着此事发生在齐王死后，值得怀疑。齐王攸在世时，武
帝也可能因忌惮齐王而拒绝废长立幼。不过和峤反对太子即位，是
可以肯定的。太康年间，武帝坚决让齐王就藩，扶保太子的决心可
见一斑。和峤的政治立场，使他失去了武帝的宠信。他先由中书令
转为侍中，又在太康末年担任尚书。④中书令和侍中都在皇帝身边，
而尚书则在"外寺"。当年任恺调任尚书，终为贾充所害。可见由侍
中出为尚书，离开皇帝身边，并非好事。咸宁年间，张华调任尚书，

---

① 《晋书》卷四五《和峤传》，第 1283 页。
② 余嘉锡笺疏：《世说新语笺疏》卷中之上《方正》，第 342 页。
③ 顾江龙：《齐王攸就国考论——晋武帝"必建五等"的历程之一》，第 254 页。
④ 《晋书》卷四五《和峤传》，第 1283 页。

是为了计算、调拨伐吴战争的物资。和峤调任尚书，并无这样的紧迫情况，说明这次调动意味着他失去武帝宠信。

与张华、王济等人不同，太康年间，对太子继位持拥护态度的官员，能够得到武帝宠信。少壮派官僚中也有这样的人，比如裴楷。史称他"性宽厚，与物无忤"。①泰始年间，他劝武帝不要专任贾充，或是因为他尚且年轻，缺乏政治经验；或是因为裴楷知道武帝欲制衡贾充一党，故而顺从上意。从太康年间的情况看，他对政治大事的态度，确实不像王济、和峤那样激烈。史载"平吴之后，帝方修太平之化，每延公卿，与论政道。楷陈三五之风，次叙汉魏盛衰之迹。帝称善，坐者叹服焉"。②在武帝面前，裴楷只谈论一些文化故事。我们没有看到他在废立太子，以及是否留齐王等敏感问题上发言的记载。如果他对上述问题发表尖锐意见，武帝恐怕不会让他在自己身边任职。裴楷之子裴瓒娶杨骏之女。尽管"楷素轻骏，与之不平"，③但他和杨骏毕竟是姻亲。武帝重用杨氏，不会打压"与物无忤"的裴楷。

太康初年，贾充去世。他的党羽在此后拥护太子，深得武帝信任。荀勖一直拥护太子，且他"探得人主微旨，不犯颜迕争，故得始终全其宠禄"。④冯紞的事迹记载较少。史称他"得幸于武帝……承颜悦色，宠爱日隆，贾充、荀勖并与之亲善"。观此，则他得到武帝重视在前，与贾、荀相善在后。他因何得到武帝信任，史书无载。冯紞先任左卫将军，伐吴之役后出任御史中丞、侍中。在任之时，他与荀勖共同以拥立太子的名义排挤齐王攸。他的这一举动必然收获武

---

① 《晋书》卷三五《裴秀传附裴楷传》，第 1048 页。
② 《晋书》卷三五《裴秀传附裴楷传》，第 1048—1049 页。
③ 《晋书》卷三五《裴秀传附裴楷传》，第 1049 页。
④ 《晋书》卷三九《荀勖传》，第 1157 页。

帝好感。冯紞病重后，武帝"诏以紞为散骑常侍，赐钱二十万、床帐一具"。[①]考诸《晋官品》，侍中与散骑常侍同在第三品，侍中在散骑之前。[②]从武帝对冯紞的态度看，他应该不会让冯降职。若如陈苏镇先生所说，散骑省在省中，门下省在殿中，那么散骑与皇帝的距离更近。武帝让病危的冯紞做散骑常侍，或许是想用这种方式，向朝野上下昭示自己对紞的恩宠。荀勖、冯紞这两位贾充的党羽在太康年间逢迎上意，坚决拥戴太子，最终保全其荣宠，说明贾充一党受到皇权的节制。在贾充与少壮派侍从结党相争的背后，皇权如同一只看不见的手，默默地操纵着斗争的局面。

前辈学者研究武帝晚年的政局，对武帝大封宗室和重用外戚予以特别关注，[③]较少注意到武帝晚年任用士人的情况。史称"及帝疾笃，未有顾命，佐命功臣，皆已没矣"。[④]除佐命功臣外，西晋初年的少壮派官僚，作为武帝着意扶植、制衡贾充一党的新锐力量，在武帝晚年大多遭到疏远。太康年间，王济以白衣领太仆，死于任上，年仅四十六岁。[⑤]太仆一职远离政治中枢，几乎成为闲职。王济担任此职，并不得意。他很可能是郁郁而终的。尽管王济、和峤家世显赫，但这些士人获得权位的根本原因，还是他们与武帝之间的亲密关系。他们结党相争，同样是出自皇帝的意志。一旦皇恩不再，这些士人的政治前景也会随之黯淡。

---

① 上述有关冯紞的史料参看《晋书》卷三九《冯紞传》，第 1162—1163 页。

② 《通典》卷三七《职官十九》，杜佑撰，中华书局，1988 年，第 1003 页。

③ 此处可参看顾江龙：《齐王攸就国考论——晋武帝"必建五等"的历程之一》，第242—263 页；《太康十年分封与杨骏的兴灭》，第 61—71 页；仇鹿鸣：《魏晋之际的政治权力与家族网络》，第 269—289 页。

④ 《晋书》卷四〇《杨骏传》，第 1177 页。

⑤ 《晋书》卷四二《王浑传附王济传》，第 1207 页。

小　结

西晋初年，贾充一党比较强势，贾充一度"权拟人主"。值得注意的是，贾充并无主政州郡、独当一面的经历。①直到泰始年间，贾充方才获得开府之权。②在此之前，他无权征辟僚属，也就无法以这种方式发展自己的势力。他能拉拢朝士，培植党羽，主要是因为他乃司马昭手下的得力干将。贾充本是司马氏的"鹰犬"，其势力出自魏末的司马氏集团。司马氏登上皇位后，贾充的势力成为皇权的附属品。荀勖等人既是他的党羽，也是皇帝的恩幸。只是武帝即位之初，年纪尚轻，缺乏足够的政治经验。贾充年长武帝近二十岁。面对这样一位元老重臣，武帝很难从一开始就表现出强势态度。随着侍从文官崭露头角，与贾充一党抗衡，武帝的皇权也日渐稳固。在此情形下，贾充的权势逐渐弱化，荀勖、冯紞更多地顺从皇帝的意志，实属大势所趋。

以王济、张华为代表的文官侍从，与武帝年龄相仿，关系亲近。他们中的许多人家世显赫，文化水平很高，名声良好。这些士人在政治上依附于皇帝，其政治发展也取决于皇帝的恩宠。少壮派官僚联手，支持武帝发动灭吴之战，自己也从中获利。此后部分士人因齐王出藩之事与武帝关系恶化，另有部分士人对司马衷的太子之位

---

① 贾充早年曾任汲郡典农中郎将。不过他在地方任职的经历不多，且典农中郎将与州郡长官的权责有一定差别。《晋书》卷四〇《贾充传》，第1165页。
② 据贾充的仕官履历，他在泰始年间升任司空之前，从未出任有开府之权的官职。现有材料中，贾充最早征辟掾属的记载，始于其做司空之时。潘岳《闲居赋》称"仆少窃乡曲之誉，忝司空太尉之命，所奉之主，即太宰鲁武公其人也"。综上，贾充出任司空前，并无开府辟召士人的权力。《闲居赋》见于《文选》卷一六《赋辛》，第698页。

颇有微词。在武帝急切地巩固太子之位的背景下,这些士人的政治前景随之黯淡。那些顺从皇帝、坚决拥戴太子的士人,能够保全荣禄。在士人结党相争的背后,皇权的作用是不容忽视的。

第三章　曹魏西晋的玄学交游

玄学交游在魏晋士人交游活动中的地位很高。考察曹魏西晋时代的士人交游，应将玄学名士作为研究重点。本章以玄学交游为研究对象，主要关注他们交游的称号、方式，以及玄学交游对士人政治发展的影响。

第一节　曹魏的浮华友与玄学交游

曹魏中期以来，许多官宦子弟交游结友，相互标榜。他们被称为浮华友。正始年间，玄学交游出现。浮华友与正始玄学交游之间既有联系，也有区别。本节主要研究浮华交游与正始名士，考察他们的政治履历和文化风貌。

一、浮华案新探

曹魏初年，统治者强调"循名责实"，朝廷选官注重名实相副。唐长孺先生认为，这是曹魏政权对朋党交游之风的压制。[①]但曹魏皇

---

① 唐长孺:《清谈与清议》,收入《魏晋南北朝史论丛》,第 277—285 页。

帝也参与士人的交游活动。曹丕做太子时,与司马懿等人交游。魏明帝做皇子时,他身边也有许多"文学"之士。毕轨是这些"文学"之士中的一员;毌丘俭与毕轨一样,"为平原侯文学"。①曹魏皇帝与很多士人交好。曹丕称帝后,"四友"大多得到重用。陈群在文帝朝官至镇军大将军、领中护军、录尚书事。②司马懿先后担任尚书右仆射、录尚书事。曹丕出征,让司马懿留守许昌,对司马懿非常信任。③明帝即位后,毕轨"子尚公主,居处殷富"。他担任并州刺史,为地方大员。④曹魏皇帝对这些交游好友委以重任,照拂有加。曹魏政权无意、也无力打压士人交游之风。如果一些不为皇帝所喜的士人交游结友,相互标榜,对皇帝权威构成挑战,那么朝廷会对他们予以处分。浮华案正是在这一背景下发生的。

《三国志·诸葛诞传》裴松之注引《世语》曰:

> 是时,当世俊士散骑常侍夏侯玄、尚书诸葛诞、邓飏之徒,共相题表,以玄、畴四人为四聪,诞、备八人为八达,中书监刘放子熙、孙资子密、吏部尚书卫臻子烈三人,咸不及比,以父居势位,容之为三豫,凡十五人。帝以构长浮华,皆免官废锢。⑤

明帝在本案中处分了十五人。正始年间的玄学领袖何晏,似乎也被卷入此案。《曹爽传》载:"南阳何晏、邓飏、李胜、沛国丁谧、东平毕轨咸有声名,进趣于时,明帝以其浮华,皆抑黜之;及爽秉政,乃复进叙,任为腹心。"⑥这是史官追述何晏、邓飏等曹爽心腹在明帝朝的活

① 《三国志》卷二八《魏书·毌丘俭传》,第 761 页。
② 《三国志》卷二二《魏书·陈群传》,第 635 页。
③ 《晋书》卷一《宣帝纪》,第 4 页。
④ 《三国志》卷九《魏书·曹爽传》注引《魏略》,第 289 页。
⑤ 《三国志》卷二八《魏书·诸葛诞传》注引《世语》,第 769 页。
⑥ 《三国志》卷九《魏书·曹爽传》,第 283 页。

动,但这不能证明何、邓等人是在同一起案件中遭到处分的。何晏在明帝朝只是"颇为冗官",地位不高。明帝死后,他"曲合于曹爽,亦以才能,故爽用为散骑侍郎",①地位逐渐提高。何晏在明帝朝受过何种处分,史书没有记载。《世语》载此次涉案者共十五人,但只列出了八人之名,其中没有何晏。方诗铭先生认为,何晏并未参与浮华人士的政治活动,"《曹爽传》的记载,应该出于司马氏方面的诬蔑,从而被王沈写入'多为时讳'的《魏书》",而陈寿《三国志·魏书》的主要史源,就是王沈《魏书》。②柳春新先生指出,何晏、丁谧、毕轨三人未因浮华遭黜,"《魏略》记述何晏等三人的事迹清晰详实,而陈志叙魏晋嬗代之际的史事,本来就多有舛谬"。柳先生认为,将何晏等人与浮华友混为一谈,是不恰当的。③我们不能轻易排除何晏涉案的可能性。但即使何晏在这十五人中,他也不是浮华交游的主要人物。明帝或许对何晏既无提拔,也无处分。何晏在明帝朝不受重视,只是居于"冗官"之位。《三国志》卷九《魏书·曹爽传》列举的其他几位曹爽党羽,如丁谧、毕轨和桓范,在曹爽执政前就已进入官场,没有证据表明他们与浮华案有牵扯。这几人之所以在正始年间得到重用,是因为他们和曹爽关系密切。明帝时期的浮华党友,和正始年间的曹爽党羽或有重合,但两者之间不能简单地画等号。

浮华诸人被黜的时间,史无明文。柳春新先生认为,浮华案很可能发生在太和六年至青龙四年(236)之间。④这一观点似可商榷。据《三国志·魏书·明帝纪》,太和四年二月,明帝下诏:"其郎吏学通一经,才任牧民,博士课试,擢其高第者,亟用;其浮华不务道本

① 《三国志》卷九《魏书·曹爽传附何晏传》注引《魏略》,第292页。
② 方诗铭:《何晏在曹魏高平陵政变前后》,《史林》1998年第3期,第12页。
③ 柳春新:《汉末晋初之际政治研究》,岳麓书社,2006年,第143页。
④ 柳春新:《汉末晋初之际政治研究》,第140—141页。

者,皆罢退之。"①此处虽未明言罢黜夏侯玄等,但我推测明帝处分浮华友,应在此前后。据《世语》,浮华案发时,卫臻的官职是吏部尚书。卫臻在文帝末年任吏部尚书,明帝即位后升任右仆射。他迁为右仆射的具体时间,史书无载。本传说他任右仆射后,"诸葛亮寇天水",明帝任命他为征蜀将军。诸葛亮退兵,卫臻还朝复职。"是时,帝方隆意于殿舍,臻数切谏。"此后诸葛亮率军出斜谷,吴军"入居巢,进攻合肥"。明帝欲亲征,卫臻认为不必。②考诸《明帝纪》,诸葛亮攻天水,在太和五年三月。太和六年九月,明帝"行幸摩陂,治许昌宫,起景福、承光殿"。青龙二年四月,诸葛亮出斜谷;五月,孙权攻合肥,明帝亲征。③《卫臻传》记载卫臻担任右仆射之后的事迹,在太和五年到青龙二年之间。他自吏部尚书升任右仆射的时间,应在太和五年之前。史载夏侯玄"弱冠为散骑黄门侍郎"。④他死于魏嘉平六年(254),终年四十六岁,则他生于汉建安十四年(209)。夏侯玄担任散骑黄门侍郎,当在太和二年前后。因此,推定夏侯玄等于太和四年遭黜免,应接近史实。

浮华友中,夏侯玄、诸葛诞和邓飏是核心人物。他们三人应相识较早。夏侯玄不畏外戚,"尝进见,与皇后弟毛曾并坐,玄耻之,不悦形之于色。明帝恨之,左迁为羽林监"。⑤他遭到黜免,应与其鄙薄毛曾,遭明帝记恨有关。诸葛诞担任吏部郎,恪尽职守,"群僚莫不慎其所举"。《诸葛诞传》裴松之注引《魏氏春秋》云:"诞为郎,与仆射杜畿试船陶河,遭风覆没,诞亦俱溺。虎贲浮河救诞,诞曰:'先救

---

① 《三国志》卷三《魏书·明帝纪》,第 97 页。
② 《三国志》卷二二《魏书·卫臻传》,第 647—649 页。
③ 《三国志》卷三《魏书·明帝纪》,第 98—104 页。
④ 《三国志》卷九《魏书·夏侯玄传》,第 295 页。
⑤ 《三国志》卷九《魏书·夏侯玄传》,第 295 页。

杜侯。'诞飘于岸,绝而复苏。"①邓飏"少得士名于京师","好变通,合徒党"。②他们三人的精神气质有相近之处。后来诸葛诞谋反,史书说他"与玄、飏等至亲",③说明他与夏侯玄等人确实交好。王永平先生说这些浮华友在思想文化上"儒、道兼修,通脱任性,其代表人物后来成为正始玄学的奠基者"。④他们与正始玄学的关系容后再论。三人皆有"通脱任性"的一面,确属事实。

诸葛诞因浮华案去职。正始年间,夏侯玄、邓飏皆为曹爽亲信,得到重用。凭借与夏侯玄的亲密关系,诸葛诞复起,担任御史中丞、扬州刺史等要职。⑤他主政扬州的经历尤为值得关注。司马懿诛灭曹爽、邓飏等人后,长期在扬州督军的王凌阴谋反叛,欲废立皇帝,夺取辅政大权。司马懿迅速行动,兵不血刃地平息了这场叛乱。当时担任扬州刺史的诸葛诞,是王凌的儿女亲家。据《世说新语》,王凌长子王广娶诸葛诞之女。⑥但叛乱平息后,诸葛诞升任镇东将军、都督扬州诸军事,取代了王凌的地位,⑦说明他并未与王凌合谋。司马懿讨伐王凌,在嘉平三年四月。这一年正月,王凌诈言"吴贼塞涂水",然后"大严诸军,表求讨贼",说明淮南军并非全无战备。经营淮南多年的王凌,听闻司马懿出兵,竟然立即"自知势穷",⑧放弃抵抗,难免令人费解。这或许与诸葛诞拒绝配合有关。此后淮南

---

① 《三国志》卷二八《魏书·诸葛诞传》注引《魏氏春秋》,第769页。
② 《三国志》卷九《魏书·曹爽传》注引《魏略》,第288页;卷二一《魏书·傅嘏传》注引《傅子》,第623页。
③ 《三国志》卷二八《魏书·诸葛诞传》,第770页。
④ 王永平:《夏侯玄论——兼论魏晋之际谯郡夏侯氏门风之变化及其门第之上升》,《史学月刊》2007年第4期,第18页。
⑤ 《三国志》卷二八《魏书·诸葛诞传》,第769页。
⑥ 余嘉锡笺疏:《世说新语笺疏》卷下之上《贤媛》,第796页。
⑦ 《三国志》卷二八《魏书·诸葛诞传》,第769页。
⑧ 《晋书》卷一《宣帝纪》,第19页;《三国志》卷二八《魏书·王凌传》,第758页。

都督毌丘俭谋划叛乱,扬州刺史文钦与毌丘俭通谋,"投心无贰",兵事遂起。①司马昭执政期间,诸葛诞在淮南谋叛,先杀扬州刺史乐綝。②祝总斌先生指出,曹魏、西晋的都督没有治民的权力。他们往往受刺史掣肘。③淮南二叛、三叛的过程也说明,扬州都督想要反叛,须得到扬州刺史的支持,否则就须杀掉刺史,总揽扬州的军政大权。诸葛诞拒绝配合王凌,使后者只能束手就擒。

诸葛诞的另一女嫁给司马懿之子司马伷,④与司马氏亦有联姻。王氏、司马氏皆为诸葛诞的儿女亲家,这使诸葛诞很难下定决心,支持王凌起事。此外,尽管曹爽、邓飏被诛,但王凌谋叛时,夏侯玄仍在朝中任职,未遭司马氏清算。诸葛诞与曹爽的政治联系不多。直接提携他的,是好友夏侯玄和邓飏。高平陵之变后,司马懿从关中召回夏侯玄,但没有杀掉他,主要原因应该是忌惮夏侯玄在官僚系统中的人脉网络。史称玄"世名知人,为中护军,拔用武官,参戟牙门,无非俊杰,多牧州典郡。立法垂教,于今皆为后式"。⑤如果司马懿杀夏侯玄,就等于将诸葛诞这样的"中间派"势力推向对立阵营。后来夏侯玄被诛,毌丘俭、文钦起兵谋反。尽管诸葛诞配合司马师平叛,但他与司马氏集团相互猜疑,双方关系出现裂痕。这也为他和司马氏决裂埋下伏笔。以上事例说明,对士人而言,姻亲关系固然重要,但交游关系也是他们政治发展的重要助力。在某些情况下,姻亲与交游,可以成为士人混迹官场的"左右手",相辅相成;另一些情况下,这两种关系之间也会相互制衡,影响士人的政治抉择。

---

① 《三国志》卷二八《魏书·毌丘俭传》,第 763 页。
② 《三国志》卷二八《魏书·诸葛诞传》,第 770 页。
③ 祝总斌《"八王之乱"爆发原因试探》,收入《材不材斋文集——祝总斌学术研究论文集》,上编,第 161—164 页。
④ 《晋书》卷七七《诸葛恢传》,第 2041 页。
⑤ 《三国志》卷九《魏书·夏侯玄传》注引《世语》,第 295 页。

　　除夏侯玄、邓飏和诸葛诞外，浮华友中的其他成员"共相题表"，应是为了提高声名，以图仕进。李胜之父李休，本是汉中军阀张鲁属下。他劝张鲁投降曹操，受封关内侯，"至黄初中，仕历上党、巨鹿二郡太守，后以年老还，拜议郎"。李胜是官宦子弟，又"少游京师，雅有才智，与曹爽善"。①他结交曹爽等宗室权贵，很可能是为自己出仕谋求方便。邓飏在明帝朝"为尚书郎，除洛阳令，坐事免，拜中郎，又入兼中书郎。初，飏与李胜等为浮华友，及在中书，浮华事发"。②"初"字说明，邓飏与李胜等人交游，在他担任中书郎以前。他结交夏侯玄等人，应是因为仕途不顺，想通过交游提高声望，增加自己的政治资本。

　　浮华党友多为曹魏官宦子弟。东汉末年，董卓毁洛阳城，致使洛阳地区荒残破败。曹操迎献帝，并未定都洛阳，而是让献帝居于许昌。后来曹操受封魏公、魏王，魏国的政治中心在邺城。在汉末三十年的时间里，洛阳不是汉朝或魏国首都。曹操在洛阳去世。曹丕受禅，"营洛阳宫"，正式定都洛阳。③曹丕在位七年。在这七年的时间里，许多朝臣聚居洛阳，洛阳的交游活动逐渐活跃起来。一些曹魏开国朝臣的子侄，到明帝即位时已经成年，步入仕途。夏侯玄就是文帝朝重臣夏侯尚之子。明帝初年，夏侯玄已年届弱冠。李胜、刘熙、孙密和卫烈也都是官宦子弟。他们的父亲在洛阳做官，他们也在洛阳居住、成长。这些人相互交游，早于太和初年。或许从文帝定都洛阳开始，他们就已经相互熟识，为总角之交。因此，浮华交游在明帝朝出现，有一定的必然性。此后的曹魏西晋时代，洛阳地区类似的交游活动并未消失。官宦子弟交游结友，相互标榜的现

---

① 《三国志》卷九《魏书·曹爽传》注引《魏略》，第 290 页。
② 《三国志》卷九《魏书·曹爽传》注引《魏略》，第 288 页。
③ 《三国志》卷二《魏书·文帝纪》，第 76 页。

象屡见不鲜。浮华交游只是这一现象的开端。

二、正始玄学与士人交游

正始年间,何晏和夏侯玄等士人首倡玄学清谈之风。何晏是玄学名家,"好老庄言,作《道德论》及诸文赋著述凡数十篇"。①《三国志·夏侯玄传》裴松之注引《魏氏春秋》曰:"玄尝著《乐毅》《张良》及《本无》《肉刑论》,辞旨通远,咸传于世。"②诸葛诞、邓飏等人虽与夏侯玄交好,却不见有什么玄学著述,可知他们的学术旨趣与何、夏侯有一定差别。何晏对夏侯玄评价很高,称"唯深也,故能通天下之志,夏侯泰初是也",③可见他与夏侯玄志同道合。

何晏在正始年间依附曹爽,得到重用。他既有深厚的学养,又有权势,是名士清谈中的领袖人物。《何晏别传》云:"曹爽常大集名德,长幼莫不预会,及欲论道……既而清谈雅论,辩难纷纭,不觉诸生在坐。"《世说新语·文学》"简文称许掾"条,刘孝标注曰:"正始中,王弼、何晏好《庄》《老》玄胜之谈,而世遂贵焉。"④何晏清谈以《老子》和《庄子》的内容为主。史称:"魏正始中,何晏、王弼等祖述《老》《庄》,立论以为:'天地万物皆以无为本。无也者,开物成务,无往不存者也。阴阳恃以化生,万物恃以成形,贤者恃以成德,不肖恃以免身。故无之为用,无爵而贵矣。'"⑤有无和万物生成等问题,是当时清谈的

---

① 《三国志》卷九《魏书·曹爽传附何晏传》,第 292 页。
② 中华书局点校本作"《本无肉刑论》"。但"无"是魏晋玄学经常讨论的命题,"本无"和"肉刑"不会指同一篇文章,而是各自独立的两篇文章。夏侯玄写作了《本无论》和《肉刑论》,史家为记述方便,将其连称"本无、肉刑论"。《三国志》卷九《魏书·夏侯玄传》注引《魏氏春秋》,第 302 页。
③ 《三国志》卷九《魏书·曹爽传附何晏传》注引《魏氏春秋》,第 293 页。
④ 余嘉锡笺疏:《世说新语笺疏》卷上之下《文学》,第 310 页。
⑤ 《晋书》卷四三《王戎传附王衍传》,第 1236 页。

中心议题。夏侯玄撰写《本无论》，说明他关注的问题也与此相近。

正始年间，尽管何晏、邓飏、丁谧等人都在政治上依附曹爽，但他们的文化风貌不尽相同。邓飏虽与何晏交好，①但未见他探讨玄学问题的记载。史书说他"鬻声名于间阎"，②说明他擅长经营人际关系。《世说新语》刘孝标注引《管辂别传》曰："辂字公明，平原人也。明《周易》……冀州刺史裴徽举秀才，谓曰：'何、邓二尚书有经国才略，于物理无不精也。何尚书神明清彻，殆破秋豪，君当慎之。'"后来管辂到洛阳，"果为何尚书问，九事皆明"。虽然邓飏也出现在这则故事中，但就《周易》内容询问管辂的是何晏。③丁谧与何晏不和，"虽与何晏、邓飏等同位，而皆少之"。④何晏想用王弼做黄门侍郎，丁谧"与晏争衡，致高邑王黎于曹爽，爽用黎"。⑤他排斥何晏、王弼，不会加入他们的清谈交游。曹爽虽然经常召集文士清谈，但他似乎对玄学问题不感兴趣。王弼与曹爽会面，"与论道，移时无所他及，爽以此嗤之"。⑥何晏、王弼和夏侯玄谈玄论道，他们的学养与邓飏、丁谧等人不同。这种新学风在当时异军突起，习学之人尚且不多。邓飏、丁谧等人成长于汉末，丁谧"少不肯交游，但博观书传"。⑦汉魏之际，大部分文士所学"书传"，仍是传统的五经之学。正始年间，邓、丁年纪较长。他们所习之学，与何晏、夏侯玄所倡导的玄学新风有较大区别。他们难以融入玄学名士的清谈交游，是可以理解的。

---

① 《魏略》载"何晏选举不得人，颇由飏之不公忠，遂同其罪，盖由交友非其才"。《三国志》卷九《魏书·曹爽传》注引《魏略》，第288页。
② 《三国志》卷二一《魏书·傅嘏传》注引《傅子》，第623页。
③ 余嘉锡笺疏：《世说新语笺疏》卷中之下《规箴》，第653页。
④ 《三国志》卷九《魏书·曹爽传》注引《魏略》，第289页。
⑤ 《三国志》卷二八《魏书·钟会传》裴松之注，第795页。
⑥ 《三国志》卷二八《魏书·钟会传》裴松之注，第795页。
⑦ 《三国志》卷九《魏书·曹爽传》注引《魏略》，第289页。

　　据史书记载,曹魏中期的太学,"志学之士,遂复陵迟,而末求浮虚者各竞逐也"。①按此说法,当时的太学生不务学习,竞逐浮华交游。刘靖上疏曰:"自黄初以来,崇立太学二十余年,而寡有成者,盖由博士选轻,诸生避役,高门子弟,耻非其伦,故无学者。"他建议:"依遵古法,使二千石以上子孙,年从十五,皆入太学。明制黜陟荣辱之路……浮华交游,不禁自息矣。"②刘靖上疏的时间,是在黄初之后二十年,大约是正始年间。他认为如果改革太学制度,那么浮华交游就会停止,这等于将太学教育和浮华交游对立起来。刘靖建议二千石以上官员的子孙,年满十五岁者都要入学,说明此前许多官员子孙学习的场所不在太学。陈寅恪先生认为,汉代学校衰落之后,"学术中心移于家族,而家族复限于地域,故魏、晋、南北朝之学术、宗教皆与家族、地域两点不可分离"。③魏晋史书常记载父子之间的学术传承。王肃"为《尚书》《诗》《论语》《三礼》《左氏》解,及撰定父朗所作《易传》,皆列于学官"。④但除家学传承外,士人交游也是学术传播的重要途径。何晏、王弼等人经常坐而论道。鱼豢和刘靖所说的浮华交游,应该包括这类官宦子弟间的交往。

　　曹魏中期,一些年轻士人相互交游,探讨学术问题。他们是玄学新风的引领者。荀彧幼子荀粲有才学。何劭为荀粲作传,称"诸兄并以儒术论议,而粲独好言道",⑤似指荀粲的学术风格自幼便异于诸兄。但交游对荀粲学术风格的影响,同样是不可忽视的。太和初年,荀粲到京师,与傅嘏和夏侯玄都有交往。⑥据《世说新语》,夏侯

① 《三国志》卷一三《魏书·王朗传附王肃传》注引《魏略》,第421页。
② 《三国志》卷一五《魏书·刘馥传附子靖传》,第464页。
③ 陈寅恪:《隋唐制度渊源略论稿》,《陈寅恪集》,第20页。
④ 《三国志》卷一三《魏书·王朗传附王肃传》,第419页。
⑤ 《三国志》卷一〇《魏书·荀彧传》裴松之注,第319页。
⑥ 《三国志》卷一〇《魏书·荀彧传》裴松之注,第320页。

玄、何晏想与傅嘏交友，托荀粲从中说和，①说明荀粲与夏侯玄、何晏
关系甚佳。荀粲到洛阳，与夏侯玄等玄学名士交友，会对他的学术
风格产生影响。这应是他和诸位兄长学风不同的重要原因。②

　　何晏等人开创的新学风，对居住在洛阳的年轻士人影响很大。
王晓毅先生将晋初的玄学名士分为新老两代。他认为老玄学名士
"指正始时期受玄学影响的士人，如山涛、羊祜、裴秀、王戎、裴楷、王
浑诸名士……新玄学名士则是于魏后期成长起来的西晋新一代士
族青年，和峤、何劭、王济、羊琇是代表人物，他们使西晋王朝的政治
基础发生了玄学名士化换血过程"。③王先生所说的新玄学名士，可
能受到正始名士的影响。正始年间，王济、和峤、裴楷等名士大多十
余岁。何晏清谈时"长幼莫不预会"，其中很可能就有王济、裴楷等
人。裴楷之父裴徽与王弼交好，④裴楷参与何、王的清谈交游，是合
乎情理的。钟会自幼由母亲教授经书。十五岁时，其母"使入太学

①　余嘉锡笺疏：《世说新语笺疏》卷中之下《识鉴》，第 456 页。
②　荀粲生卒年不详。据何劭记载，荀粲死时二十九岁。荀彧死于建安十七年，荀粲
　　出生不应晚于建安十八年。他娶骠骑将军曹洪之女为妻。明帝即位后，任命曹洪
　　为后将军。据《魏书·明帝纪》，太和四年，骠骑将军司马懿升任大将军。曹洪任
　　骠骑将军很可能是在这一年。太和六年，曹洪去世。荀粲太和初年来洛阳，他与
　　曹洪之女成婚，很可能就在太和四年前后。史载荀粲"历年后，妇病亡……痛悼不
　　能已，岁余亦亡"。荀粲夫妻应该是在成婚多年后相继去世的。《中国哲学大辞
　　典》的编者推定荀粲生于公元 209 年，死于 238 年。古人记录年龄常用虚岁。若
　　真如《哲学大辞典》说，则荀粲死时三十岁，与何劭所记不合。但荀粲生于 210 年
　　前后，死于明帝末年，应该是符合事实的。太和初年，他来到洛阳之时，年龄应在
　　十八到二十岁，是读书的好年纪。王肃十八岁跟随宋忠读《太玄》，便是其例。荀
　　粲的学术风格，应该在很大程度上受到夏侯玄、何晏等人的影响。《三国志》卷一
　　〇《魏书·荀彧传》裴松之注，第 319—320 页；卷三《魏书·明帝纪》，第 97 页；卷
　　九《魏书·曹洪传》，第 278 页；卷一三《魏书·王肃传》，第 414 页。张岱年主编：
　　《中国哲学大辞典》，上海辞书出版社，2010 年，第 500 页。
③　王晓毅：《司马炎与西晋前期玄、儒的升降》，第 21 页。
④　《三国志》卷二八《魏书·钟会传》裴松之注，第 795 页。

问四方奇文异训。谓会曰：'学猥则倦，倦则意怠；吾惧汝之意怠，故以渐训汝，今可以独学矣。'"①这就意味着钟会主要的学习场所不再是家庭，而是学校和社会。此后，钟会的学术就是在自学与"问四方奇文异训"中逐渐精进的。钟会十五岁时，是明帝景初三年。这一年明帝去世，曹爽执政，何晏得到重用。他学到的奇文异训，包括何晏等人开创的玄学。史称"何晏以为圣人无喜怒哀乐，其论甚精，钟会等述之"。②钟会在何晏探讨的学术问题上用力颇多。这些年轻士人接触新学风，不一定意味着他们能取得何晏、王弼那样的学术成就。但他们对玄学命题感兴趣，说明这些新锐之士的文化风貌和年长一辈的士人有一定的差别。

自正始年间起，玄学清谈对士人交游越来越重要。唐长孺先生指出，清谈开始是以品评人物的清议为主，后来逐渐变为以有无、本末之辩为主。何晏是新旧之间的重要人物。③汉末名士多以道德标准择友，曹魏浮华交游的主要内容也是品评人物。正始玄学出现后，清谈交游的主要内容发生了很大变化。受何晏等人的影响，许多洛阳的年轻士人喜好玄谈。由此，玄学交游逐渐兴盛起来。司马氏掌权后，司马懿、司马师父子先后处决了何晏和夏侯玄，王弼也在高平陵之变后病故，但谈玄交游之风并未就此终止。裴楷、王戎等年轻一辈的玄学名士，在魏晋之际交游甚广，名声很大。这些玄学名士出身公卿高门，研习《老》《庄》，以清谈、著论酬答等方式交游结友。他们是魏晋之际官僚阶层的新鲜血液，对西晋一朝的士风有重要影响。

---

① 《三国志》卷二八《魏书·钟会传》裴松之注，第785页。
② 《三国志》卷二八《魏书·钟会传》裴松之注，第795页。
③ 唐长孺：《清谈与清议》，第283—285页。

三、钟会与曹魏后期的名士交游

钟会是司马氏集团的得力干将，也是曹魏后期的重要思想家。研究他的交游活动，能帮助我们认识曹魏后期的玄学交游。

史载钟会"弱冠与山阳王弼并知名"，但正始年间，钟会在学界中的地位不及王弼。他和王弼共谈，"论议以校练为家，然每服弼之高致"。何晏对王弼的评价是："若斯人者，可与言天人之际乎！"①王弼的论议有深度，得到了何晏的肯定。钟会的论议虽然精炼，但在深度上不如王弼。钟会总结何晏圣人无喜怒哀乐的论议，一方面说明他对何晏等人的学术感兴趣，另一方面说明他努力追随玄学新风。《三国志》记载钟会"博学精练名理，以夜续昼，由是获声誉"。②通过不懈努力，钟会的学术水平在一定范围内得到了认可。

司马氏执政后，钟会的政治地位逐渐提高，但他没有因此懈怠学术。史载他"尝论《易》无互体、才性同异"。③《世说新语·文学》曰："钟会撰《四本论》始毕，甚欲使嵇公一见。置怀中，既定，畏其难，怀不敢出，于户外遥掷，便回急走。"④这则故事或有不实成分，不过钟会确实对嵇康很敬畏。史称他"闻康名而造之。会，名公子，以才能贵幸，乘肥衣轻，宾从如云。康方箕踞而锻，会至，不为之礼。康问会曰：'何所闻而来？何所见而去？'会曰：'有所闻而来，有所见而去。'"⑤嵇康不礼钟会，终致杀身之祸。但钟会想得到嵇康的认可，也是事实。嵇康是名噪一时的大名士。若得嵇康赞赏，钟会的

① 《三国志》卷二八《魏书·钟会传》裴松之注，第795页。
② 《三国志》卷二八《魏书·钟会传》，第784页。
③ 《三国志》卷二八《魏书·钟会传》，第795页。
④ 余嘉锡笺疏：《世说新语笺疏》卷上之下《文学》，第230页。
⑤ 《三国志》卷二一《魏书·王粲传附阮瑀传》注引《魏氏春秋》，第606页。

名望就能有所提高。《世说新语·方正》曰:"夏侯玄既被桎梏,时钟毓为廷尉,钟会先不与玄相知,因便狎之。玄曰:'虽复刑余之人,未敢闻命!'"①将《文学》和《方正》这两条材料结合起来,可知钟会对结交名士甚为热心。

　　钟会和王戎、裴楷等年轻一辈的名士交往甚密。《世说新语·赏誉》曰:"钟士季目王安丰'阿戎了了解人意'。谓'裴公之谈,经日不竭'。"刘孝标注曰:"裴𫖯已见。"但钟会死时,裴𫖯尚未出生,刘注显然错误。后文云:"吏部郎阙,文帝问其人于钟会,会曰:'裴楷清通,王戎简要,皆其选也。'于是用裴。"②前引裴公当指裴楷。钟会推荐裴、王二人做吏部郎之事,也见于《晋书·裴楷传》。裴楷做司马昭相国掾,同样得益于钟会推荐。③钟会率军伐蜀,"过与戎别,问计将安出",④可见钟会与王戎关系亲密。《世说新语·赏誉》载:"武元夏目裴、王曰:'戎尚约,楷清通。'"⑤武元夏即武陔。在这条记载中,他对裴楷、王戎的评价,与钟会对二人的评价相同。所谓清通、简约之语,应出自钟会之口。史家多关注钟会与嵇康、阮籍等玄学人士的矛盾。⑥钟会与嵇、阮不合,的确不假。但另一方面,他试图得到名士接纳,努力融入玄学交游圈,亦属事实。

---

① 余嘉锡笺疏:《世说新语笺疏》卷中之上《方正》,第 338 页。
② 余嘉锡笺疏:《世说新语笺疏》卷中之下《赏誉》,第 496 页。
③ 《晋书》卷三五《裴秀传附裴楷传》,第 1047 页。
④ 《晋书》卷四三《王戎传》,第 1232 页。
⑤ 余嘉锡笺疏:《世说新语笺疏》卷中之下《赏誉》,第 505 页。
⑥ 史载钟会"数以时事问"阮籍,"欲因其可否而致之罪,(籍)皆以酣醉获免"。史称"属魏晋之际,天下多故,名士少有全者。籍由是不与世事,遂酣饮为常",他拒绝司马昭联姻的请求,"醉六十日,不得言而止"。这表明他不愿与权要人士牵涉过深。钟会是司马氏集团的核心人物,阮籍显然不愿与之结交。因此,钟会未与阮籍结交,而是尽力治阮氏之罪,也在情理之中。鲁迅先生对钟会与嵇、阮等玄学名士的关系有所阐发,其论可供参考。《晋书》卷四九《阮籍传》,第 1360 页;鲁迅:《魏晋风度及文章与药及酒之关系》,第 523—539 页。

司马氏完成禅代,主要依靠官僚士大夫群体的支持。除优待元老重臣外,司马氏集团也需补充新鲜血液。裴楷、王戎这样出身高贵的年轻名士,是司马昭重点拉拢的对象。司马昭执政期间,钟会担任司隶校尉。史家多关注钟会主司监察,为司马氏诛除异己。实际上,监察异己这一角色的可替代性很强,传统意义上的"酷吏"即可完成相关任务。司隶校尉管辖包括洛阳在内的京畿郡县,除负责监察外,还有荐举人才的职责。这也是稳定京畿人心的重要方面。司马师赏识山涛,"命司隶举(涛)秀才"。①司隶校尉有举荐人才之责,就需对辖区内的人才状况有一定的了解。许多年轻的玄学名士出身公卿世家,居于洛阳。与这些士人交游,需要具备相应的学术背景。司马氏集团中,像钟会这样精通三玄的士人不多。相比钟会、贾充、裴秀等司马氏心腹,既无玄学背景,也很少与玄学名士交游;傅嘏虽与玄学名士交往甚多,但他在司马昭执政后不久就去世了。因此,司马昭执政期间,钟会在司马氏集团中的作用比较突出。他既负责监察,又负责延揽人才,地位非常显要。

钟会深得司马昭重用,"由是有自矜色"。傅嘏告诫他:"子志大其量,而勋业难为也,可不慎哉!"②钟会是一个有政治野心的人。他结交名士,一方面是为司马氏延揽人才,另一方面,他也想借交游积累政治资本。裴楷品评钟会"如观武库,但睹矛戟"。③这一评价既反映出钟会才华横溢,也体现出他尖锐、锋芒毕露的性格特点。司马昭之妻王元姬说钟会"见利忘义,好为事端",④其说或有夸张之处。但结合时人的评价,可知钟会确非安分之辈。他在士人阶层中的人

---

① 《晋书》卷四三《山涛传》,第 1223 页。
② 《三国志》卷二一《魏书·傅嘏传》,第 627 页。
③ 余嘉锡笺疏:《世说新语笺疏》卷中之下《赏誉》,第 500 页。
④ 《晋书》卷三一《后妃上·文明王皇后传》,第 950 页。

脉网络,是他重要的政治资本。

伐蜀之役是钟会政治生涯的顶点,也是导致他身败名裂的转折点。据史书记载,钟会率军出发前,一些人认为他虽能取得军事上的成功,但最终无法全身而退。[1]王戎说钟会"非成功难,保之难也",[2]明确预测钟会将立下不世之功,但立功后自身难保。伐灭蜀汉时,钟会还不到四十岁,政治上升空间仍然很大。相比钟会,司马昭在学术文化方面造诣不深。我们没有看到司马昭参与名士交游的记载。钟会成功伐灭蜀汉,又陷害邓艾,独揽功劳。若他回朝,那么他的声望、地位都将有很大提高,对司马昭的地位构成威胁。钟会决定反叛,或许是因为他意识到了自己尴尬的处境。

曹魏后期,玄学交游对年轻一代的士人产生了很大影响。钟会努力追随玄学新风,对裴楷、王戎等年轻名士多有提携。这使他积累了政治资本,巩固了他在司马氏集团中的地位。不过这也使他与司马昭之间的关系发生了微妙变化。伐蜀之役的胜利后,钟会表面风光,实则尴尬,最终只能走上举兵谋叛的道路。

第二节 西晋玄学交游研究
——以王戎、王衍的交游圈为中心

本节以王戎、王衍的交游圈为中心,研究西晋的玄学交游。我将主要探讨玄学交游在西晋士人交游活动中的地位,以及玄学交游对名士政治发展的影响。

---

[1] 《晋书》卷四一《刘寔传》,第 1191 页。
[2] 《晋书》卷四三《王戎传》,第 1232 页。

一、玄学交游在西晋士林群体中的地位

曹魏的玄学交游,比较著名的有何晏、夏侯玄等正始名士的交游,以及以嵇康、阮籍为首的竹林之游。高平陵之变后,正始名士或被杀,或病故,他们的交游圈也分崩离析。竹林名士中,嵇康为司马昭所杀,阮籍饮酒酣醉,以图自保。司马氏掌权后,这些玄学名士并未对朝政产生重要影响。西晋建国后,裴楷、王戎等名士得到重用。他们对年轻士人有很大的影响力。裴楷"风神高迈,容仪俊爽,博涉群书,特精理义,时人谓之'玉人'"。他担任中书郎,"出入宫省,见者肃然改容"。①裴楷还提拔乐广等后进之士。王济"善于清言,修饰辞令,讽议将顺,朝臣莫能尚焉……仕进虽速,论者不以主婿之故,咸谓才能致之"。②玄学之士得到重用,会提升玄学交游在士林群体中的地位。

武帝任用山涛执掌选官。史称山涛"再居选职十有余年",主管此事的时间很长。史书说他"每一官缺,辄启拟数人,诏旨有所向,然后显奏,随帝意所欲为先",③似指他善于揣摩武帝的心思。武帝身边的玄学名士很多,他对王戎等玄学名士也甚为器重。因此,山涛执掌选官,或有利于玄学名士。贾充与山涛不合,但他也征辟乐广这样的玄学人士。玄学之士在武帝初年仕途顺利,会吸引越来越多的士人修习"三玄",参与玄学交游。王济与同郡孙楚交好,孙楚"多所陵傲,缺乡曲之誉"。王济做并州大中正,"状楚曰:'天才英博,亮拔不群。'"④孙楚是否有玄学素养,史书无载。但王济帮助孙

---

① 《晋书》卷三五《裴秀传附裴楷传》,第 1048 页。
② 《晋书》卷四二《王浑传附王济传》,第 1205 页。
③ 《晋书》卷四三《山涛传》,第 1225—1226 页。
④ 《晋书》卷五六《孙楚传》,第 1539、1543 页。

楚,说明与这些著名的玄学之士交游,能为士人的仕途发展带来好处。

玄学名士多好品评人物,这与汉末"清议"一脉相承。在品评人物时,玄学名士通常对那些与自己气类相通的士人予以好评。王衍将自己的兄弟和好友列为天下人士前三名,便是例证。史称王戎"有人伦鉴识,尝目山涛如璞玉浑金,人皆钦其宝,莫知名其器;王衍神姿高彻,如瑶林琼树,自然是风尘表物"。①这样的评价出自"有人伦鉴识"的王戎之口,容易为世人所接受。玄学名士在士林群体中有很大的话语权,他们的评价对士人的名声有很大影响。

曹魏西晋时代,玄学交游活动主要集中在京师。部分竹林名士曾追随嵇康,在河内山阳一带活动。《晋书·嵇康传》载:"(王)戎自言与康居山阳二十年,未尝见其喜愠之色。"②向秀是河内怀县人。他作《思旧赋》怀念嵇康,云:"济黄河以泛舟兮,经山阳之旧居。"史载他和嵇康、吕安共同"灌园于山阳"。③赵至也到山阳寻找嵇康。后来他在邺城与嵇康相遇,"随康还山阳"。④由此可知,嵇康长年住在山阳。他选择山阳为居所,应与其遁世的倾向有关。嵇康"尝采药游山泽,会其得意,忽焉忘反……至汲郡山中见孙登,康遂从之游"。⑤孙登是魏晋著名的隐士。从山阳到汲郡这一西南—东北走向的区域,位于太行山脚下。嵇康住在这里,并不是为了交游入仕,而是远离尘嚣,隐遁山泽。王戎说自己与嵇康共居山阳二十年,但他早年和父亲王浑定居洛阳。史载他们父子和阮籍交好,"(戎)年十五,随浑在郎舍。戎少籍二十岁,而籍与之交"。王戎还经常与阮籍

---

① 《晋书》卷四三《王戎传》,第 1235 页。

② 《晋书》卷四九《嵇康传》,第 1370 页。

③ 《晋书》卷四九《向秀传》,第 1374—1375 页。

④ 《晋书》卷九二《文苑·赵至传》,第 2377 页。

⑤ 《晋书》卷四九《嵇康传》,第 1370 页。

等人饮酒。①阮籍的主要仕宦经历也在洛阳。②这说明王戎早年主要在洛阳活动。他自称与稽康居山阳二十年，属夸张之辞。山阳距洛阳不远。从洛阳北部的孟津渡河，便能到达山阳所在的河内郡。稽康、王戎往返于山阳和洛阳，应非难事。稽康死后，向秀"应本郡计入洛"。西晋建国后，向秀担任散骑侍郎等官，在洛阳供职。③河内地区再未出现大规模的名士交游活动。因此，山阳成为竹林名士聚会之所，有一定的偶然性。若非稽康在此遁居，王戎等名士也不会在这里活动。此后西晋的玄学名士，主要居住和活动范围都在洛阳附近。

玄学名士集中在京师，能从侧面印证玄学交游在士林活动中的中心地位。玄学交游中的领袖和权威人士，多为朝廷高官。他们既有政治地位，又在士林群体中有很强的影响力。很多名士即使在政治斗争中失败被杀，他们的影响力也不会消失。和峤"慕舅夏侯玄之为人，厚自崇重"；④王戎"闻（乐）广为夏侯玄所赏，乃举为秀才"。⑤王衍等名士修习玄学，崇尚清谈，喜欢探讨天地有无、名教礼法等问题。这种文化风尚对士人群体有很强的吸引力。田余庆先生认为："按照晋代时尚，旧时儒学大族如果不转习玄风，一般是难于继续为世所重的。"⑥玄学风尚和名士风度，都为西晋的士林群体所重。

二、王戎、王衍的交游圈

王戎年少时与阮籍、稽康等名士交好，位列竹林七贤之一。稽

---

① 《晋书》卷四三《王戎传》，第 1231—1232 页。
② 《晋书》卷四九《阮籍传》，第 1360—1361 页。
③ 《晋书》卷四九《向秀传》，第 1375 页。
④ 《晋书》卷四五《和峤传》，第 1283 页。
⑤ 《晋书》卷四三《乐广传》，第 1243 页。
⑥ 田余庆：《东晋门阀政治》，北京大学出版社，2012 年，第 101 页。

康年长王戎十岁,阮籍年长王戎二十四岁。王戎说自己"竹林之游亦预其末"。①从年辈上看,他在竹林之游中的确"预其末"。王戎与王济等名士关系亲密。他提携从弟王衍,与裴頠、乐广等年轻一辈的玄学人士亦有交往。在曹魏西晋的玄学交游活动中,王戎是承上启下的人物。我将考察他和王衍的交游圈,研究王衍交游圈的成员和称号,探讨他们交游的方式与共同的文化价值取向。

王戎、王衍是从兄弟。他们的祖父王雄,是西晋开国"八公"之一——王祥的族人。王雄官至幽州刺史,他的长子王浑官至凉州刺史,王戎即王浑之子;王雄次子王乂官至平北将军,王衍是王乂之子。②戎、衍少年时长居洛阳。王戎"年六七岁,于宣武场观戏……魏明帝于阁上见而奇之"。王浑担任郎官,王戎跟随父亲,得遇阮籍。王衍"总角尝造山涛……年十四,时在京师,造仆射羊祜,申陈事状,辞甚清辩"。后来他的父亲去世,"送故甚厚,为亲识之所借贷,因以舍之。数年之间,家资罄尽,出就洛城西田园而居焉"。③《太平御览》卷八二四《资产部》引王隐《晋书》曰:"亲故借衍车马帷帐器物者,衍因与,不复录资财,尽出洛城西先人旧园田上。"④王衍居于洛阳城西的田园,还是把城西田园卖掉,唐修《晋书》与王隐《晋书》记载不一。但按王隐所说,洛阳城西田园是王衍祖产。唐修《晋书》所谓"出就",说明王衍家本在洛阳城内。王戎和王衍在洛阳生活,受到洛阳玄学的影响。王戎与竹林名士交游,已见前述。王衍"初好论从横之术,故尚书卢钦举为辽东太守。不就,于是口不论世事,唯雅咏玄

---

① 《晋书》卷四三《王戎传》,第 1235 页。
② 《三国志》卷二四《魏书·崔林传》裴松之注,第 679—680 页。
③ 《晋书》卷四三《王戎传附王衍传》,第 1235—1236 页。
④ 《太平御览》卷八二四《资产部四》,第 3672 页。

虚而已"。①战国纵横家以善于游说知名。王衍喜好纵横之术,使人联想到他后来长于清谈,"义理有所不安,随即改更,世号'口中雌黄'"。②他与王戎皆长于论辩,戎"善发谈端,赏其要会"。③据说王戎擅长谈论张良、季札之事,④张良以谋略闻名。王衍喜好纵横之术,长于清谈,或是受到王戎的影响。

《通典》卷三〇《职官》载:"晋王衍以名门超为太子舍人。"⑤魏晋时期,以太子舍人起家者很少。和逌做到吏部尚书,其子和峤"袭父爵上蔡伯,起家太子舍人"。⑥和峤有爵位,且其父官高,故他以太子舍人起家。王衍能"超为"太子舍人,家世出身是他最重要的资本。除此之外,他还得到了王戎的提携。戎年长衍二十余岁,仕途起步较早。太康年间,王戎做到吏部尚书,负责选官。王衍年少知名,"武帝闻其名,问戎曰:'夷甫当世谁比?'戎曰:'未见其比,当从古人中求之。'"⑦这相当于在武帝面前力荐王衍。王戎得武帝重视,又担任吏部尚书,他的推荐对王衍帮助很大。

与王衍交好的名士常以"四友"为称。有关王衍四友,史书记载不一。《世说新语·品藻》曰:"王大将军下,庾公问:'卿有四友,何者是?'答曰:'君家中郎,我家太尉,阿平,胡毋彦国。'"余嘉锡笺注引程炎震云:"《晋书·辅之传》以澄、敦、敳、辅之为王衍四友,盖各自标榜,不无异同也。"⑧《晋书·胡毋辅之传》曰:"与王澄、王敦、庾

① 《晋书》卷四三《王戎传附王衍传》,第 1236 页。
② 《晋书》卷四三《王戎传附王衍传》,第 1236 页。
③ 《晋书》卷四三《王戎传》,第 1232 页。
④ 《晋书》卷四三《王戎传》,第 1232 页;余嘉锡笺疏:《世说新语笺疏》卷上之上《言语》,第 100—101 页。
⑤ 《通典》卷三〇《职官十二》,第 827 页。
⑥ 《晋书》卷四五《和峤传》,第 1283 页。
⑦ 《晋书》卷四三《王戎传附王衍传》,第 1236 页。
⑧ 余嘉锡笺疏:《世说新语笺疏》卷中之下《品藻》,第 607 页。

敳俱为太尉王衍所昵,号曰四友。"①《晋书·王澄传》则称:"时王敦、谢鲲、庾敳、阮脩皆为衍所亲善,号为四友,而亦与澄狎,又有光逸、胡毋辅之等亦豫焉。"②有关王衍四友的记载不仅"不无异同",而且略显混乱,不过这种混乱能在一定程度上反映出王衍交游的真实情况。儒家经典中的四友,是孔子的四位友人。如果将孔子本人计算在内,则孔子的交游圈应有五人。王敦说他的四友有王衍、王澄、庾敳和胡毋辅之,这一交游圈实际有五人,与"孔子四友"情况相合。《世说新语》刘孝标注引《八王故事》曰:"胡毋辅之少有雅俗鉴识,与王澄、庾敳、王敦、王夷甫为四友。"③徐震堮说:"胡毋与四人合为五人,不当云四……引文疑有脱字。"④其说是。《八王故事》提及的五人,应有一中心人物,余下四人为其四友。结合《胡毋辅之传》和《王澄传》,这一中心人物应为王衍。王澄、王敦、胡毋辅之、庾敳、阮脩与谢鲲这六人,皆可列于王衍四友之中。由于四友只能有四人,所以王澄等六人不能全部位列其中。或许随着王衍交游场合的变化,四友的名单也会随之变化。但以上六人是王衍交游圈的核心人物,当无疑义。王衍将王澄、庾敳和王敦列为天下士人的前三位,说明他对这三人非常重视。

据胡毋辅之本传,辅之高祖胡毋班是汉代的执金吾。他的高祖至祖父之间数代,官职皆无记载。他们应该没有做官,或职位不高。辅之之父胡毋原"练习兵马,山涛称其才堪边任,举为太尉长史,终河南令"。胡毋辅之的出身不算显赫,但他仕途顺利。史称他"辟别驾、太尉掾,并不就。以家贫,求试守繁昌令……成都王颖为太弟,召为中庶子,遂与谢鲲、王澄、阮脩、王尼、毕卓俱为放达"。⑤他因家

① 《晋书》卷四九《胡毋辅之传》,第 1379 页。
② 《晋书》卷四三《王戎传附王衍传》,第 1239 页。
③ 余嘉锡笺疏:《世说新语笺疏》卷中之下《品藻》,第 607 页。
④ 徐震堮校笺:《世说新语校笺》卷中《品藻》,中华书局,1984 年,第 280 页。
⑤ 《晋书》卷四九《胡毋辅之传》,第 1379—1380 页。

贫而求为县令，得到允准。李密欲做京官而不得；胡毋辅之拒绝太尉府的征辟，主动要求做县令，还能官运亨通，做到太弟中庶子，并不寻常。当时王澄等名士为成都王颖效力。辅之与王衍、王澄兄弟交好，王澄称他为"后进领袖"。①我们有理由相信，胡毋辅之得到了王衍兄弟的提携和帮助。谢鲲祖父谢缵做到典农中郎将，其父谢衡官至国子祭酒。谢鲲"通简有高识，不修威仪，好《老》《易》……王衍、嵇绍并奇之"。②他是王衍交游圈的核心人物之一。田余庆先生认为谢鲲"由儒入玄"，谢鲲进入名士行列，是陈郡谢氏家族地位提升的重要标志。③不论是由儒入玄，还是成为名士，都需要得到当时上流士人的认可。跻身王衍的交游圈，是谢鲲得到这种认可的标志。

王澄等名士崇尚玄虚，史载："是时王澄、胡毋辅之等，皆亦任放为达，或至裸体者。（乐）广闻而笑曰：'名教内自有乐地，何必乃尔！'"④王晓毅先生将王衍交游圈中的名士称为贵"无"派。⑤但细观王衍、王澄等人，能发现他们的行为模式有一定差别。王澄、胡毋辅之等人好饮酒，经常酣醉终日，不问世事。王衍则少有饮酒酣醉之事。名士刘讷评价王衍"太鲜明"；⑥王澄说其兄"神锋太俊"；《世说新语·品藻》刘孝标注引《晋诸公赞》曰："夷甫性矜峻，少为同志所推。"⑦与很多玄学名士终日昏昏、"无可无不可"的形象不同，王衍棱角分明，个性突出。史称他"虽居宰辅之重，不以经国为念，而思自

---

① 《晋书》卷四九《胡毋辅之传》，第 1379 页。
② 《晋书》卷四九《谢鲲传》，第 1377 页。
③ 田余庆：《东晋门阀政治》，第 192—194 页。
④ 《晋书》卷四三《乐广传》，第 1245 页。
⑤ 王晓毅：《西晋贵无思想考辨》，第 45—55 页。
⑥ 《晋书》卷六九《刘隗传》，第 1841 页。
⑦ 余嘉锡笺疏：《世说新语笺疏》卷中之下《品藻》，第 610 页。

全之计……乃以弟澄为荆州，族弟敦为青州。因谓澄、敦曰：'荆州
有江汉之固，青州有负海之险，卿二人在外，而吾留此，足以为三窟
矣。'"①这说明他对权势和家族利益有一定追求。因此，他不会像王
澄那样整日酣醉，也不会像谢鲲那样"自处若秽"。②与王衍相似，王
敦也没有终日酣醉的记载。史称他"务自矫厉，雅尚清谈"。③他勤于
事功，精明能干，与王衍有一定的相似之处。

王戎年轻时与竹林名士交游，深受嵇康、阮籍等人的影响。阮
籍对王戎的影响尤其重要。王戎常和阮籍在一起饮酒、游乐。后来
他成为宰辅重臣，路过酒垆，说："吾昔与嵇叔夜、阮嗣宗酣畅于此，
竹林之游亦预其末。自嵇、阮云亡，吾便为时之所羁绁。今日视之
虽近，邈若山河！"④魏晋名士常把入仕做官看作"为时羁绁"，是因为
除世务外，他们还有精神层面的追求。王衍、王澄与胡毋辅之等人
都力争自己不被世事"羁绁"。王衍为石勒所杀，临死前说"吾曹虽
不如古人，向若不祖尚浮虚，勠力以匡天下，犹可不至今日"，⑤可见
他也承认自己"祖尚浮虚"。但与胡毋辅之等人"任放为达"不同，王
衍崇尚玄虚的主要方式是清谈。在世事之外，这些玄学名士追求
"无"的境界，只是他们追求这一境界的方式有所不同。

西晋建国之初，以武帝为首的统治集团颇有励精图治之气象。
《晋书·武帝纪》评价武帝："承魏氏奢侈刻弊之后，百姓思古之遗
风，乃厉以恭俭，敦以寡欲。有司尝奏御牛青丝纼断，诏以青麻代
之。"⑥《晋书·五行志》也说："武帝泰始初，衣服上俭下丰……此君

① 《晋书》卷四三《王戎传附王衍传》，第 1237—1238 页。
② 《晋书》卷四九《谢鲲传》，第 1377 页。
③ 《晋书》卷九八《王敦传》，第 2557 页。
④ 《晋书》卷四三《王戎传》，第 1232—1235 页。
⑤ 《晋书》卷四三《王戎传附王衍传》，第 1238 页。
⑥ 《晋书》卷三《武帝纪》，第 80 页。

衰弱,臣放纵,下掩上之象也。"①这段话记录了晋初社会的奢侈现象,但它也揭示出西晋官方厉行节俭的事实。贾充掌管尚书台,"务农节用,并官省职,帝善之"。②朝廷还查处数桩贪腐大案。当时吴国这一外患尚在,朝野上下仍有一定的危机感。齐王攸上表称:"而今草创,制度初立,虽庸蜀顺轨,吴犹未宾,宜俟清泰,乃议复古之制。"③按此说法,吴国未灭,天下就不能进入"清泰"的状态。尽管咸宁五年以前,西晋与吴国的大规模战事不多,但晋朝仍有备战之举。除王濬在巴蜀造战船外,武帝"欲平一江表。时谷贱而布帛贵,帝欲立平籴法,用布帛市谷,以为粮储"。④可见泰始、咸宁年间,由于天下尚未一统,统治阶层仍有整军备战、励精图治的意识。竹林名士刘伶"泰始初对策,盛言无为之化。时辈皆以高第得调,伶独以无用罢"。⑤在西晋初年万象更始、外患尚存的政治环境下,"无为之化"只能是一句空谈。

　　吴国平灭后,天下一统。就在孙皓投降的这一年三月,武帝改元太康。⑥据史籍记载,夏代国君名太康。但太康失国,使夏一度灭亡。⑦武帝改元,不会使用这位亡国之君的名字。古书中的"太"和"大"经常混用。太康亦即"大康"。贾谊说:"五岁小康,十岁一凶,三十岁而一大康,盖曰大数也。"⑧可见大康是指比小康更繁荣的社会状态。《诗经·卷阿》"民亦劳止,汔可小康,惠此中国,以绥四

---

① 《晋书》卷二七《五行志上》,第 823 页。
② 《晋书》卷四〇《贾充传》,第 1167 页。
③ 《晋书》卷三八《齐王攸传》,第 1131 页。
④ 《晋书》卷二六《食货志》,第 786 页。
⑤ 《晋书》卷四九《刘伶传》,第 1376 页。
⑥ 《晋书》卷三《武帝纪》,第 71 页。
⑦ 《史记》卷二《夏本纪》,第 85 页。
⑧ 阎振益、钟夏校注:《新书校注》卷三,中华书局,2000 年,第 124 页。

方",郑玄笺曰:"康、绥,皆安也……今周民罢劳矣,王几可以小安之乎？爱京师之人以安天下。"①小康既为小安,那么大康的意思就是大安。刘向《新序》曰:"昔者唐虞,崇举九贤,布之于位而海内大康,要荒来宾,麟凤在郊。"②刘向认为尧舜治天下,达到了"海内大康"的水平。太康年号的使用,说明西晋官方认为天下已近大安。太康年间,西晋的确出现了盛世景象。《晋书·食货志》载:"既平孙晧,纳百万而罄三吴之资,接千年而总西蜀之用,韬干戈于府库,破舟船于江壑,河滨海岸,三丘八薮,未椊之所不至者,人皆受焉。"③可见太康以后,天下大安,政治环境已与西晋开国之初有了很大不同。

由于天下一统,海内安定,所以太康年间,武帝"诏天下罢军役,示海内大安,州郡悉去兵"。④王晓毅先生指出,这是武帝为达到"太平"的社会理想所采取的"无为"举措。⑤这种社会环境,使玄学有了进一步发展、传播的空间。王衍重视何晏、王弼"以无为本"的学说。⑥《老子》第十七章"悠兮其贵言。功成事遂,百姓皆谓我自然",王弼注曰:"自然,其端兆不可得而见也……居无为之事,行不言之教,不以形立物,故功成事遂,而百姓不知其所以然也。"⑦王弼贵"无",崇尚无为之政。这种学说在太康年间更易为士人接受。《文选·晋纪总论》李善注引干宝《晋纪》载刘弘曰:"太康以来,天下共尚无为,贵谈《庄》《老》,少有说事。"⑧刘弘明确指出,西晋玄学无为

---

① 《毛诗注疏》卷一七《大雅·卷阿》,第630页。
② 赵善诒疏证:《新序疏证》卷二《杂事》,华东师范大学出版社,1989年,第29页。
③ 《晋书》卷二六《食货志》,第783页。
④ 《晋书》卷四三《山涛传》,第1227页。
⑤ 王晓毅:《司马炎与西晋前期玄、儒的升降》,第28页。
⑥ 《晋书》卷四三《王戎传附王衍传》,第1236页。
⑦ 楼宇烈校释:《老子道德经注校释》,中华书局,2008年,第40—41页。
⑧ 《文选》卷四九《史论上》李善注引干宝《晋纪》,第2186页。

之说,是在太康年间走向兴盛的。

　　王衍交游圈中的名士,多成长于太康年间。王澄死于永嘉末年,详见下论。他终年四十四岁,[1]则他生于泰始五年前后。胡毋辅之死于东晋初年,卒年四十九岁。[2]阮脩死于永嘉末年,终年四十二岁。[3]王敦死于太宁二年(324),卒年五十九岁,[4]则他生于泰始二年。可见王澄、王敦、胡毋辅之和阮脩年龄相仿。太康初年,他们的年龄在十岁左右。这与正始年间,裴楷、王济等人的年龄相近。庾敳与王衍一同被害,终年五十岁,[5]则他生于魏景元三年(262),年龄略长于王澄、王敦等人。太康初年,庾敳不到二十岁。当时裴楷、王戎身居高位,王衍、乐广也步入仕途,他们是玄学的领袖人物。庾敳、王澄等年轻一辈的士人,易受他们的影响,受到玄学之风的熏陶。至于王衍交游圈的另一成员谢鲲,本传载他卒年四十三岁。[6]据其墓志,他下葬于太宁元年十一月,[7]则他生于太康二年(281),是王衍交游好友中最年轻的一位。他也是在玄学兴盛时代成长起来的名士。

　　裴頠著《崇有论》,反对尚“无”的观点。史称其论著成后,“王衍之徒攻难交至”,说明崇“有”之论主要针对的就是王衍、王澄等人。裴氏指出:“欲衍则速患,情佚则怨博,擅恣则兴攻,专利则延寇,可谓以厚生而失生者也。”正是因为对欲望、利益的过度追求,使人难

---

① 《晋书》卷四三《王戎传附王澄传》,第 1241 页。
② 《晋书》卷四九《胡毋辅之传》,第 1380 页。
③ 《晋书》卷四九《阮籍传附阮脩传》,第 1367 页。
④ 《晋书》卷九八《王敦传》,第 2565 页。
⑤ 《晋书》卷五〇《庾峻传附庾敳传》,第 1396 页。
⑥ 《晋书》卷四九《谢鲲传》,第 1379 页。
⑦ 南京市文物保管委员会:《南京戚家山东晋谢鲲墓简报》,《文物》1965 年第 6 期,第 34 页。

免祸患,故"悠悠之徒,骇乎若兹之衅,而寻艰争所缘。察夫偏质有弊,而睹简损之善,遂阐贵无之议,而建贱有之论"。①裴頠对于贵"无"之说持反对态度,姑置不论;他认为贵"无"者的初衷,是反对"艰争所缘",崇尚"简损之善",应当是符合事实的。

自曹魏以来,官僚贵族奢侈、聚敛成风。《晋书·食货志》载平吴之后,"王君夫、武子、石崇等更相夸尚,舆服鼎俎之盛,连衡帝室,布金埒之泉,粉珊瑚之树"。②太康年间,王济在洛阳"买地为马埒,编钱满之,时人谓之'金沟'"。③石崇、任恺斗富的故事也非常有名。在这种世风之下,一些士人以清廉形象示人,为自己赢得良好声名。曹魏胡质死后"家无余财,惟有赐衣书箧而已",朝廷下诏"褒述质清行,赐其家钱谷"。胡质做荆州刺史,其子胡威从京师看望父亲,"临辞,质赐绢一匹,为道路粮。威跪曰:'大人清白,不审于何得此绢?'质曰:'是吾俸禄之余,故以为汝粮耳。'"西晋建国后,武帝召见胡威,"叹其父清",胡威说:"臣父清恐人知,臣清恐人不知,是臣不如者远也。"胡威之弟胡罴、胡威之子胡奕,"并以洁行垂名"。④但正如一些宗王故作节俭一样,胡氏父子此举,有矫揉造作之嫌。刘知幾论曰:"古人谓方牧为二千石者,以其禄有二千石故也。名以定体,贵实甚焉……公孙弘位至三公,而卧布被,食脱粟饭。汲黯所谓齐人多诈者是也。安知胡威之徒其俭亦皆如此,而史臣不详厥理,直谓清白当然,缪矣哉!"⑤魏晋时期,很多以清俭闻名的人,或是故作清廉的姿态。

---

① 《晋书》卷三五《裴秀传附裴頠传》,第1044—1047页。
② 《晋书》卷二六《食货志》,第783页。
③ 《晋书》卷四二《王浑传附王济传》,第1206页。
④ 《三国志》卷二七《魏书·胡质传》,《胡质传》注引《晋阳秋》,第743页。
⑤ 浦起龙释:《史通通释》卷二〇《暗惑》,上海古籍出版社,1978年,下册,第583页。

　　王衍等名士常对财富和官位表现出得失随意的态度。王衍"口未尝言钱",其妻以钱绕床,"衍晨起见钱,谓婢曰:'举阿堵物却。'"[1]王敦称赞王衍"处众中,如珠玉在瓦石间"。[2]这不仅是对王衍外貌的评价,也是对其道德品质的赞扬。史称王敦"务自矫厉,雅尚清谈,口不言财色"。[3]庾敳"性俭家富,说(司马)越令就换钱千万,冀其有吝,因此可乘"。后来东海王越向庾敳询问此事,敳"颓然已醉……徐答云:'下官家有二千万,随公所取矣。'"[4]他们表面上不以钱财和官职进退为意。谢鲲为东海王越太傅掾,因事罢职,"名士王玄、阮脩之徒,并以鲲初登宰府,便至黜辱,为之叹恨。鲲闻之,方清歌鼓琴,不以屑意,莫不服其远畅,而恬于荣辱"。不久之后,司马越再次征谢鲲为参军事。[5]谢鲲固然有放达不羁的一面,但他身负盛名,是东海王越拉拢的对象,所以他不必在意一官一职的得失。王衍、庾敳等人表面上不以钱财为意,但实际上,庾敳"聚敛积实,谈者讥之"。[6]王敦自青州还洛,"悉以公主时侍婢百余人配给将士,金银宝物散之于众"。[7]他娶晋武帝之女,联姻帝室,资用不乏。王衍"口不言财色",难免让人有"齐人多诈"之讥。正如王隐所说,王衍"求富贵得富贵,资财山积,用不能消,安须问钱乎? 而世以不问为高,不亦惑乎"。[8]他们"恬于荣辱",并不令人意外。

　　王衍等名士鄙薄那些积极谋求晋升的人。庾敳本与郭象交好,

① 《晋书》卷四三《王戎传附王衍传》,第 1237 页。
② 《晋书》卷四三《王戎传附王衍传》,第 1238 页。
③ 《晋书》卷九八《王敦传》,第 2557 页。
④ 《晋书》卷五〇《庾峻传附庾敳传》,第 1396 页。
⑤ 《晋书》卷四九《谢鲲传》,第 1377 页。
⑥ 《晋书》卷五〇《庾峻传附庾敳传》,第 1396 页。
⑦ 《晋书》卷九八《王敦传》,第 2554 页。
⑧ 余嘉锡笺疏:《世说新语笺疏》卷中之下《规箴》,第 658 页。

"每曰:'郭子玄何必减庾子嵩。'"后来郭象担任太傅主簿,"任事专势。敳谓象曰:'卿自是当世大才,我畴昔之意都已尽矣。'"①郭象本传云:"东海王越引为太傅主簿,甚见亲委,遂任职当权,熏灼内外,由是素论去之。"②所谓"素论去之",说明当时疏远郭象的,不只庾敳一人。阮脩与张伟交好,伟"自隐于屠钓,脩爱其才美,而知其不真。伟后为黄门郎、陈留内史,果以世事受累"。阮脩知张伟"不真",指的是张伟并不真心安于隐居生活。张伟"以世事受累",但阮脩也未能免俗。他家境贫困,王敦"为鸿胪卿,谓脩曰:'卿常无食,鸿胪丞差有禄,能作不?'脩曰:'亦复可尔耳!'遂为之"。③阮脩虽贫,但他脱贫的难度也不高,可谓"求富贵得富贵"。他们能作出恬于荣辱的姿态,并不奇怪。

三、"东奔西走"——两晋之际玄学名士的政治抉择

八王之乱以东海王越胜利而告终。东海王越是高密王泰之子,他们父子是宗室中的佼佼者。但高密王泰是司马懿之侄,正如田余庆先生所说,"司马越并不具备皇室近属的名分,号召力有限。因此他力求联络关东的士族名士,利用他们的社会地位和实际力量来支撑自己的统治"。④东海王越执政时,西晋前期的名士,如王济、和峤、张华、裴楷、裴頠、乐广、王戎等皆已去世。在世的名士中,王衍的政治资历最深,名望最隆。他在贾后执政时已担任领军将军,又早负盛名。王戎、裴楷等老一代名士死后,王衍就成为洛中名士的领袖。此前赵王伦一度篡位,但不得朝臣拥护。他的亲信孙秀等人口碑不

---

① 《晋书》卷五〇《庾峻传附庾敳传》,第 1396 页。
② 《晋书》卷五〇《郭象传》,第 1397 页。
③ 《晋书》卷四九《阮籍传附阮脩传》,第 1366—1367 页。
④ 田余庆:《东晋门阀政治》,第 8 页。

佳。东海王越想巩固统治，就要吸取赵王伦的教训，拉拢名士以为己用。重用王衍，是其必然选择。

司马越利用王衍的交游网络征辟名士，王衍也将自己的友人推荐给司马越。东海王越任命王澄为司空长史。谢鲲、王敦、庾敳等王衍、王澄兄弟的友人，皆为司马越所用。王衍向司马越推荐王澄为荆州刺史，王敦为青州刺史。谢鲲做东海王越太傅掾。庾敳"参东海王越太傅军事，转军谘祭酒"。①阮脩做过司马越太傅行参军。②胡毋辅之为东海王越所辟，"引为从事中郎……寻除宁远将军、扬州刺史，不之职，越复以为右司马、本州大中正"。③除这些与王衍关系亲密的人之外，一些王衍交游圈中的边缘人物也进入东海王越幕府。王导早年和王衍相识。但他不在王衍"四友"之中，说明他只是这个交游圈的边缘人物。他也在东海王越的幕府中供职，任参军事。④田余庆先生认为，王导在东海王越府任职的经历，是后来东晋"王与马，共天下"局面形成的关键。⑤以上事例说明，东海王越任用、征辟王衍交游圈中的名士，是他与王衍合作的主要方式。

怀帝在位期间，北方战乱频仍，许多士人离京逃难。司马越府中的名士，大多避难江左。他们有的直接进入琅邪王睿幕府；有的途经豫章，成为镇守豫章的王敦属下。谢鲲"以时方多故，乃谢病去职，避地于豫章"，后"左将军王敦引为长史"。⑥很多名士从荆州避难，投奔王敦。卫玠在洛阳，为王澄推重。后来他经江夏至豫章，"是时大将军王敦镇豫章，长史谢鲲先雅重玠，相见欣然，言论弥

---

① 《晋书》卷五〇《庾峻传附庾敳传》，第 1396 页。
② 《晋书》卷四九《阮籍传附阮脩传》，第 1367 页。
③ 《晋书》卷四九《胡毋辅之传》，第 1380 页。
④ 《晋书》卷六五《王导传》，第 1745 页。
⑤ 田余庆：《东晋门阀政治》，第 6—16 页。
⑥ 《晋书》卷四九《谢鲲传》，第 1377 页。

日"。王敦也很看重卫玠，但卫玠"以王敦豪爽不群，而好居物上，恐非国之忠臣，求向建邺"。①对于南渡士人而言，王敦所在的豫章和司马睿所在的建邺，都是他们可以选择的避难之所。当时掌管中游军事的是王敦，在建邺主政的是王导，王氏兄弟是这些名士的故友。王敦和王导对名士比较礼重，江左政权也授予他们官职。胡毋辅之"避乱渡江，元帝以为安东将军谘议祭酒"，②光逸也随辅之渡江。田余庆先生认为，江左的司马睿政权是司马越幕府的分支，"麇集江左的这一集团是洛阳朝廷事实上的继承者"。这些南渡士人大多来自关东地区。出身陇西的阎鼎就西行关中，拥立晋愍帝。关东、关西的畛域之分，是影响政局的重要因素。③我认为除地域等因素外，交游也是这些名士选择避难之所的重要因素。西晋名士中，本籍关中者很少。杜预是关中京兆人，他是武帝心腹、灭吴功臣。其子杜锡官至尚书左丞，是洛中名士。杜锡之子杜乂南渡江左，史书称他"性纯和，美姿容，有盛名于江左"。桓彝将他与卫玠相提并论。④杜乂之妻是王衍外孙女、西晋名士裴遐之女。⑤杜乂早死，裴氏抚养孤女。此女后来嫁给晋成帝，为成帝皇后。杜预一家在洛阳士人中名望较高。杜乂娶王衍外孙女，与玄学名士早有往来，所以他们选择南渡，而非西行。

西晋末年，关东、关西士人之间，有一次比较大的冲突。正是这次冲突，造成了田先生所说关东、关西人士的分裂。洛阳失守后，秦王出奔密县，"司空荀藩、藩弟司隶校尉组……在密县建立行台，以密近贼，南趣许颍"。天水阎鼎在密县鸠集数千西州流民，行台诸人

---

① 《晋书》卷三六《卫瓘传附卫玠传》，第 1067—1068 页。
② 《晋书》卷四九《胡毋辅之传》，第 1380 页。
③ 田余庆：《东晋门阀政治》，第 15—16 页。
④ 《晋书》卷九三《外戚·杜乂传》，第 2414 页。
⑤ 《晋书》卷三二《后妃下·成恭杜皇后传》，第 974 页。

"金以鼎有才用,且手握强兵,劝藩假鼎冠军将军、豫州刺史"。阎鼎"因西土人思归,欲立功乡里",于是他与西州流民谋划,拥戴秦王至长安。但荀藩等关东人士不愿前往关中,纷纷逃散。阎鼎杀中书令李晅等人,拥秦王西行。①观此事本末,可知阎鼎之所以在许颍行台中有强势地位,是因为他手下统领数千西州流民,拥有相对强大的武装力量。他与手下的流民想要返乡,荀藩等人难以阻挡。

秦王入关前,镇守关中的东海王越之弟、南阳王模被匈奴刘粲击杀。在关西豪强索綝、贾疋等势力的夹攻下,刘汉政权暂时退出关中。此时的关中,为索綝等地方军阀所控制。与京兆杜氏不同,索綝等人在西晋政权中地位不高,与名士交游不多。他们主要依靠的,仍是关西的乡党势力。索綝是敦煌人。其父索靖,太安年间为河间王颙属下。河间王攻打洛阳,索靖"领雍、秦、凉义兵,与贼战"。他曾"行见姑臧城南石地,曰:'此后当起宫殿。'至张骏,于其地立南城,起宗庙,建宫殿焉"。②索靖认为姑臧将有宫殿,也就意味着河西将出现割据政权。他或已预料到天下将乱。因此,这些关右豪族会有意经营乡党势力。索靖父子的军事实力,就得益于索氏家族在关陇地区的长期经营。贾疋是曹魏开国功臣贾诩曾孙。史书说他"少有志略,器望甚伟,见之者莫不悦附,特为武夫之所瞻仰,愿为致命"。③他的形象与文质彬彬的洛中名士有很大差别,更像一个地方乡豪。

荀藩等关东名士,对军阀掌控的关西政权并不买账。首先,索綝等关西士人,在洛阳士人群体中地位不高。荀藩等关东士人,则多为士林群体中的知名人物。他们之间交游甚少。像贾疋这样的

---

① 《晋书》卷六〇《阎鼎传》,第 1646—1647 页。

② 《晋书》卷六〇《索靖传》,第 1648—1650 页。

③ 《晋书》卷六〇《贾疋传》,第 1652 页。

"武夫",很难得到名士赏识。关东士人在关中缺乏熟识的人脉网络,西行入关,会使他们缺乏安全感。其次,关西豪族曾劫掠洛阳,洛阳朝士对他们少有好感。惠帝在位时,河间王颙派张方讨伐长沙王乂。长沙王死,张方"大掠洛中官私奴婢万余人,而西还长安"。后来河间王又派张方劫惠帝入关,"兵士暴掠,发哀献皇女墓"。①尽管张方是河间人,但他所统之兵多为关西人。索靖就在讨伐长沙王乂的战争中战死,②索綝也参与了劫惠帝入关的军事行动。③为使惠帝入关,张方等人"逼帝幸其垒,掠府库,将焚宫庙以绝众心。卢志谏,乃止"。④关西军的作为,令洛阳朝士心有余悸。惠帝西迁关中,王戎出奔郏县,最终死在那里。⑤荀藩、华恒等洛阳朝士,若随阎鼎和秦王西赴关中,就等于落入关西豪强的控制之下,这是他们不能接受的。

两晋之际,洛阳名士大多避难江左。关中离洛阳很近,但这些名士在关右缺乏熟识的人脉网络。相比关右、河西,江左是他们更合适的去处。司马睿倚仗王氏兄弟,也礼重名士。这些名士与王衍交好,又曾供职于司马越府中,司马睿征辟他们,更能证明自己是东海王越权力的继承者,强化自己的合法性。

四、玄学交游中的竞争与冲突——王敦杀王澄史事考

王澄是王衍亲弟,王敦是王衍族弟。他们既有交游之谊,又是同族兄弟。后人从家族或文化风尚的角度研究历史,易将王澄和王

---

① 《晋书》卷六〇《张方传》,第 1644—1645 页。
② 《晋书》卷六〇《索靖传》,第 1648 页。
③ 《晋书》卷六〇《索靖传附索綝传》,第 1650 页。
④ 《晋书》卷五九《河间王颙传》,第 1621 页。
⑤ 《晋书》卷四三《王戎传》,第 1235 页。

敦视作政治上的同盟。但实际上，王澄与王敦结怨甚深，最终死于王敦之手。二人在交游活动中的竞争和矛盾，是他们交恶的主要原因。这也凸显出交游关系的复杂性。

王敦杀王澄，是在王澄卸任荆州刺史之后。研究王澄在两晋之际的活动，首先要考察他出任荆州刺史的背景。西晋末年，王衍为壮大家族势力，提出"三窟"之计，让王敦担任青州刺史，王澄任荆州刺史，王衍自居中枢。细读史书，能发现王澄主政荆州，或许不只是王衍单方面的意愿。

王澄本传云："惠帝末，衍白越以澄为荆州刺史、持节、都督，领南蛮校尉。"①此处的"都督"，似指都督荆州诸军事，但王澄从未担任这一职务。据王澄本传，惠帝朝后期，他任成都王颖从事中郎，"及颖败，东海王越请为司空长史。以迎大驾勋，封南乡侯"。②他赴任荆州，当在成都王颖兵败、东海王越迎惠帝回洛阳之后。据《惠帝纪》，惠帝返回洛阳，在光熙元年（306）六月。③这年十一月，惠帝去世，怀帝即位。次年，即永嘉元年（307）三月，东海王之弟、高密王司马简出任征南大将军、都督荆州诸军事，镇守襄阳。④王澄出任荆州刺史，当与高密王简出镇荆州时间相近。

在司马简和王澄赴任前，荆州的军政长官是刘弘。他本是南蛮校尉、荆州刺史。当时担任都督荆州诸军事的是新野王歆。张昌在荆州作乱，击杀司马歆，朝廷"以弘代为镇南将军、都督荆州诸军事，余官如故"。"余官如故"说明刘弘仍任荆州刺史。他指挥手下将领陶侃等人征讨张昌，最终平息叛乱。刘弘独掌荆州，"专督江汉，威

---

① 《晋书》卷四三《王戎传附王澄传》，第 1239 页。
② 《晋书》卷四三《王戎传附王澄传》，第 1239 页。
③ 《晋书》卷四《惠帝纪》，第 107 页。
④ 《晋书》卷五《孝怀帝纪》，第 116 页。

行南服"，①势力强大。东海王越对刘弘甚为忌惮，史称司马越"疑弘与刘乔贰于己，虽下节度，心未能安"。②怀帝即位后，司马越出镇许昌。荆州北接许昌所在的豫州，对拱卫京师、保障司马越的执政地位非常重要。刘弘独掌荆州，难免执政者猜忌。他死后，荆州地区的军政长官出现空缺。为防止荆州成为一个不受自己控制的大军镇，司马越有必要限制荆州军政长官的权力。都督、刺史各有职掌，刘弘兼此二职，本就是乱局之下的权宜之计。当时的荆州流民众多，叛乱频发，荆州军政长官事务繁重。继续由同一人兼任都督和刺史，也难以胜任。恢复都督、刺史分治的局面，是很有必要的。

高密王简是司马越亲弟。他出任荆州都督，比较合适。新任荆州刺史需要配合高密王。王衍提议王澄担任这一职务，或许正中司马越下怀。王澄是王衍亲弟，司马越与王衍是政治上的同盟。王澄执掌荆州政务，不仅能让司马越感到安心，也能强化他和王衍的合作关系。王衍推荐王澄，说明他也想抓住这次与司马越合作的机会。田余庆先生认为，江左琅邪王睿与王导掌控的政权，是由司马越、王衍势力派生出来的，是王、马合作的产物。③高密王简与王澄分掌荆州军政，同样是王、马合作的产物。只是高密王简于永嘉三年去世，荆州王、马合作时间短暂。在两晋之际政权南移的历史进程中，司马简、王澄发挥的作用极其有限，因此这段历史并不为后人所熟知。

永嘉年间，王澄遭蜀地流民杜弢等势力的攻击，进退失所。他不能稳定荆州政局，大失众望。据王澄本传，司马睿召王澄为军谘

① 《晋书》卷六六《刘弘传》，第1763—1766页。
② 《晋书》卷六六《刘弘传》，第1767页。
③ 田余庆：《东晋门阀政治》，第12页。

祭酒，王澄从荆州赴任，途经江州。当时主导江州军政的是王敦，澄"素为敦所惮，澄犹以旧意侮敦。敦益忿怒"，为王敦所杀。[1]一些史料显示，王敦对王澄名望高于自己颇为不服。东晋建国后，王敦率军东下。《世说新语·品藻》曰：

> 王大将军下，庾公问："卿有四友，何者是？"答曰："君家中郎，我家太尉、阿平，胡毋彦国。阿平故当最劣。"庾曰："似未肯劣。"庾又问："何者居其右？"王曰："自有人。"又问："何者是？"王曰："噫！其自有公论。"

刘孝标注曰："敦自谓右者在己也。"[2]王敦不肯承认王衍或王澄为四友之首，而欲将此评价归于自己，说明他很在意四友的排名。可以想见，王衍说王澄天下第一，让王敦心生嫉妒，引发他的强烈不满。王敦杀王澄，两人之间的恩怨似是主要原因。但事实可能并不这样简单。

王敦、王澄都是王衍四友的成员。他们应当有共同的文化旨趣。据《世说新语·赏誉》："王敦为大将军，镇豫章。卫玠避乱，从洛投敦，相见欣然，谈话弥日。于时谢鲲为长史，敦谓鲲曰：'不意永嘉之中，复闻正始之音。阿平若在，当复绝倒。'"[3]但《晋书·卫玠传》载王敦之语曰："……不意永嘉之末，复闻正始之音，何平叔若在，当复绝倒。"[4]按《晋书》，王敦所谓绝倒之人并非王澄，而是何晏。《赏誉》篇刘孝标注引《卫玠别传》载王敦之语云："阿平若在，当复绝倒。"[5]《卫玠传》云："琅邪王澄有高名，少所推服，每闻玠言，辄叹息

---

① 《晋书》卷四三《王戎传附王澄传》，第 1241 页。

② 余嘉锡笺疏：《世说新语笺疏》卷中之下《品藻》，第 607 页。

③ 余嘉锡笺疏：《世说新语笺疏》卷中之下《赏誉》，第 533 页。

④ 《晋书》卷三六《卫瓘传附卫玠传》，第 1067 页。

⑤ 余嘉锡笺疏：《世说新语笺疏》卷中之下《赏誉》，第 533 页。

绝倒。故时人为之语曰：'卫玠谈道，平子绝倒。'"①王敦口中为卫玠"绝倒"者并非何晏，而是王澄。何晏字平叔，与王澄之字相似，故后人将两人相混。从这则故事来看，王敦没有回避王澄。他和王澄的关系，似乎并未恶劣到互不相容的地步。前引《世说新语·品藻》篇庾亮问王敦四友之事，余嘉锡笺注引李慈铭云："案下者下都也。王敦镇武昌，在上流，故以至建业为下。"②王敦攻击建康之时，王澄已死亡多年。王敦提及四友，不回避王澄，说明二人确有一定交情。王澄死后，他一手提拔的亲信郭舒为王敦效力。史称"敦谋为逆，舒谏不从，使守武昌……（王）廙疑舒与甘卓同谋，密以白敦，敦不受……敦重舒公亮，给赐转丰，数诣其家。表为梁州刺史"。③尽管郭舒是王澄的亲信，但王敦并未猜忌郭舒，而是对其信任有加。既然如此，为何王敦要在江左草创之时，杀掉自己家族的重要成员王澄，就有必要进行深入讨论了。

王澄被杀的时间，《晋书》纪、传皆无载。《资治通鉴》将此事系于永嘉六年。④考王澄本传，蜀地流民进入荆州，王澄措置不当，导致"益梁流人四五万家一时俱反，推杜弢为主，南破零桂，东掠武昌，败王机于巴陵"。王澄不作为，"但与（王）机日夜纵酒，投壶博戏……望实虽损，犹傲然自得"。⑤后来他征讨杜弢，又遭内乱，被迫离开驻地江陵。据《晋书·孝怀帝纪》，杜弢在长沙起事的时间，是永嘉五年正月。⑥中华书局点校本《孝怀帝纪·校勘记》曰："《杜弢传》叙此事与《纪》文不同，杜弢既非流人，入长沙又在五月。《通鉴》述此事

① 《晋书》卷三六《卫瓘传附卫玠传》，第 1067 页。
② 余嘉锡笺疏：《世说新语笺疏》卷中之下《品藻》，第 607 页。
③ 《晋书》卷四三《王戎传附王澄传》，第 1242—1243 页。
④ 《资治通鉴》卷八八晋怀帝永嘉六年，中华书局，1956 年，第 2789 页。
⑤ 《晋书》卷四三《王戎传附王澄传》，第 1240 页。
⑥ 《晋书》卷五《孝怀帝纪》，第 122 页。

本《杜弢传》,当以《传》为确。"①《通鉴》将杜弢起事系于正月,将杜弢破长沙、擒苟眺系于五月。②据《晋书·杜弢传》,杜弢在巴蜀流民汝班、塞硕等人的推戴下,"自称梁益二州牧、平难将军、湘州刺史,攻破郡县,(苟)眺委城走广州"。③《孝怀帝纪》载汝班、塞抚"作乱于湘州,虏刺史苟眺"的时间,是在永嘉五年五月。④我认为《晋书·校勘记》所说大致不错,杜弢破长沙的时间应该是五月。《通鉴》记录此事,兼顾了《帝纪》和《杜弢传》两处记载。按王澄本传的记载,王澄与杜弢两方对峙,应该持续了一段时间。王澄对局面失去掌控,经历了一个比较长的过程。他离开江陵的时间,当在永嘉五年五月之后。《通鉴》将王澄之死系于永嘉六年,也是合理的。在永嘉五年四月,王衍等公卿护送司马越之丧,为石勒大军追及,全部死于非命。⑤王澄经过江州时,王衍已为石勒所杀。

　　王衍死后,陆续抵达江左的名士,处于群龙无首的状态。王澄尽管连战连败,但《世说新语·赏誉》刘孝标注引《王澄别传》曰:"澄后事迹不逮,朝野失望。及旧游识见者,犹曰:'当今名士也。'"⑥王澄本传也说:"澄夙有盛名,出于敦右,士庶莫不倾慕之。"⑦王澄是王衍亲弟,是王衍认定的天下名士之首。他之所以在江州"以旧意侮敦",也是因为自己"天下之首"的名望。胡毋辅之与王澄的关系非常亲密,许多南渡名士亦受王澄兄弟和胡毋辅之的提携。如果王澄到建康,会取代其兄,成为名士群体中的领袖人物。元帝受司马越、王衍之恩,也会对王

① 《晋书》卷五《孝怀帝纪·校勘记》,第139页。
② 《资治通鉴》卷八八晋怀帝永嘉五年,第2762页。
③ 《晋书》卷一〇〇《杜弢传》,第2621页。
④ 《晋书》卷五《孝怀帝纪》,第122页。
⑤ 《晋书》卷五《孝怀帝纪》,第122页。
⑥ 余嘉锡笺疏:《世说新语笺疏》卷中之下《赏誉》,第519页。
⑦ 《晋书》卷四三《王戎传附王澄传》,第1241页。

澄优礼有加。且王澄并非王览子孙,与王导、王敦的亲属关系较为疏远。元帝是否会重用王澄,以制衡敦、导兄弟,也未可知。

南渡江左的玄学名士,是司马睿政权中的代表性人物。他们在司马睿幕府中供职,能左右舆论。王澄往日的声望在王敦之上。但王敦做江州牧时,已经讨灭华轶,建立功业,其势力正在向荆州发展。他东征西讨,是江左政权的武力支柱。澄、敦政治地位高下已经倒错。王敦为人心高气傲,不会屈居王澄之下。王澄兵败,又失去对荆州的掌控,损失声望,难免心有不甘。两人一得意、一失意,矛盾就此产生。王澄到建康,成为名士领袖,必然威胁王敦在江左政权中的地位。王澄死后,亡命建康的其他中朝名士,如胡毋辅之、光逸,他们的名望、地位和能力皆不及王敦,对王敦不构成威胁。因此,王敦杀王澄,应是为了巩固自己的地位。

《世说新语·尤悔》曰:"王平子始下,丞相语大将军:'不可复使羌人东行。'平子面似羌。"王导为何不让王澄东下,史书无载。刘孝标注曰:"王澄自为王敦所害,丞相名德,岂应有斯言也。"①刘孝标对这条材料的理解,是王导暗示王敦,将王澄杀死。有学者认为刘氏的理解有误。元帝派周顗接替王澄,主政荆州。王导担心王氏对荆州失去掌控,所以让王敦留住王澄。②首先,刘孝标距《世说》成书的年代不远,他对这条史料的理解或当有据。其次,王澄败退后,荆州为各路流民武装所据。不论王氏,还是建康朝廷,都谈不上掌控荆州。周顗到荆州,"先镇浔水城,贼掠其良口"。③顾祖禹认为浔水城即浔阳。④从名称来看,浔水城即使不是浔阳,也应离浔阳不远。浔

---

① 余嘉锡笺疏:《世说新语笺疏》卷下之下《尤悔》,第 1052—1053 页。
② 董刚:《东晋"中兴四佐"发微》,《古代文明》2019 年第 1 期,第 69 页。
③ 《晋书》卷六六《陶侃传》,第 1770 页。
④ 顾祖禹:《读史方舆纪要》卷七六《湖广二》,中华书局,2005 年,第 3574 页。

阳距荆州治所江陵甚远,离王敦所在的豫章很近。周顗并未深入荆州境内,主要原因就是荆州局面混乱,使他只得暂居浔水城。他遇袭之后,为陶侃所救。陶侃击败流民武装,"遣参军王贡告捷于王敦",说明陶侃受王敦节度。①综上,司马睿命周顗为荆州刺史,但周顗兵力有限,无法掌控荆州军政。有能力援救周顗、对抗荆州流民武装的,是手握强兵的王敦。因此,王氏是否掌控荆州,与荆州刺史的人选之间并无必然联系。无论谁做荆州刺史,都需倚重王敦。若王导不愿让王澄东赴建康,那么他的顾虑应与王敦一致。敦、导二人皆为王览之孙。他们同心协力,为江左政权立下汗马功劳,可谓休戚与共。王澄到建康,对王敦、王导皆有不利之处。

王衍和王敦交好,对王敦有提携之恩。但王澄与王敦于江州相会之时,王敦正处在个人政治发展的关键时期。他首先考虑的,是自己的政治利益。任何对他构成威胁的人,都可能成为他消灭的对象。他与王澄兄弟昔日的交情,只能让位于现实考量。《世说新语·赏誉》刘孝标注引《八王故事》载王衍之子王玄之事曰:"玄为陈留太守。或劝玄过江投琅邪王,玄曰:'王处仲得志于彼,家叔犹不免害,岂能容我?'谓其器宇不容于敦也。"②王玄的器宇是否为王敦所不容,后人难以得知。王敦对王衍的子弟心存忌惮,害怕他们威胁自己在江左政权中的地位,应是其真实考虑。

第三节 西晋后期玄学名士拔擢寒素研究

世入西晋,寒素出身的士人已难有上升的渠道和空间。对于这

---

① 《晋书》卷六六《陶侃传》,第 1770 页。
② 余嘉锡笺疏:《世说新语笺疏》卷中之下《赏誉》,第 522 页。

一现象,前辈学人已有关注。部分学者从选官制度入手,探究曹魏西晋官贵阶层的任官特权。宫崎市定认为,曹魏开始施行的九品官人法"成为贵族运作的、只对现有贵族阶级有利的制度"。①唐长孺先生在《九品中正制度试释》中提出,九品中正制在创立之初,在选拔人才方面有家世和才德并重的意味。世入西晋,讨论这一制度者普遍关注世族垄断上品的情况。②随着九品中正制的推行,世家大族利用这一制度,取得并巩固自己在仕官方面的特权。福原启郎先生指出,曹魏西晋时代,"能够评定乡品的贵族之下存在寒门阶层"。③贵族—寒门的对立,在曹魏西晋时代已经出现。不少学者认为,曹魏西晋时代,公卿大族出身的士人,在选官任官方面更具优势。寒门士人在曹魏西晋政权中的上升渠道有限,但他们也并非全无机会。在西晋后期"门调户选"已成惯例的情况下,一些玄学名士与寒士交游,帮助后者进入"清途"。本节将对这一现象作深入研究,重点关注西晋后期,玄学名士与寒素之士交游,并提拔后者为官的现象。

一、叔世:"上品无寒门"与西晋朝廷的应对之策

西晋太康年间,淮南相刘颂上疏武帝,提到西晋初年,"其所服乘皆先代功臣之胤,非其子孙,则其曾玄。古人有言,膏粱之性难正,故曰时遇叔世"。④在刘颂看来,重要官员多出自前代功臣之后,"膏粱"充斥庙堂,说明自己所处的时代是衰颓的"叔世"。西晋王朝的官吏选拔和任用,确实出现了很大问题。

世入西晋,没有显赫出身的人,很难获得晋升。阎缵上疏朝廷,

---

① 宫崎市定:《九品官人法研究》,韩昇、刘建英译,中华书局,2008年,第8页。
② 唐长孺:《九品中正制度试释》,收入《魏晋南北朝史论丛》,第115—116页。
③ 福原启郎:《晋武帝司马炎》,第164—165页。
④ 《晋书》卷四六《刘颂传》,第1296页。

称"臣素寒门,无力仕宦",①说明寒门在仕途发展上多有不利。太康
年间,刘毅上疏武帝,说当时"上品无寒门,下品无势族",②指的就是
中正给"势族"上品,而以下品评定寒门子弟。高平王沈"出于寒素,
不能随俗沈浮,为时豪所抑"。他在《释时论》中说:"百辟君子,奕世
相生,公门有公,卿门有卿……多士丰于贵族,爵命不出闺庭。"③王
沈缺乏良好的出身,对晋升困难心怀不满。当时像这样心怀怨愤的
人有很多。夏侯湛得拜郎中,任职多年未获提拔,遂作《抵疑》一文。
史称他写作此文,是为了"自广"。文中提到自己的仕宦经历:"拔萃
始立,而登宰相之朝……而官不过散郎,举不过贤良。凤栖五期,龙
蟠六年,英耀秃落,羽仪摧残。"④细察其文,可知夏侯湛自伤境遇,深
感压抑,故而安慰自己。著名文士左思祖辈无闻。其父左雍出身小
吏,官至殿中侍御史;⑤其妹左芬是武帝贵嫔,因善作文而颇受武帝
重视。⑥左思仕途不顺,写下"世胄蹑高位,英俊沈下僚"的诗句,⑦发
泄自己对"世胄"的不满。左思之父在皇帝身边供职,其妹贵为皇帝
妃嫔,但他仍认为自己遭"世胄"压制。其他出身平平的士人,处境
可想而知。

　　西晋"世胄"已形成利益共同体。刘颂痛陈"膏粱之性难正",就
是例证。前述王沈家境贫寒,被"时豪"压制,说明后者已经有了主
动排挤不同阶层的士人、垄断政治利益的意识。正如南朝士人总结
的,"晋氏登庸……主位虽改,臣任如初。自是世禄之盛,习为旧

①《晋书》卷四八《阎缵传》,第 1352 页。
②《晋书》卷四五《刘毅传》,第 1274 页。
③《晋书》卷九二《文苑·王沈传》,第 2381—2382 页。
④《晋书》卷五五《夏侯湛传》,第 1491—1492 页。
⑤《晋书》卷九二《文苑·左思传》,第 2375—2376 页。
⑥《晋书》卷三一《后妃上·左贵嫔传》,第 962 页。
⑦《文选》卷二一《诗乙》,第 988 页。

准……平流进取,坐至公卿"。①世家豪族的利益得到满足,国家的利益就难免受损。能够"坐至公卿"的人,大多缺乏对职业的责任感和上进心。他们往往不愿积极进取,为国事尽力。马克斯·韦伯指出:

> 依法或实际占用了有俸官职的官员,能够极为有效地削减统治者的治理权力;至关重要的是,它也能挫败任何通过引进纪律严明的官僚制和保持已经成为传统主义定例的政治权力分割以实现理性化行政的尝试。②

世家子弟垄断清要官职,难免尸位素餐、只图自利。这就使得国家的部分职位无法履行职能,严重削弱了王朝行政体系的活力。因此,一些有识之士希望朝廷采取对策,改革选官制度,加强官僚群体的流动性。段灼提议"宜畴咨博采,广开贡士之路,荐岩穴,举贤才,征命考试,匪俊莫用",③其建议之要在于拓宽选拔的基础,重"贤"举"俊"。与段灼的建议类似,潘岳也提议:"莫如达官,各举其属……进贤受赏,不进贤甘戮。"④他提出严厉的惩罚措施,目的就是保障"进贤"。要做到进贤,就必然打破凭借出身入仕的惯例。这一举措也能使一批出身不高的贤士进入官场。

西晋王朝无力从根本上解决寒门子弟晋升渠道狭窄的问题。上述有关废除九品中正制的提议,并未得到统治者采纳。为提高官僚系统的活力,晋廷在已有的选官制度外另辟蹊径,给出身不高的贤士开辟单独的晋升渠道。太康九年,武帝下诏:"令内外群官举清

---

① 《南齐书》卷二三《褚渊王俭传》"史臣曰",中华书局,1972年,第438页。
② 马克斯·韦伯:《经济与社会(第二卷)》,阎克文译,上海人民出版社,2020年,上册,第1425页。
③ 《晋书》卷四八《段灼传》,第1347页。
④ 《艺文类聚》卷五二《治政部·论政》,上海古籍出版社,1999年,上册,第938页。

能，拔寒素。"①《晋书·隐逸传》称："元康中，诏求廉让冲退履道寒素者，不计资，以参选叙。"②由是可知，武帝朝后期和惠帝朝前期，朝廷多次下诏，选拔有才能和品行的贤能之士。值得注意的是，西晋王朝将"寒素"列为选拔的重要对象。元康年间，燕国中正刘沈举霍原为寒素，而霍原此时已是列侯。朝臣荀组提出："寒素者，当谓门寒身素，无世祚之资。"霍原为列侯，就不应列入"寒素"。③正如荀组所说，按一般理解，寒素的拔擢对象，应该是出身低微者。阎步克先生认为，寒素之举"所面向的，正是不及二品之人，举后则给予二品资格"。④由"上品无寒门，下品无势族"可知，这些中正品低于二品之人，多是寒门子弟。魏晋还有二品系资法。祝总斌先生认为，所谓二品系资，在魏晋时期最简便的做法，便是按本人或父祖官爵高低来决定乡品。⑤如果寒素之举的选拔标准是"门寒身素"，那么它与二品系资的标准就是相反的。这一政策提拔的目标人群，主要是那些出身低微的贤士。

西晋官僚阶层缺乏流动性，不仅对行政效率产生负面影响，还使许多仕进不顺的人物心怀愤懑。这些有资格做官的人，或有文化素养，或有一定的经济、政治乃至军事实力。他们对西晋政权不满，难免威胁到政权的稳定。敦煌豪族索靖、索綝父子对仕途发展充满渴望，索靖称赞自己儿子的才华，"非简札之用，州郡吏不足污吾儿

---

① 《晋书》卷三《武帝纪》，第 78 页。
② 《晋书》卷九四《隐逸·范乔传》，第 2432 页。
③ 《晋书》将此事记载于太熙元年（290）之后。李重回应荀组，提到"侍中、领中书监华"。张华在元康年间担任侍中、领中书监，李重提到的"华"，应指张华。由是可知，李重推举霍原，是元康年间的事。《晋书》卷四六《李重传》，第 1311 页。
④ 阎步克：《察举制度变迁史稿》，第 119 页。
⑤ 祝总斌：《试论魏晋南北朝的门阀制度》，收入《材不材斋文集——祝总斌学术研究论文集》，下编，第 182 页。

也"。后来洛阳被刘汉政权攻陷,索綝联合关中其他豪强,共同拥立愍帝,与刘曜周旋多年,说明索家在当地拥有强大的军事实力。①这些地方豪强如果仕途发展顺利,就可以维护、巩固西晋帝国的统治。王弥就是一个反面案例。史称他"家世二千石",但其本人并未在西晋政权获得一官半职。西晋末年,王弥聚众反叛,投效刘汉政权,给晋帝国沉重的打击,②加速了晋帝国的灭亡。

拓宽选拔人才的渠道,简拔出身低微之士,使西晋的官僚体系恢复活力,符合许多有识之士的期待。尚书左仆射山简"欲令朝臣各举所知,以广得才之路"。他建议惠帝在听政时,令朝臣"各言所见后进俊才、乡邑尤异、才堪任用者,皆以名奏,主者随缺先叙"。③其中"乡邑尤异"值得关注。汉代察举有"尤异"之科。有学者指出,汉代"尤异"科的选拔对象,是能力出众的低层官吏。④"尤异"词义为特别优秀。该词单独出现,所指应为特别优秀的人物。西晋泰始五年,晋武帝下诏:"诸令史前后……其条勤能有称尤异者,岁以为常。"⑤武帝要求推举令史中在"勤""能"两方面特别优秀者。山简建议选拔"乡邑"之"尤异",他所指的选拔对象应是乡里之中的贤才。⑥王戎做吏部尚书,"自经典选,未尝进寒素,退虚名,但与时浮沈,户调门选而已",⑦其选官的标准是"户调门选",并未拔擢寒素之士,令人失望。可见当时的有识之士希望王戎能打破选官惯例,提拔那些

---

① 《晋书》卷六〇《索靖传附索綝传》,第1650—1652页。
② 《晋书》卷一〇〇《王弥传》,第2609—2610页。
③ 《晋书》卷四三《山涛传附山简传》,第1229页。
④ 有关汉代的"尤异"之科,可参看安作璋、熊铁基:《秦汉官制史稿》,齐鲁书社,1985年,下册,第321—322页;黄留珠:《秦汉仕进制度》,西北大学出版社,1985年,第195页;阎步克:《察举制度变迁史稿》,第25—26页。
⑤ 《晋书》卷三《武帝纪》,第58页。
⑥ 《晋书》卷三六《卫瓘传》,第1058页。
⑦ 《晋书》卷四三《王戎传》,第1234页。

寒素贤士。

遗憾的是，尽管西晋朝野"进寒素"的呼声强烈，但这不意味着寒素之士能获得顺畅的晋升渠道。《世说新语·言语》注引《晋阳秋》载周𫖮"有风流才气……举寒素"。[1]周𫖮出身官宦世家，其祖父周裴官至少府卿，其父周浚官至安东将军、都督扬州诸军事。[2]父祖两代或为九卿、或为地方都督，周𫖮显然不符合"门寒身素"的标准。有关他举寒素，仅见这一处记载。不过身为列侯的霍原都被举为寒素，周𫖮得举寒素，也不令人意外。由此可见，依靠"举寒素"这一科目，并不能扭转西晋官僚系统的颓势。社会中下层士人获得举荐的权利，也为官宦子弟所侵占。在西晋帝国日渐衰朽的背景下，对选官机制作局部调整，无法从根本上改善寒门子弟的仕途前景。

二、荐友：西晋后期玄学交游"进寒素"的现象及其本质

西晋后期，玄学名士拔擢了许多出身寒微的士人。他们帮助这些寒士进入官僚系统，使他们获得政治地位的提升。这一现象的运作机制及其本质，值得深入探讨。

自玄学产生以来，玄学家普遍重视人物品评。何晏评价夏侯玄和司马师"唯深也，故能通天下之志，夏侯泰初是也；唯几也，故能成天下之务，司马子元是也"；[3]王戎"有人伦识鉴"，[4]皆是其例。汤用彤先生重视《人物志》，指出该书是魏初清谈对汉代品评人物的总结性著作。学者讨论人物时关注抽象问题，遂逐渐演变为探讨玄学理

---

① 余嘉锡笺疏：《世说新语笺疏》卷上之上《言语》，第 109 页。

② 《晋书》卷六一《周浚传》，第 1657—1659 页。

③ 《三国志》卷九《魏书·诸夏侯曹传》注引《魏氏春秋》，第 293 页。

④ 《晋书》卷四三《王戎传》，第 1235 页。

论。①点评人物，需要对所评之人有比较深入的观察和了解。玄学家点评的对象，大多是他们的好友或同僚。他们的人物品评在当时广为流传，如裴楷评王戎："戎眼烂烂，如岩下电。"王衍评鉴天下士人，将自己的弟弟和好友列为前三。对玄学名士而言，评点天下知名的士人，并不能彰显自己的识人之明；评价那些出身低微、名位不显的后进之士，方能向世人展露自己的"人伦识鉴"。曹魏名士王脩在高柔、王基幼年时，就对他们颇为赏识。高、王"终皆远至，世称其知人"。高柔和王基出身都不高，最终却都位至卿相。王脩的识人之明为世人所服，应在很大程度上与此有关。王脩在史书中无玄学名士之称，但其评鉴士人背后的道理，与玄学名士是一致的。

当玄学名士获得一定的政治地位、掌握选拔官吏的权力后，他们的友人会在仕途上受益。不过玄学名士政治地位的提升，经历了一个相对漫长的过程。曹魏的玄学交游，比较著名的有何晏、夏侯玄等正始名士的交往，以及以嵇康、阮籍为首的竹林之游。正始名士多是当朝公卿及其子弟。当时世家公卿垄断官职的局面尚未像西晋中后期那样严峻，朝野上下"进寒素"的呼声尚不强烈。因此何晏任吏部尚书期间，未见其提拔寒素之士的记载。他拔擢的王弼等人皆为公卿子弟。高平陵之变后，司马氏执政，正始名士或为司马氏所杀，或病故，他们的政治影响力也烟消云散。魏末司马氏掌权期间，玄学名士中再未出现何晏那样的权要人物。竹林名士中，嵇康为司马昭所杀，阮籍终日酣醉，放达处世。这些玄学名士并未对朝政产生重要影响，也很难帮助出身低微的士人进入仕途。

西晋建国后，山涛、裴楷、王戎等玄学人士得到武帝重用。他们的风度对朝士有很强的影响力。裴楷由于"风神高迈，容仪俊爽"的

---

① 汤用彤：《魏晋玄学论稿》，上海古籍出版社，2005 年，第 10 页。

外貌，以及玄学清谈方面的学术特长，被时人称作"玉人"。与裴楷一样，王济同样长于玄言，才华出众。玄学之士官位显达，使他们更有能力提携出身寒微的后进人物。

曹魏西晋的玄学名士在人际交往中富于平等精神。裴楷游于权贵之家，常拿取后者的财物，"宿昔之间，便以施诸穷乏……人或讥之，楷曰：'损有余以补不足，天之道也。'"①玄学名士卓尔不群。他们结交好友，往往不拘对方的年辈和出身。嵇康与兵士出身的赵至交好，便是其例。②阮籍与王戎之父王浑是好友，"戎年十五，随浑在郎舍。戎少籍二十岁，而籍与之交"。阮籍甚至不顾年辈，与王戎嬉笑怒骂。③阮瞻善于弹琴，求听其演奏者很多，瞻"不问贵贱长幼，皆为弹之"。④这些名士有识人之能，又能超越年辈、出身，对人平等相待，所以世人对他们抱以清整人伦的期待。王衍"有重名于世，时人许以人伦之鉴"；⑤和峤"有盛名于世，朝野许其能整风俗，理人伦"。⑥人们希望玄学名士能做到"进寒素，退虚名"，使士人各得其所。在这一过程中，拔擢有才能的寒门人物，是很重要的部分。

西晋后期，王戎、王衍兄弟先后出任宰辅。他们交游圈中的好友，如王澄、王敦、庾敳等人，皆为鼎鼎有名之士。玄学名士拥有崇高的声望，在西晋后期，他们成为各支势力争相拉拢的对象，有能力使出身低微的友人获得官位。乐广是受到玄学名士提拔的典型。乐广之父乐方只做到征西将军夏侯玄的参军事。乐方死后，乐广生活困苦，"寒素为业，人无知者"。裴楷与乐广清谈，赞广曰："我所不

① 《晋书》卷三五《裴秀传附裴楷传》，第 1048 页。
② 《晋书》卷九二《文苑·赵至传》，第 2377 页。
③ 《晋书》卷四三《王戎传》，第 1231—1232 页。
④ 《晋书》卷四九《阮籍传附阮瞻传》，第 1363 页。
⑤ 《晋书》卷四三《王戎传附王澄传》，第 1239 页。
⑥ 《晋书》卷四五《和峤传》，第 1283 页。

如也"。与裴楷交好，是乐广飞黄腾达的关键。经王戎等人的举荐，乐广官运亨通，最终做到尚书令，成为宰辅重臣。①如果他没有遇到裴楷、王戎，凭他的出身，可能会寒素终生。胡毋辅之亦是通过交游，改变命运的典型人物。史称他因家贫而求为繁昌县令，得到允准。当时士人争相出任中央官职。李密求做京官不得，即使从温县令升任汉中太守，仍郁郁不得志。②胡毋辅之拒绝太尉府的征辟，主动要求做县令，还能官运亨通，做到太弟中庶子，并不寻常。当时王澄等名士为成都王颖效力。辅之与王衍、王澄兄弟交好，王澄称他为"后进领袖"。我们有理由相信，胡毋辅之得到了王衍兄弟的提携和帮助。在玄学名士的帮助下，胡毋辅之仕途顺利，最终卒于湘州刺史任上。③

　　一些身份低于庶民的人，通过与玄学名士交游，改变了自己的命运。王尼"本兵家子，寓居洛阳"。魏晋士家的地位很低，且必须世代当兵，不能改变身份。④王尼本无做官的机会。他在护军府供职，与胡毋辅之等名士相识。《初学记》卷二〇引王隐《晋书》曰："王尼字季孙，洛中贵盛，名士王澄、胡母辅之、李垣等皆与尼交。"⑤辅之等人要求洛阳令曹摅解除王尼的兵士身份，摅"以制旨所及，不敢"。⑥为防止兵户脱离兵籍，朝廷对兵户的管理很严格，洛阳令不敢答允辅之等人的要求。于是这些名士进入护军府，不见护军，而是"坐马厩下，与尼炙羊饮酒，醉饱而去"。在名士的帮助下，护军免除

---

① 《晋书》卷四三《乐广传》，第 1243—1245 页。
② 《晋书》卷八八《孝友·李密传》，第 2276 页。
③ 《晋书》卷四九《胡毋辅之传》，第 1379—1380 页。
④ 有关魏晋士家，可参看唐长孺：《〈晋书·赵至传〉中所见的曹魏士家制度》，收入《魏晋南北朝史论丛》，第 27—33 页。
⑤ 《初学记》卷二〇《政理部》，中华书局，1962 年，第 482 页。
⑥ 《晋书》卷四九《王尼传》，第 1381 页。

了王尼的兵士身份。①此后东瀛公腾征辟王尼为车骑将军府舍人，王
尼并未就职。②尽管王尼没有出任此职，但他从兵户升格为得到车骑
将军府征辟的人，地位大幅提升。玄学名士凭借自身的影响力，逼
迫洛阳令违背朝廷的命令，解除王尼的兵士身份。他们对王尼的帮
助力度是很大的。乐安人光逸本是小吏。三国两晋时代，吏是一种
特殊的身份，承担较为繁重的杂役。③按常理，光逸本无做官的机会。
他到洛阳办事，得到胡毋辅之的赏识，县令见光逸与胡毋辅之谈话，
遂将光逸除名，使后者摆脱了吏的身份。光逸后举孝廉，又在胡毋
辅之的支持下得到公府征辟。④与光逸境遇相似的还有河南驺王子
博。⑤他偶遇胡毋辅之，得到辅之"吾不及也"的赞语。辅之将其推荐
给时任河南尹的乐广，"广召见，甚悦之，擢为功曹"。⑥如果没有胡毋
辅之等人的帮助，王尼、光逸和王子博很难摆脱低贱的身份，遑论得
到官职。

　　王衍等玄学名士交游广泛，在洛阳甚为活跃。光逸、王尼等人
与玄学名士交好，或许并非偶然，而是他们有意设计的结果。赵至
的履历，或许是他们灵感的来源。赵至本是兵户出身。为了改变自
己的命运，获得仕宦，他离开故乡，结交名士嵇康，改名换姓，最终在

---

① 《晋书》卷四九《王尼传》，第 1381 页。

② 《晋书》卷四九《王尼传》，第 1381 页。

③ 相关研究可参看唐长孺：《魏晋南北朝时期的吏役》，《江汉论坛》1988 年第 8 期，第
　62—70 页；韩树峰：《走马楼吴简中的"真吏"与"给吏"》《论吴简所见的州郡县吏》，
　收入《吴简研究》第 2 辑，崇文书局，2006 年，第 25—55 页。

④ 《晋书》卷四九《光逸传》，第 1384—1385 页。

⑤ "驺"亦应是一种特殊的厮役身份。《三国志·魏书·方技传》裴松之注曰："有南
　征厩驺，当充甲卒，来诣卢公，占能治女郎……寻有效，即奏除驺名，以补太医。"说
　明驺有"名"，且可被征补为兵士。因此，王子博想做官，首先需要摆脱驺的身
　份。《三国志》卷二九《魏书·方技传》裴松之注，第 829 页。

⑥ 《晋书》卷四九《胡毋辅之传》，第 1380 页。

辽西落籍,出任幽州部从事。①赵至死后,嵇康之子嵇绍作《赵至叙》。②到西晋中期,赵至的故事或许已经广为流传。光逸、王尼的处境,和当年的赵至不无相似之处。赵至为改变自己的身份,不仅交结名士,还勤奋苦读。王衍、胡毋辅之对光逸等人的文化水平似乎并不看重,他们更在意这些寒素之士的精神气质。且王衍等人身居宰辅,与当年嵇康的处境大不相同,王衍等人更有能力提携后进。中护军,或护军将军,是禁军统率,也是朝廷重臣。王尼在护军府任职,与高官等上层人士接触的机会较多。这为他交结名士提供了便利。与赵至相比,王尼、光逸改变命运的方式可谓容易。若赵至晚生数十年,得与王衍等人交游,或许不至辗转流亡,方得仕官。

王衍、胡毋辅之等玄学名士大多"旨趣玄远",对实际政务并不上心。他们也不喜欢那些汲汲于功名的寒士。河南郭象与王衍、庾敳等玄学名士交好。他的出身无载。魏晋时期,河南郭氏除郭象外,并无显名之士,郭象的出身应该不高。庾敳等名士与之交好。后来郭象热心政务,于是"素论去之"。这说明当时疏远郭象的不只庾敳一人。王衍等玄学名士,恐怕都对郭象由亲转疏。这些名士追求的,是"宅心事外",③他们不喜欢郭象这种专心政事的做派。但不用心于政务,很难胜任行政工作。这些名士的品鉴标准,与理性行政的标准相悖。西晋中后期,朝野上下对于进寒素的期待,是拔擢那些出身低微的贤能之人。玄学名士举荐的人物,除郭象这样有心事功的少数人士外,多数都是放达自逸的"闲人",不是为国效力的贤才。

---

① 《晋书》卷九二《文苑·赵至传》,第 2377—2379 页。有关赵至的人生经历,可参看唐长孺:《〈晋书·赵至传〉中所见的曹魏士家制度》。
② 余嘉锡笺疏:《世说新语笺疏》卷上之上《言语》,第 88 页。
③ 《晋书》卷四三《乐广传》,第 1244 页。

与选贤任能相比，玄学名士更在意的，是自己的友人能否获得官职，进而获得附丽于官职之上的其他好处，如社会身份、经济利益等。至于友人是否胜任官职，不在名士考虑范围之内。名士阮脩家境贫困，其好友王敦时任鸿胪卿，帮助阮脩获得鸿胪丞的官职。阮脩长于清谈，却无政务之能。王敦为了照顾好友生计，举荐好友出任鸿胪丞，符合朋友义气，却不免损害国家利益。乐广、胡毋辅之虽身居高位，然政绩平平；光逸、王尼等人，更是名不副实。胡毋辅之将光逸视作"俊器"，后者担任州从事，却弃官而去。西晋灭亡后，光逸南渡江东，先后担任元帝军谘祭酒和给事中。他虽与胡毋辅之等人并列"八达"，但他南渡后的事迹，只有与名士一同饮酒酣醉。①光逸并未对东晋政权的建立和巩固做出实质性贡献。洛阳失陷后，王尼与其子避乱江夏。王澄时任荆州刺史，礼遇王尼。但王尼既无任事之能，亦无耕种之勤。父子穷困，全无谋生之计，最终竟双双饿死。②这些寒士得到拔擢，只是因为他们得到玄学名士的欣赏。光逸、王尼等寒士得到进用，是玄学名士扩充自身势力的表现。王衍等身居高位的玄学名士并不以国家兴衰为念，只以身家性命和朋友义气为计。正如王衍被石勒处死前感叹的那样："吾曹虽不如古人，向若不祖尚浮虚，勠力以匡天下，犹可不至今日。"他们崇尚玄虚，荐举官员如同儿戏的表现，折射出西晋王朝覆亡的必然性。

三、余响：东晋玄学名士的政治转向

永嘉南渡后，玄学名士王导、王敦和庾亮等人掌握朝廷大权。与西晋的前辈们不同，这些东晋名士很少拔擢寒门人物。究其原

①《晋书》卷四九《光逸传》，第1385页。
②《晋书》卷四九《王尼传》，第1382页。

因,一方面,玄学理论在西晋后期出现新的变化。郭象《庄子注》是西晋后期玄学的重要成果。①对于治道,作者秉承并发展了道家"无为"思想,提出"所贵圣王者,非贵其能治也,贵其无为而任物之自为也"。②在用人方面,作者认为"若乃开希幸之路,以下冒上,物丧其真,人忘其本,则毁誉之间,俯仰失错也"。③"开希幸之路"和"以下冒上"的行为,是作者反对的。出身低微的寒士结交达官贵人,以求出仕,属于"希幸之路",这是作者不赞成的。

东晋初年执掌朝政的玄学名士,在治国理念上与《庄子注》提倡的理念相近。最典型的例子就是王导。《世说新语·政事》曰:"丞相末年,略不复省事,正封箓诺之。自叹曰:'人言我愦愦,后人当思此愦愦。'"④东晋初年,在北方的军事压力下,"共天下"的王与马最重要的任务,就是统合各方力量,维持江左小朝廷的运转。⑤在这一背景下,执政的玄学名士,需尽力拉拢大族。保障大族的做官权利,就是拉拢他们的重要方式。在选官任官方面,实行"无为之治",承认既有的"门调户选"秩序,默许大族占据清要官位,能最大程度地减少侨旧豪族对东晋政权的不满。王述出身太原王氏,"年三十,尚未知名,人或谓之痴",王导因王述的门第,征辟述为掾属。王述后因家贫求为县令,有受贿之事,导"使谓之曰:'名父之子不患无禄,屈临小县,甚不宜耳。'"⑥但并未处罚王述。在王导看来,门第较高

---

① 有关郭象《庄子注》的作者,学界历来有争议。今本《庄子注》成书于西晋末年,应属事实。相关研究可参看杨立华:《郭象〈庄子注〉研究》,北京大学出版社,2010年,第43—57页。

② 郭象注,成玄英疏:《南华真经注疏》卷四《在宥第十一》,中华书局,1998年,第212页。

③ 郭象注,成玄英疏:《南华真经注疏》卷一《齐物论第二》,第30页。

④ 余嘉锡笺疏:《世说新语笺疏》卷上之下《政事》,第211页。

⑤ 相关研究可参看陈寅恪:《述东晋王导之功业》,收入《金明馆丛稿初编》,第61页。

⑥ 《晋书》卷七五《王湛传附王述传》,第1961—1963页。

的"名父"之子,不应为生计忧愁。执政者如此优遇大族,就会无视寒素之士的晋升诉求。①

另一方面,东晋初年,王导、庾亮先后执政,其权势一度凌驾于皇权之上。相比西晋后期,玄学名士的地位又有了提升。在选官任官方面,他们已经成为"门调户选"的最大受益者。西晋玄学名士拔擢寒素,主要发生在洛阳。西晋玄学主要传播、发展的地点,是洛阳及其周边区域。江东士人少有修习玄学、融入玄学交游者。西晋末年,司马睿镇守江东,征辟南北之士为掾属,号称"百六掾"。②当时王导掌权,百六掾中的侨姓人士,多是王导、王敦等人在洛阳结识的玄学名士。除光逸等少数名不副实者外,他们大多在日后东晋政权的形成和巩固过程中发挥了重要作用,拥有崇高的政治地位。这些名士本就相互结识,他们的子侄又交游结友,形成了相对封闭的社会圈层,即门阀士族。门阀士族相互提携、为彼此造势的现象,到东晋中后期十分常见。玄学名士殷浩早年拒不出仕,庾翼写信劝其做官,太原王氏的王濛、陈郡谢氏的谢尚"伺其出处,以卜江左兴亡……相谓曰:'深源不起,当如苍生何!'"③以上诸人,皆为百六掾中的侨人之后。王濛、谢尚和殷浩年龄相仿,他们早就结识,很可能

① 东晋史料中,拔擢寒素之士的高官有两位:陆玩、王蕴。陆玩出任司空,征辟掾属,"所辟皆寒素有行之士"。陆玩出身吴地,并非北来的玄学之士。他在书信中直呼王导为"伧",这一无礼的举动,说明他与北来大姓之间关系微妙。他征辟寒士,不排除故意与北来名士唱反调的可能。王蕴担任尚书吏部郎,"性平和,不抑寒素,每一官缺,求者十辈,蕴无所是非。时简文帝为会稽王,辅政,蕴辄连状白之,曰:'某人有地,某人有才。'务存进达,各随其方,故不得者无怨焉"。按古史"常事不书"的传统,王蕴"不抑寒素"的做法,在当时显属特例。且王蕴并非主动拔擢寒士,而是将用人的决定权报呈上级,自己不作决定,使求官者不怨恨自己。《晋书》卷七七《陆晔传附陆玩传》,第 2024—2026 页;卷九三《外戚·王蕴传》,第 2420 页。

② 《晋书》卷八九《忠义·虞悝传》,第 2316 页。

③ 《晋书》卷七七《殷浩传》,第 2044 页。

是总角之交。他们的相互吹捧，彰显出东晋门阀士族的封闭性。

东晋后期，朝廷选拔官员子弟入国子学，"品课无章，士君子耻与其列"，国子祭酒殷茂上言："臣闻旧制，国子生皆冠族华胄，比列皇储。而中者混杂兰艾，遂令人情耻之。"①阎步克先生对东晋中后期的国子学进行考证，确认有部分次等士族进入国子学，说明殷茂所指"混杂兰艾"的现象确实存在。②可见到东晋后期，门阀士族公开排斥次等士族，不与后者为伍，属正常现象，以至于国子祭酒都对此束手无策。不过琅邪王氏、谯郡桓氏、陈郡谢氏、殷氏等门阀士族人才辈出，涌现出王导、庾亮、桓温、谢安这样的经国大才。东晋的选官系统虽然保护大族利益，但在东晋前、中期，人才辈出的门阀士族并未使国家利益受到严重损害。到东晋后期，随着门阀士族人才凋零，东晋政权也行将就木。新的统治阶层——次等士族加入统治集团，给江左政权注入新的力量，③也开启了江左政权的下一个时代。

小　结

除家族出身这一重要因素外，交游对士人仕途发展的重要性同样不可忽视。人们无法选择自己的出身。古人结婚较早，多数人在二十岁以前就已成婚。他们联姻对象的选择，通常取决于"父母之命，媒妁之言"。相比姻亲关系，交游对象的选择，更能彰显个人意志。人们会根据自身阅历和处境的变化调整交游对象。而血缘关系无法改变，姻亲关系亦很难调整。因此，对士人的政治发展而言，

① 《宋书》卷一四《礼志一》，中华书局，1974 年，第 365 页。
② 阎步克：《察举制度变迁史稿》，第 175 页。
③ 有关东晋门阀士族的形成、衰落与次等士族的崛起，可参看田余庆：《东晋门阀政治》。

交游比血缘和姻亲关系更具现实性。士人选择交游对象，或志同道合，或利益相投。利益相投，主要是指交游对象给士人带来仕途发展方面的好处。研究汉晋士人交游，需要关注交游与仕途发展之间的关系。

本章主要探讨曹魏西晋玄学名士的交游。祝总斌先生认为，西晋时期，德与才仍是品定士人的重要标准。但衡量一个人的才德，通常没有客观标准。如果一个人能做到"修名广交"，那么社会大众，包括那些负责铨选官员的枢要人士，都会认可他的才德。到东晋南朝，出身低微者很难做到这一点。东晋执政的门阀名士，已成为"门调户选"这一选官原则的支持者。门阀士族公开排斥出身寒微的士人，不与后者为伍。而乐广、胡毋辅之和光逸等人的事例说明，曹魏西晋时代，出身寒素者交结名士，获得上升的渠道，在当时仍是可行的。

西晋建国后，玄学名士的政治地位逐渐提高。很多玄学名士身居高位。他们经常品评人物，使玄学交游成为士林群体中最负盛名的交游活动。交游广泛，可以成为士人重要的政治资本。交游对象的选择，以及交游活动中的竞争，会对士人的政治抉择产生影响。西晋中后期，许多玄学名士没有处理实际政务的能力。交游带来的人脉和名望，是名士重要的政治资本。与单一身份的"学士"不同，这些名士有崇高的声望，并在官僚系统中占据较高的地位。作为一个群体，他们的影响力不容忽视。江左政权任用这些名士，是彰显自身合法性的重要手段。在政局动荡的两晋之际，许多名士并无主导局面的能力。他们对投靠对象的选择，以及他们在新政权中的地位和作用，通常取决于自己的交游对象。西晋玄学名士的交游，使两晋之际的玄学士人更倾向于投靠关系熟络的江左政权。他们将西晋玄学交游中的亲疏、竞争带到江左，深刻地影响了东晋政局。

第四章　西晋后期的贾后亲党与二十四友研究

　　本章以惠帝朝的贾后亲党和元康年间的贾谧二十四友为主要研究对象。亲党和二十四友都与贾后有关。将这些士人的活动放在同一章中予以考察，是比较合适的。

　　贾充去世后，贾氏式微。武帝一度想借故废黜贾南风太子妃之位。作为太子之妻，贾南风也没有在武帝的临终顾命中占据重要位置。她最终利用顾命大臣和宗室之间的矛盾获得执政之权。与其父晋武帝不同，晋惠帝智力驽钝，无法驾驭朝臣。因此，惠帝一朝，皇权旁落在外戚、皇后和宗王手中。自元康元年起，皇后贾南风执政，代行皇权。为巩固执政地位，她拉拢了一些士人，利用他们对抗政敌。这些士人可用"亲党"这一概念来囊括。元康年间，这一政治团体占据执政地位。他们与贾氏荣辱与共。我将在前两节研究贾后取得执政权的过程，探讨元康年间贾后亲党与其他势力间的关系，并关注亲党成员的政治命运。

　　贾后之侄贾谧，是元康后期贾后亲党中的核心人物。他与许多文士交游，常与他们聚会。这些文士以"金谷二十四友"为称。他们大多仕途不顺，有结交权贵的需要。我将在第三节研究二十四友的家世背景和政治履历,探讨他们与贾谧交游的动机。

第一节　贾南风与武、惠之交的政治局势

　　武帝晚年,以贾充一党为代表的晋初功臣大多去世;武帝朝前期崭露头角的少壮派文官,有的离世,有的不得武帝信任,有的谨慎处世、鲜少发表政治意见。武帝扶植外戚杨骏和宗室汝南王亮,希望以此二人为自己身后的辅政大臣,辅佐愚痴太子司马衷。贾南风是太子之妻,出身名门,但武帝并不喜欢这位儿媳,他也未在临终遗命中赋予贾氏家族任何重要角色。面对这样的不利局面,贾南风巧妙地利用宗室矛盾,逐步"破局",最终执掌朝权。探讨贾后亲党,需先对贾后获取大权的过程进行简要梳理。本节就将对这一背景性问题进行探讨,主要研究贾后上位的过程。

一、武帝晚年贾氏的境遇

　　贾氏家族在武帝晚年的境遇,对惠帝初年的政局产生了深刻影响。研究贾后的政治势力,应先从武帝晚年贾氏家族的境遇谈起。

　　武帝朝前期,司马炎与贾充虽有矛盾,但双方仍能保持基本融洽。君臣矛盾真正激化,是在武帝决意伐吴之时。贾充苦谏武帝,试图阻止出兵。武帝命贾充为统帅,贾充借故推辞。武帝遂下诏曰:"君不行,吾便自出。"这封诏书是对贾充的最后通牒,逼迫其担任统帅,配合伐吴。贾充"不得已,乃受节钺,将中军,为诸军节度"。晋军连克江陵、武昌,节节胜利之时,身为统帅的贾充却力主撤军。孙皓投降后,贾充"大惭惧,议欲请罪。帝闻充当诣阙,豫幸东堂以待之"。[1]随着平

---

[1] 《晋书》卷四〇《贾充传》,第1169—1170页。

吴战争的胜利,这场君臣较量以贾充颜面尽失告终。武帝虽未处罚他,但君臣之间的裂痕已不可弥补。贾充病重,武帝"遣侍臣谕旨问疾,殿中太医致汤药,赐床帐钱帛,自皇太子宗室躬省起居"。贾充去世后,"帝为之恸,使使持节、太常奉策追赠太宰……葬礼依霍光及安平献王故事,给茔田一顷。与石苞等为王功配飨庙庭"。①表面上看,贾充身后风光备至,但此前何曾、石苞等开国功臣去世,武帝皆在朝堂举哀。②贾充死,武帝既未于朝堂举哀,又未亲自临送。贾充是开国功臣中实权最大的一位,武帝在表面上对其甚为宠幸。但贾充的身后待遇,与其生前恩宠并不相符。这一现象的背后,是武帝与他渐行渐远的君臣关系。

贾充死后,一向鄙视贾充的博士秦秀提议谥充为"荒"。武帝采纳段畅的提议,谥充为"武"。③贾充是两朝元老、开国功臣,又是武帝的儿女亲家。为了国家体面,武帝不能给贾充恶谥。但他对贾南风的态度,使我们能窥测他对贾充的看法。《晋书·后妃传》载:"妃性酷虐,尝手杀数人……帝闻之,大怒,已修金墉城,将废之……杨珧亦为之言曰:'陛下忘贾公闾耶?'荀勖深救之,故得不废。"④从修金墉城之举来看,武帝废贾南风,已进入实际操作阶段。若非杨珧、荀勖等人力劝武帝,贾南风恐已被废。从杨珧"陛下忘贾公闾耶"一语可知,此时贾充已死。贾氏对西晋王朝的功劳,姑置不论。当年武帝为巩固太子地位,让贾南风与太子成婚,可谓费尽心机。贾充去世,武帝想废黜贾南风,颇有过河拆桥之嫌。在杨珧、荀勖等人的力谏之下,武帝没能废掉贾南风,但他仍对贾氏心存防备。顾江龙先

---

① 《晋书》卷四〇《贾充传》,第 1170 页。
② 《晋书》卷三三《何曾传》,第 997 页;卷三三《石苞传》,第 1003 页。
③ 《晋书》卷四〇《贾充传》,第 1171 页。
④ 《晋书》卷三一《后妃上·惠贾皇后传》,第 964 页。

生认为,武帝晚年分封诸子,有防范贾后的用意。①武帝的临终安排涉及皇孙司马遹,具体内容容后再论。他对儿媳贾南风感到不悦,防备并限制其权力,应属事实。

贾充死后,贾氏宗亲居官者少。贾充嗣孙贾谧年纪尚幼。据《晋书·后妃传》,贾谧之母贾午比晋惠帝小一岁,②她应生于魏甘露五年。《艺文类聚》引臧荣绪《晋书》曰:"贾充后妻郭氏又生二女,少有淫行。年十四五,通于韩寿,充……遂以女妻之。"③由是可知,贾午与韩寿成婚的时间,在泰始九年至十年之间。贾充死时,贾谧的年龄不会超过十岁,还不能做官。贾充之弟贾混"笃厚自守,无殊才能",在太康年间做到宗正卿。④他不是一个能光大门楣的人。贾氏的其他亲属,以及韩寿等人,在太康年间名位不显。胡宝国先生认为,魏晋时期,所谓"势族"指的是"公侯与当涂者"。势族的中正品并不稳定,门户地位常有浮沉。⑤贾充死后,贾氏无在朝当权者,他们的政治地位有所降低。

武帝晚年提拔、重用外戚杨氏。有关这一情况,前人研究非常详尽。⑥值得注意的是,依附于杨氏的朝臣多是贾充旧党,比如荀勖、冯紞。史载:"勖以太子愚劣,恐攸得立,有害于己,乃使紞言于帝曰:'……齐王为百姓所归……宜遣还藩,以安社稷。'"⑦《晋书·杨珧传》载珧"晚乃合朋党,构出齐王攸"。⑧荀勖、冯紞与杨珧合力,排

---

① 顾江龙:《太康十年分封与杨骏的兴灭》,第65页。
② 《晋书》卷三一《后妃上·惠贾皇后传》,第963页。
③ 《艺文类聚》卷三五《人部十九》,第617页。
④ 《晋书》卷四〇《贾充传》,第1175页。
⑤ 胡宝国:《魏西晋时代的九品中正制》,第83页。
⑥ 相关的研究有祝总斌:《"八王之乱"爆发原因试探》,第152—181页;顾江龙:《太康十年分封与杨骏的兴灭》,第61—71页,等等。
⑦ 《晋书》卷三九《冯紞传》,第1162页。
⑧ 《晋书》卷四〇《杨骏传附杨珧传》,第1180页。

挤齐王攸。潘岳为贾充故吏。杨骏掌权后，"高选吏佐，引岳为太傅主簿"。①贾充死后，他的党羽攀附新贵。这更凸显出贾氏的落寞。尽管皇后杨芷为贾南风求情，但贾氏对此并不领情。史称废妃风波过后，"（杨）后又数诫厉妃，妃不知后之助己，因以致恨，谓后构之于帝，忿怨弥深"。②太康年间，贾、杨两家的关系逐渐恶化。贾充去世后，杨氏拉拢贾充党羽，是为了抢夺贾充留下的政治势力。《晋书·杨骏传》曰："自镇军将军迁车骑将军，封临晋侯……尚书褚䂮、郭奕并表骏小器，不可以任社稷之重。"③据郭奕本传，郭奕担任尚书，是在太康年间，"时帝委任杨骏，奕表骏小器，不可任以社稷"。④据《三国志·魏书·郭淮传》裴松之注引《晋诸公赞》，郭淮之弟郭配，是贾充妻郭槐之父。郭奕是郭配之弟郭镇之子，⑤是郭槐的从兄弟。他对杨骏的态度，是否能代表郭槐和贾氏，我们难以确知。史载杨氏覆灭时，"贾氏族党待诸杨如仇"。⑥郭氏家族中的一些人与贾氏往来密切，在政治上共进退。仇视杨氏的贾氏族党中，应该包括郭氏的家族成员。郭奕作为贾氏姻亲，他对杨骏的态度，或许也受到贾氏的影响。

二、武帝托孤与贾南风"破局"

惠帝初年，贾后的主要政敌，是外戚杨氏、宗室汝南王亮和庶姓朝臣卫瓘。她诛灭这三人，执掌朝政。元康年间，宗室和愍怀太子

---

① 《晋书》卷五五《潘岳传》，第 1503 页。
② 《晋书》卷三一《后妃上·武悼杨皇后传》，第 955 页。
③ 《晋书》卷四〇《杨骏传》，第 1177 页。
④ 《晋书》卷四五《郭奕传》，第 1289 页。
⑤ 《三国志》卷二六《魏书·郭淮传》注引《晋诸公赞》，第 736—737 页。
⑥ 《晋书》卷四〇《杨骏传附杨珧传》，第 1180—1181 页。

势力强大。贾后最终失败，也是因为她没能处理好自己与这两派势力间的关系。研究贾后与以上势力的矛盾，需要从武帝托孤说起。

武帝临终前，命杨氏辅佐惠帝。《杨骏传》曰：

> 信宿之间，上疾遂笃，后乃奏帝以骏辅政，帝颔之。便召中书监华廙、令何劭，口宣帝旨使作遗诏，曰："……侍中、车骑将军、行太子太保，领前将军杨骏，经德履喆，鉴识明远……其以骏为太尉、太子太傅、假节、都督中外诸军事，侍中、录尚书、领前将军如故……"诏成，后对廙、劭以呈帝，帝亲视而无言。自是二日而崩，骏遂当寄托之重，居太极殿。①

在杨骏与杨皇后的授意下，华廙等人起草诏书，命杨骏为太尉，独掌大权。杨骏成为唯一的辅政大臣，大权独揽。在武帝的临终遗命中，贾南风没有得到权力。贾南风虽然保住了太子妃之位，但武帝想废黜她，已为内廷及部分朝臣所知。武帝死后，贾氏地位尴尬。由于惠帝独子司马遹并非贾后亲生，辅政大臣可用保护皇嗣之类的理由，废黜贾氏的皇后之位。贾南风夹在惠帝、太后、辅政大臣和司马遹这几方之间，随时可能成为政治斗争的牺牲品。仇鹿鸣先生认为，贾皇后权力欲强，政治野心大，所以她不可能满足于这一地位。②除个人性格外，贾南风的身份，也是她不甘受制于人的重要因素。她是惠帝的皇后，能在内廷常伴皇帝左右。执政者处理政务，需要惠帝作名义上的最终决策。将贾后排除在决策核心之外，并不符合情理。皇后与辅政大臣的矛盾，迟早会爆发。

武帝保留贾南风太子妃之位，很可能是为了制衡杨氏。从武帝一生行事看，他擅长利用各种势力，放任他们相互争斗。任何一方

---

① 《晋书》卷四〇《杨骏传》，第1177—1178页。
② 仇鹿鸣：《魏晋之际的政治权力与家族网络》，第279—280页。

独大,都不是他乐于看到的。武帝在位前期,先后任用裴秀、羊祜及侍从文官,让他们制衡贾充。后来武帝重用汝南王亮等宗室,又扶植外戚杨氏,逐渐形成宗室、外戚并重的格局。武帝死前"小间",短暂清醒之时,看到杨骏多树私党,"所用者非",心中不快,"乃正色谓骏曰'何得便尔'"。他立即写作诏书,命杨骏与汝南王共同辅政。①尽管武帝想让宗王与外戚共同辅政,但宗王毕竟不能长居皇帝左右。保留贾南风的太子妃之位,使她成为新朝皇后,能在一定程度上制衡杨氏在内廷的势力。只是武帝没有想到,在他死后,贾南风能迅速诛灭杨氏,彻底打乱原定部署。

杨骏辅政,不得人心。元康元年,贾后联合宗室及部分禁军将领,诛杀杨骏,废杨太后为庶人,以太宰汝南王亮、太保卫瓘辅政。三个月后,贾后又利用楚王玮杀司马亮和卫瓘,旋即诛杀楚王玮。贾氏与杨氏仇怨甚深,诛杀杨氏,合乎情理。但贾后为何杀汝南王和卫瓘,缘由并不甚清。这些政变的原因和影响,有值得深入探讨之处。

和杨骏一样,汝南王亮也是武帝着意栽培的辅政人选。太康三年,武帝命齐王攸出藩,并将司马亮调回朝中,担任太尉。②王浑上表曰:"若以攸望重,于事宜出者,今以汝南王亮代攸。亮,宣皇帝子,文皇帝弟,伷、骏各处方任,有内外之资,论以后虑,亦不为轻。"③说明武帝想让汝南王代替齐王辅佐新帝,已为朝臣所知。太康末年,汝南王亮是朝野瞩目的辅政人选。《杨骏传》载:"及帝疾笃,未有顾命……乃诏中书,以汝南王亮与骏夹辅王室。骏恐失权宠,从中书

---

① 《晋书》卷四〇《杨骏传》,第 1177 页。
② 《晋书》卷三《武帝纪》,第 74 页。
③ 《晋书》卷四二《王浑传》,第 1203 页。

借诏观之,得便藏匿。中书监华廙恐惧,自往索之,终不肯与。"①《武帝纪》亦载:"会帝小差,有诏以汝南王亮辅政,又欲令朝士之有名望年少者数人佐之,杨骏秘而不宣。"②综合这两处记载可知,武帝临终前草拟诏书,令汝南王亮与杨骏共同辅政。这道诏书为杨骏所藏,没有颁布。武帝死后,杨骏大权在握,令汝南王处境尴尬。廷尉何勖对汝南王说:"今朝廷皆归心于公,公何不讨人而惧为人所讨!"③可知汝南王应居辅政之位,是朝野上下的共识。杨骏排抑司马亮,不得人心。贾后发动政变前,先派人联络汝南王,"使连兵讨骏。亮曰:'骏之凶暴,死亡无日,不足忧也。'"④尽管司马亮没有答允,但何勖、贾后都希望他讨伐杨骏,说明他掌管朝政,有很强的合法性。

　　杨骏被杀后,贾后命自己亲信的殿中中郎李肇"焚骏家私书,贾后不欲令武帝顾命手诏闻于四海也"。⑤这一细节耐人寻味。武帝临终前二日,杨骏与杨皇后共谋,令华廙、何劭草诏,命杨骏为太尉、都督中外诸军事,独擅朝政。这封诏书应在写成后立即发布。从武帝去世,到杨骏被诛,中间有十一个月,该封诏书早已传遍天下。刻意毁掉它,无异画蛇添足。贾后真正想毁掉的,是杨骏藏匿的版本,即命汝南王与杨骏共同辅政的诏书。此时杨骏已死,贾后真正防备的,是汝南王亮。司马亮毕竟是武帝属意的辅政人选。贾南风执政,与武帝的遗愿相悖。只要司马亮掌管朝政,武帝遗命就如一把利刃,悬于贾后项上,随时可能让她失去权力。只有彻底推翻武帝遗命,将武帝晚年培养的外戚和宗王一并清除,才能为贾后执政清

---

① 《晋书》卷四〇《杨骏传》,第 1177 页。
② 《晋书》卷三《武帝纪》,第 81 页。
③ 《晋书》卷五九《汝南王亮传》,第 1592 页。
④ 《晋书》卷四〇《杨骏传》,第 1179 页。
⑤ 《晋书》卷四〇《杨骏传》,第 1179—1180 页。

除障碍。她毁掉诏书,正是为了抹杀汝南王执政的合法性,为她日后诛灭司马亮做铺垫。

武、惠之交,庶姓朝臣中资望最高、地位最崇者,当属卫瓘。武帝去世时,卫瓘已年过七旬。他在曹魏末年就已担任侍中、廷尉。伐蜀之役,卫瓘出任监军。他平定钟会叛乱,为司马氏集团立下功劳。回朝后,瓘升任镇西将军、都督关中诸军事。西晋开国后,他转任征东将军,后又迁征北大将军、都督幽州诸军事、幽州刺史,成为地方上级别最高的军政长官之一。咸宁、太康年间,卫瓘为尚书令,史称他"为政清简,甚得朝野声誉"。卫瓘之子卫宣与武帝女繁昌公主成婚。瓘位至宰辅,资历深厚,还联姻帝室,将其视为武帝晚年的庶姓朝臣之首,并不为过。但就在武帝去世前夕,杨骏构陷卫宣,迫使宣与公主离婚。卫瓘"惭惧,告老逊位"。武帝升瓘为太保,"以公就第",暂时远离朝政。杨骏死后,卫瓘与汝南王亮同为录尚书事,"共辅朝政"。①卫瓘资历深厚。他居于辅政之位,能使众人心服。

贾后尽管诛灭杨氏,但形势仍然对她不利。汝南王执政,是武帝遗愿;卫瓘辅政,也是众望所归。贾后想要染指朝政,难度很大。贾氏与卫瓘有私怨。当年武帝选太子妃,一度考虑卫瓘之女。后来卫瓘劝武帝废黜太子。在贾后与东宫官吏的谋划下,太子转危为安,"众人乃知瓘先有毁言"。贾充"密遣语妃云:'卫瓘老奴,几破汝家。'"②卫瓘又在宴会上"以手抚床曰:'此座可惜!'帝意乃悟,因谬曰:'公真大醉耶?'瓘于此不复有言。贾后由是怨瓘"。③卫瓘反对惠帝继位,已是众人皆知。贾后由此对他怨恨极深。卫瓘辅政之时,惠帝已经登基。在各方势力的制衡下,他应该不会考虑废黜惠帝。

---

① 以上材料见于《晋书》卷三六《卫瓘传》,第 1056—1059 页。
② 《晋书》卷三一《后妃上·惠贾皇后传》,第 963—964 页。
③ 《晋书》卷三六《卫瓘传》,第 1058 页。

维持宗室与庶姓朝臣执政的现状，是他现实可行的选择。但这种局面对贾后揽权不利。贾后仍有采取措施，诛杀卫瓘的需要。

武帝晚年，卫瓘等庶姓朝臣多遭疏远。杨骏执政，独掌大权，排斥诸臣。史载张华"与王戎、裴楷、和峤俱以德望为杨骏所忌，皆不与朝政"。①杨骏的专断，使"公室怨望，天下愤然"，②给了贾后起事夺权的机会。杨骏死后，统治集团吸取教训，"崇重旧臣"。③为了维护统治集团的稳定，朝廷按照资历高低，让各位老臣参政，给他们崇高的礼遇。在此情形下，元老重臣的号召力很大。在政局动荡不安的元康初年，这种号召力是发动政变的潜在力量。楚王玮起兵，诛杀汝南王亮和卫瓘时，其亲信公孙宏建议："昔宣帝废曹爽，引太尉蒋济参乘，以增威重。大王今举非常事，宜得宿望，镇厌众心。司徒王浑宿有威名，为三军所信服，可请同乘，使物情有凭也。"王浑闭门不应，楚王没能得逞。④与卫瓘一样，王浑也是三朝老臣，又参与伐吴，功勋卓著。武帝晚年，他担任尚书左仆射。到元康初年，王浑已年近七旬。不论年龄还是资历，王浑都是异姓朝臣中仅次于卫瓘者。楚王玮诛杀辅政大臣，需要借助王浑的威望。可想而知，素与惠帝、贾后夫妇不和的卫瓘执掌朝政，给贾后带来的压力是巨大的。她必须除掉卫瓘，才能免除后患。

汝南王和卫瓘死后，贾后的执政地位初告稳固。不过宗室势力仍对贾后构成威胁。当时在世的宣帝诸子，还有平原王榦、梁王肜和赵王伦。下邳王晃、陇西王泰等宣帝诸侄也活跃于政坛。平原王榦是司马师、司马昭的同母弟，身份尊贵，但他"有笃疾，性理不恒"。

① 《晋书》卷三六《张华传》，第1072页。
② 《晋书》卷四〇《杨骏传》，第1178页。
③ 《晋书》卷四二《王浑传》，第1204页。
④ 《晋书》卷四二《王浑传》，第1204页。

因此，当年武帝遣诸王之国，将司马榦留在京城。司马榦行为怪异，"朝士造之，虽通姓名，必令立车马于门外，或终夕不见……前后爱妾死，既敛，辄不钉棺，置后空室中，数日一发视，或行淫秽，须其尸坏乃葬之"。①可见司马榦并无担当大任之能，对贾后威胁不大。其他几位宗王，皆为惠帝的叔祖一辈。杨骏疏忌宗室，终致覆灭。贾后执政，不符合武帝遗愿，合法性不足。相比杨骏，她的执政地位更不稳固。面对强大的宗室势力，贾后只能给他们一定的权力，以图安抚。

元康元年六月，汝南王、卫瓘和楚王死后，朝廷让陇西王泰录尚书事。八月，封陇西王世子司马越为东海王。九月，朝廷从关中征梁王彤为卫将军、录尚书事。元康六年，陇西王泰担任尚书令。②梁王来京，陇西王应该不再录尚书事。封司马越为东海王，应是安抚司马泰之举。让梁王接替汝南王录尚书事，既沿袭武帝重用宣帝诸子的政策，也能在一定程度上安抚梁、赵二王。贾后此时已诛灭政敌，任用亲党，地位日渐稳固。史载司马彤"清修恭慎，无他才能"。③武帝在世时，梁王长年在地方任职，在洛阳的势力和威望有限。相比汝南王亮，梁王对贾后执政地位的威胁较小。

武帝在位期间，赵王伦一直在地方任职。惠帝初年的两次政变，赵王皆未参与。元康初年，他担任征西将军，坐镇关中。氐羌叛乱，司马伦及其亲信孙秀指挥不力，导致局面恶化。朝廷将司马伦

① 《晋书》卷三八《平原王榦传》，第 1119—1120 页。据《宣穆张皇后传》，张春华死于魏正始八年，终年五十九岁。则她生于东汉中平六年(189)。司马榦出生时，其母张春华已经四十四岁。即使在现代，这个妊娠年龄也有很大风险。在古代的医疗条件下，高龄产妇生子，新生儿很可能罹患一些疾病。司马榦之所以"性理不恒"，行为怪异，很可能是因为他患有先天疾病。《晋书》卷三一《后妃上·宣穆张皇后传》，第 949 页。

② 《晋书》卷四《惠帝纪》，第 91—93 页。

③ 《晋书》卷三八《梁王彤传》，第 1127 页。

召回,以梁王肜代其坐镇。司马伦和孙秀来到洛阳,"深交贾、郭,诣事中宫,大为贾后所亲信"。梁王出镇,录尚书事阙,赵王伦"求录尚书,张华、裴頠固执不可"。尚书令下邳王晃去世,赵王"又求尚书令,华、頠复不许"。①贾后礼遇赵王,除赵王"诣事"自己外,也有政治上的考虑。梁王出镇关右,宣帝诸子之中,唯有赵王在京。按梁王接替汝南王录尚书事的先例,赵王接替梁王录尚书,也在情理之中。但赵王对氐羌叛乱负有不可推卸的责任,因此张华、裴頠等人未答允他的请求。元康九年,关陇平定。贾后召回梁王肜,让他再录尚书事。②赵王伦没有得到中枢大权,心中怀恨。这为他发动政变,诛戮贾氏埋下伏笔。权家玉先生认为,梁王肜出镇关中,拒绝惩治赵王;后又与赵王合作,诛灭贾后。由此可见,梁王对贾后的态度亦有微妙之处。③其说可从。无论谁执掌朝政,都需委任梁、赵这两位近支宗室。贾后优礼他们,实属势之必然。因此,梁、赵二王不会感激贾氏。如果他们没有得到想要的权力,反而会对贾氏怀恨在心。贾后尽管委任梁王,又与赵王交好,但两位宗王并非贾后的同盟,而是贾氏权力的潜在挑战者。

元康年间,下邳王晃、陇西王泰这两位旁支宗室先后担任尚书令。司马晃是宣帝之弟安平王孚之子,在宗室之中名望甚高。惠帝即位后,他担任车骑将军。④司马懿诸弟中,安平王孚最长。西晋建国后,司马孚在宗室之中地位最尊。到惠帝初年,司马孚在世诸子之中,年龄最大的就是下邳王晃。说他是宗室旁支之首,并不为过。

---

① 《晋书》卷五九《赵王伦传》,第 1598 页。
② 《晋书》卷四《惠帝纪》,第 93—95 页。
③ 权家玉:《魏晋政治与皇权传递》,第 126—127 页。
④ 《晋书》卷三七《宗室·下邳王晃传》,第 1091 页。

顾江龙先生认为,杨骏召下邳王晃入京,并不是为了防范,而是为了任用。[①]史载司马晃"将诛杨骏,以晃领护军,屯东掖门",[②]说明他对杨骏的拉拢并不买账,反而参与了贾后诛杀杨氏的政变。对于这样一位实力派宗室,贾后只能委以要职。

　　贾后诛灭杨骏,倚仗武帝之子楚王玮和淮南王允。但作为惠帝之弟,楚王、淮南王也在一定程度上威胁惠帝的皇位。有人提议贾后任用张华,"以华庶族,儒雅有筹略,进无逼上之嫌"。[③]祝总斌先生据"进无逼上之嫌"一语认为,这里的庶族指异姓大臣。[④]这说明贾后对宗室有一定的防备。楚王死后不久,武帝次子、惠帝同母弟秦王柬去世。武帝在世诸子中,年龄最长的是淮南王允。惠帝初年,司马允参与诛杀杨骏的政变,[⑤]但本传载其"元康九年入朝"。[⑥]这说明杨骏死后,司马允返回封国,直到元康九年才再次入朝。长沙王乂是楚王玮的同母弟。楚王死后,"乂以同母,贬为常山王,之国"。[⑦]武帝其余诸子,在元康初年或年幼,或像吴王晏"为人恭愿,才不及中人",[⑧]对贾后暂时不构成威胁。

　　贾后对宗室或任用,或调离,有一定的戒备之心。武帝大封诸王,重用宗室。许多宗王掌管地方军政,又与士人交好,政治势力很大。贾后能借宗室的力量诛灭杨骏,正是利用宗室对杨骏专擅的不

① 顾江龙:《太康十年分封与杨骏的兴灭》,第70页。
② 《晋书》卷三七《宗室·下邳王晃传》,第1091页。
③ 《晋书》卷三六《张华传》,第1072页。
④ 祝总斌:《素族、庶族解》,收入《材不材斋文集——祝总斌学术研究论文集》,上编,第216页。
⑤ 《晋书》卷四六《刘颂传》,第1308页。
⑥ 《晋书》卷六四《淮南王允传》,第1721页。
⑦ 《晋书》卷五九《长沙王乂传》,第1612页。
⑧ 《晋书》卷六四《吴王晏传》,第1725页。

满。惠帝智力驽钝,又是梁王等宗室的侄孙一辈,在宗室面前处于相对弱势的地位。作为惠帝的皇后,贾后难免对这些宗王心存忌惮。她只能委任梁王、赵王和宗室旁支,让他们相互牵制。元康年间的高层政局,可用张华所说"权戚满朝,威柄不一"之语来概括。①在这种情况下,贾后需要一支依附于自己的势力,辅助自己掌控朝政。

第二节　元康年间的贾后亲党

贾南风以皇后身份,代替惠帝执掌朝政。她面对的挑战有很多。首先,贾后执政,并非武帝遗命;其次,尽管贾后诛杀汝南王亮和楚王玮,但年长的梁王肜、赵王伦,以及年轻的淮南王允等宗王仍健在,他们的政治号召力不容忽视;此外,王浑这样的武帝朝旧臣仍活跃于政坛。贾后想要长期执政,既需巩固各方势力,也需培植自己的势力。贾氏姻亲,是贾南风发展亲信的重要对象。

一、贾后亲党的成员

贾充、郭槐两家的姻亲,多为曹魏西晋的公卿高官。史称贾后执政,"欲委信亲党"。②她利用贾、郭两家的姻亲关系,与一些朝廷重臣建立了良好的关系。元康年间,贾后能稳定朝局,离不开他们的帮助。我们可以将这些人称作贾后亲党。亲党不只包括贾后的姻亲。张华这样的老臣,也可纳入亲党这一分析框架中。贾后掌控朝

---

① 《晋书》卷三六《张华传》,第 1073 页。
② 《晋书》卷四〇《贾充传附贾模传》,第 1176 页。

政，主要依靠他们的帮助。

贾南风同母妹贾午，嫁给曹魏司徒韩暨曾孙韩寿。韩氏是曹魏西晋时代的大族，韩寿是韩暨次子高阳太守韩繇之孙，侍御史韩洪之子。史载韩氏"自暨已下，世治素业，寿能敦尚家风，性尤忠厚。早历清职，惠帝践阼，为散骑常侍，迁守河南尹。病卒，赠骠骑将军"。①韩寿在元康初年就去世了。《晋书·贾后传》载赵王伦杀贾后，"赵粲、贾午、韩寿、董猛等皆伏诛"。②此时韩寿早已去世，此处的韩寿当为韩蔚。《三国志·魏书》注引《晋诸公赞》曰："（贾）充无后，以寿子谧为嗣，弱冠为秘书监侍中，性骄佚而才出众。少子蔚，亦有器望，并为赵王伦所诛。韩氏遂灭。"③韩蔚是韩寿少子、贾谧之弟。据《晋书·裴頠传》，韩蔚之子韩嵩曾入侍东宫。由是可知，韩蔚在元康年间已有子嗣。但韩蔚既为贾谧之弟，元康年间，他年纪尚轻，难有作为，韩氏家族也无人能执掌朝政。

裴頠是贾后姨母与裴秀所生之子。裴秀曾与贾充争权，但他们的斗争并不激烈，裴秀只是不再担任尚书令，转任司空。贾充虽取胜，但并未置对方于死地。因此，贾、裴两家存在和解的可能。裴秀死后，长子裴濬继承爵位，"至散骑常侍，早卒。濬庶子憬不惠"。④裴濬死后，贾充上表称："秀有佐命之勋，不幸嫡长丧亡，遗孤稚弱。頠才德英茂，足以兴隆国嗣。"⑤贾充推荐裴頠嗣爵的理由，是裴憬"稚弱"。但据《晋书·武帝纪》，裴頠承袭爵位的时间，是咸宁元年十二月，⑥此时他只有九岁，也很"稚弱"。贾充说他"才德英茂，足以兴隆

---

① 《三国志》卷二四《魏书·韩暨传》注引《晋诸公赞》，第 678—679 页。
② 《晋书》卷三一《后妃上·惠贾皇后传》，第 966 页。
③ 《三国志》卷二四《魏书·韩暨传》注引《晋诸公赞》，第 679 页。
④ 《晋书》卷三五《裴秀传》，第 1041 页。
⑤ 《晋书》卷三五《裴秀传附裴頠传》，第 1041 页。
⑥ 《晋书》卷三《武帝纪》，第 65 页。

国嗣",比较牵强。他推荐裴頠,应当另有目的。裴濬与裴頠是否同母所生,史书无载。即便裴濬是郭氏所生,他的儿子裴憬与贾、郭的亲属关系也变远了。贾充让裴頠继承裴秀的爵位,应是为了扶植姻亲。咸宁元年,贾南风与司马衷成婚不到三年,武帝与贾充的关系尚处于"蜜月期"。郭氏门宗强盛,郭槐又是太子妃贾南风之母。扶植裴頠,对太子也有一定的好处,所以武帝允准贾充的请求。裴頠少有重名,承袭爵位后,他的仕途也一帆风顺。太康二年,裴頠年仅十五岁,便出任太子中庶子。①杨光辉先生认为,西晋承袭父祖封爵者,多由五、六品官起家。②据《晋官品》,太子中庶子是五品,太子舍人是七品。③和峤袭爵,起家太子舍人。王衍出身名门,"超为太子舍人"。巨鹿公爵位,是西晋王朝对裴秀这位开国功臣的褒赏。裴頠承袭此爵,所以他的起家官更高。

武帝朝后期,裴頠担任散骑常侍和右军将军等官。武帝死后,贾后诛灭杨骏,裴頠发挥了很大作用。史载:"骏党左军将军刘豫陈兵在门,遇頠,问太傅所在。頠绐之曰:'向于西掖门遇公乘素车,从二人西出矣。'豫曰:'吾何之?'頠曰:'宜至廷尉。'豫从頠言,遂委而去。寻而诏頠代豫领左军将军,屯万春门。"他在诛灭杨骏的政变中发挥了重要作用,为贾后执掌朝政立下功劳。贾后当权,裴頠先后出任侍中、尚书左仆射,④地位显要。

王衍与贾后也有姻亲关系。王衍之妻郭氏,是郭配之弟郭豫之女,是郭槐的堂姐妹。⑤衍在武帝朝虽有重名,但当时他年资尚浅,官

① 《晋书》卷三五《裴秀传附裴頠传》,第 1041 页。
② 杨光辉:《汉唐封爵制度》,学苑出版社,2002 年,第 165 页。
③ 《通典》卷三七《职官十九》,第 1004—1005 页。
④ 《晋书》卷三五《裴秀传附裴頠传》,第 1041—1043 页。
⑤ 《三国志》卷二六《魏书·郭淮传》注引《晋诸公赞》,第 736 页。

位不高。元康年间,他位至领军将军。^①贾后执政,是王衍政治地位上升的关键因素。他的两个女儿分别嫁给贾谧和愍怀太子。随着贾氏与愍怀太子关系恶化,王衍也成为政治漩涡中的人物。贾南风死后,衍也遭免官。直到赵王伦被杀,他才复起,出任河南尹。^②

　　贾、郭与宗室亦有联姻。贾充与前妻李氏所生之女贾荃,嫁给司马攸。她是否生子,史无明文。齐王攸诸子,有记载的共四位。司马攸在世时,长子司马蕤出继辽东王定国,第五子赞、次子寔先后出继广汉王。^③承袭齐王爵位的司马冏,其生母身份及其在攸诸子中的排行,史书皆无记载。蕤、寔作为齐王的长子和次子,不仅未能袭爵,还出嗣旁支,说明二人本无继承爵位的资格。他们应该都是庶子。尽管《晋书》载司马攸死后,"帝往临丧,冏号踊诉父病为医所诬,诏即诛医。由是见称,遂得为嗣",^④但如果司马冏本无袭爵的资格,单凭这一表现,恐怕也很难继承王位。西晋分封诸王,大多由嫡长子承嗣。其余诸子如果才能出众,可以别封一国。以司马懿之弟司马孚一支为例。司马孚封安平王,安平王世子是司马孚长子司马邕。邕先孚而死,安平王爵位由邕之子司马隆继承。司马邕次弟司马望出继伯父司马朗,姑置不论。望之弟辅、晃、瓌、珪、衡、景皆别封他国。^⑤齐国是西晋封国中的大藩,齐王爵位的继承,更应遵循礼法。武帝让司马冏继承爵位,除司马冏表现出众外,还应有更为正式的理由。

　　我推测司马冏是齐王攸的嫡子,他的生母是贾荃。《贾后传》载赵王伦发动政变,"乃率兵入宫,使翊军校尉齐王冏入殿废后。后与

① 《晋书》卷四〇《贾充传附贾谧传》,第1174页。
② 《晋书》卷四三《王戎传附王衍传》,第1237页。
③ 《晋书》卷三八《齐王攸传》,第1135—1136页。
④ 《晋书》卷五九《齐王冏传》,第1605—1606页。
⑤ 以上有关司马孚一支的材料,见于《晋书》卷三七《宗室传》,第1081—1092页。

闿母有隙,故伦使之"。①贾后与齐王闿之母有何嫌隙,传世文献并未明言。②齐王闿在元康年间担当重任,他"拜散骑常侍。领左军将军、翊军校尉"。③贾后废黜愍怀太子前,为保计划成功,将怒斥贾谧的成都王颖调任河北,④这说明她对宗室有所戒备。既然如此,在此敏感时期,贾后为何让司马闿担任禁军将领,颇为令人费解。如果司马闿是贾后之甥,那么这一问题就有了合理的解释。

贾充前妻李氏,是曹魏中书令李丰之女。李丰为司马师所杀,李氏被徙辽东。后来贾充迎娶郭槐,生贾南风和贾午。西晋建国,武帝大赦,李氏得还洛阳。贾充迫于郭槐的压力,"为李筑室于永年里而不往来"。贾荃与其同母妹贾濬"每号泣请充,充竟不往"。武帝让充出镇关中,"公卿供帐祖道,荃、濬惧充遂去,乃排幔出于坐中,叩头流血,向充及群僚陈母应还之意。众以荃王妃,皆惊起而散"。贾荃、贾濬姐妹为使生母回到贾家,做了很多努力。但不久之后,贾南风成为太子妃,"帝乃下诏断如李比皆不得还,后荃恚愤而薨"。⑤郭槐的阻挠,是李氏不能回归贾家的首要原因。贾南风与太子成婚,更是彻底断绝了李氏与贾充重修旧好的希望。因此,贾荃对郭槐和贾南风母女难免心存恨意。

随着贾充、贾荃、李氏与齐王攸相继去世,李氏母女与郭槐的恩怨也告一段落。元康年间,贾后任用司马闿,说明闿与南风之间的关系有所缓和。司马闿毕竟是贾后的外甥,在宗室中有一定的声望,又承

① 《晋书》卷三一《后妃上·惠贾皇后传》,第966页。
② 吐鲁番出土文书古写本《晋阳秋》残卷中,载有惠帝之语:"齐王嫡母□□□母还□(反)相仇恨……"但该文本残缺严重,不能据此推断齐王闿的身世及其母同贾后的恩怨。《吐鲁番出土文书》第四册,文物出版社,1983年,第202页。
③ 《晋书》卷五九《齐王闿传》,第1606页。
④ 《晋书》卷四〇《贾充传附贾谧传》,第1174页。
⑤ 《晋书》卷四〇《贾充传》,第1172页。

继大藩，可以成为贾氏的助力。贾充死后，贾家权势衰落，南风几遭废黜。司马攸遭武帝猜忌，被武帝逼迫而死，司马冏对武帝难免心存恨意。贾南风与司马冏的经历，或使他们抛弃旧怨，在政治上联手。愍怀太子死后，赵王伦为拉拢司马冏，从贾荃与郭槐之间的纠葛入手，挑拨齐王与贾后的关系。史载齐王冏带兵入宫时，"后惊曰：'卿何为来。'"①齐王反水，令贾后始料未及。在这场政变中，贾后、贾午与贾谧皆被诛杀，贾充绝嗣。赵王伦死后，齐王冏执政，"朝廷追述充勋，议立其后"。②按以上推断，贾充是齐王冏的外公。此时郭槐与贾充所生之女，以及郭槐外孙皆已死亡。从贾氏旁支中为贾充择立后嗣，既为顺理成章之事，也可满足齐王冏报复郭槐及其后代的心理。

贾、郭与武陵王澹也有姻亲关系，史称"澹妻郭氏，贾后内妹也"。③司马澹是琅邪王伷次子。伷长子司马觐早亡，觐少弟繇是诛灭杨骏的功臣，与司马澹不和。汝南王亮与卫瓘执政期间，司马繇"密欲废后，贾氏惮之"。在司马澹的构陷之下，繇被免官，"废徙带方"。④元康年间，有关司马澹的事迹记载不多。但贾后废愍怀太子时，时任前将军的澹与赵王伦等"诣东宫，废太子为庶人"，然后"澹以兵仗送太子妃王氏、三皇孙于金墉城"。贾后迁司马遹于许昌，"澹以千兵防送太子，更幽于许昌宫之别坊"。⑤贾后废愍怀太子，司马澹出力甚多，说明他深得贾后信任。澹妻郭氏"初恃势，无礼于澹母。齐王冏辅政，澹母诸葛太妃表澹不孝，乞还繇，由是澹与妻子徙

---

① 《晋书》卷三一《后妃上·惠贾皇后传》，第 966 页。

② 《晋书》卷四〇《贾充传》，第 1175 页。

③ 《晋书》卷三八《琅邪王伷传附武陵王澹传》，第 1122 页。

④ 《晋书》卷三一《后妃上·惠贾皇后传》，第 964 页；卷三八《琅邪王伷传附东安王繇传》，第 1123 页。

⑤ 《晋书》卷五三《愍怀太子传》，第 1460 页。

辽东"。①贾南风死后，司马澹之妻失去靠山。齐王冏与郭氏有宿怨，所以他召回司马繇，流放司马澹夫妇。

除以上诸人外，重臣王戎亦"与贾、郭通亲"。他与贾、郭有何具体姻亲关系，史书并未明言。或许因为裴頠是其女婿，所以王戎也被视作贾、郭姻亲。贾后执政期间，王戎先后担任吏部尚书、尚书左仆射，执掌选官，地位显要。②愍怀太子遭贾南风陷害，王戎和王衍都没有为太子辩护。史称王戎"竟无一言匡谏"。③戎、衍与贾氏牵涉过深，所以在这样的重大问题上，他们没有发表意见。

贾、郭两家也有重要朝臣。贾充从子贾模及贾后从舅郭彰，皆在元康年间得到重用。贾充在世时，贾模"深为充所信爱，每事筹之焉"。贾充没有儿子，贾模是贾充在子侄辈中最信赖的人。贾后执政前，贾模"起家为邵陵令，遂历事二宫尚书吏部郎，以公事免，起为车骑司马"。④值得注意的是，武帝朝后期，史书记载的车骑将军只有杨骏。贾氏诛灭杨骏，贾模亦有参与。或许正是此前与杨骏共事的经历，使贾模对杨骏有一定的了解，所以他能助贾后谋划政变。贾后执政期间，贾模先后担任散骑常侍、侍中。⑤他有一定的政治阅历，是贾氏族人中难得的政治人才。郭彰是贾后从舅，"与贾充素相亲遇，充妻待彰若同生"。他先后担任散骑常侍、尚书、卫将军。⑥元康前期，贾模和郭彰是贾后最得力的帮手。贾氏族人中的另一重要人物，就是贾后之侄、贾午之子贾谧。他是贾后废黜愍怀太子的主要策划人。我将在后文对他作详细分析。

---

① 《晋书》卷三八《琅邪王伷传附武陵王澹传》，第 1122—1123 页。
② 《晋书》卷四三《王戎传》，第 1233—1234 页。
③ 《晋书》卷四三《王戎传》，第 1233 页。
④ 《晋书》卷四〇《贾充传附贾模传》，第 1176 页。
⑤ 《晋书》卷四〇《贾充传附贾模传》，第 1176 页。
⑥ 《晋书》卷四〇《贾充传附郭彰传》，第 1176 页。

武帝晚年,由于贾氏在政治上逐渐边缘化,贾、郭姻亲并未形成政治集团。惠帝即位,特别是贾南风夺取执政权后,裴颜、王衍等人为贾后所用,分任禁军将领、尚书省长官等重要职务。尤为值得关注的,是贾后对门下、散骑二省的控制。贾模死后,裴颜任尚书左仆射,仍保留侍中职位。贾后"复使颜专任门下事",颜称"贾模适亡,复以臣代",①说明此前模"专任门下事"。祝总斌先生认为,专任门下之事,意味着侍中只需"侍从左右,顾问应对,省尚书事",无需负责殿内事务,即皇帝的生活侍奉。祝先生怀疑西晋专任门下事者,与此后南齐侍中祭酒的地位相近,掌管诏令、机密,权力非常大。②贾模、郭彰和韩寿都曾任散骑常侍。贾后用最亲近的姻亲分据门下、散骑要职,是她把控朝政的重要手段。

元康年间,上述士人为贾后效力。贾后亦通过联姻等形式,巩固亲党的内部联系。在她主持下,王衍的长女嫁给贾谧,③便是其例。两汉常有外戚执政,但执政的外戚通常是皇后父兄等父族成员。贾后任用的姻亲,与两汉外戚有很大不同。将这一政治团体称作亲党,比外戚更合适。

贾后亲党对贾后专权的态度并不一致。裴颜"虽后之亲属,然雅望素隆,四海不谓之以亲戚进也"。他还曾联络张华等人,图谋废后。④贾模"潜执权势,外形欲远之,每有启奏贾后事,入辄取急,或托疾以避之"。⑤但古代政治中的"党",通常不是铁板一块。他们之间也会出现政见分歧。裴颜、贾模等人之所以能参与朝廷决策,凭借

---

① 《晋书》卷三五《裴秀传附裴颜传》,第 1043 页。
② 祝总斌:《两汉魏晋南北朝宰相制度研究》,第 243 页。
③ 《晋书》卷五三《愍怀太子传》,第 1459 页。
④ 《晋书》卷三五《裴秀传附裴颜传》,第 1042—1043 页。
⑤ 《晋书》卷四〇《贾充传附贾模传》,第 1176 页。

的是他们与贾南风的姻亲关系。贾后诛灭杨氏，裴頠、贾模或谋划，或参与。贾氏掌权，他们出力甚多。贾模死后，贾后让裴頠取代贾模，专任门下事，可见她对裴頠非常信任。裴頠推让说："崇外戚之望，彰偏私之举……况朝廷何取于外戚，正复才均，尚当先其疏者，以明至公。汉世不用冯野王，即其事也。"[1]裴頠认为，无论自己还是贾模，都属"外戚""后亲"，而非"疏者"。朝廷应在后族之外选拔人才，执掌门下。这说明他自知与贾后无法彻底切割。贾后与愍怀太子矛盾激化，贾后亲属政见不同。贾谧支持皇后，裴頠等人支持太子，王戎、王衍则保持中立。但裴頠并未因支持太子而免除灾祸。有人劝裴頠逊位，"頠慨然久之，而竟不能行"。[2]贾后委任裴頠，裴頠亦受贾氏牵连而死。他属贾后亲党，当无疑义。

二、贾后亲党中的特殊人物——张华

元康年间，张华成为贾后的亲信。尽管张华并非贾、郭姻亲，但经贾模引荐，他与贾后之间建立了紧密的政治联系。他与裴頠、贾模等人也相处友善。元康年间，张华对贾后的重要性，不逊于贾、郭的几位姻亲。我们可以将他纳入亲党这一分析框架之中。加入贾后阵营，使张华的权势达到顶峰，也使他遭遇杀身之祸。

在永康元年四月的政变中，张华与贾后，以及贾后的几位亲信一同遇害。历代史家多对张华持同情态度。唐修《晋书》将张华与卫瓘的传记列入一卷，该卷后的"史臣曰"云："夫忠为令德，学乃国华……卫瓘抚武帝之床，张华距赵伦之命，进谏则伯玉居多，临危则茂先为美……俱陷淫网，同嗟承剑，邦家殄瘁，不亦伤哉！"本卷"赞"曰："贤人委质，道映陵寒。尸禄观败，吾生未安。卫以贾灭，张由赵

残。忠于乱世,自古为难。"①《晋书》修纂者将卫瓘和张华定性为晋朝忠臣,认为他们尽忠于乱世,以致败亡。这一认识是从张华与赵王伦的矛盾中得出的。《晋书·张华传》载:

> 初,赵王伦为镇西将军,挠乱关中,氐羌反叛,乃以梁王肜代之……伦既还,谄事贾后,因求录尚书事,后又求尚书令。华与裴颜皆固执不可,由是致怨,伦、秀疾华如仇……及伦、秀将废贾后,秀使司马雅夜告华曰:"今社稷将危,赵王欲与公共匡朝廷,为霸者之事。"华知秀等必成篡夺,乃距之。雅怒曰:"刃将加颈,而吐言如此!"不顾而出。②

张华得罪赵王伦,主要是因为他不同意给赵王录尚书事及尚书令的职权。赵王准备废黜贾后,欲与张华联手,亦遭张华拒绝。司马伦杀张华,是因为二人之间的私人恩怨。赵王最终篡夺皇位。张华死于这样的奸臣之手,难免令人心生同情。

另一种观点认为,张华没能制止贾氏暴行,其结局实属"罪有应得"。张华先后拒绝裴颜、刘卞的废后之议,还劝颜"优游卒岁"。③王夫之提出:"张华秉国,朝野差能安静,而杨后之废,且请以赵飞燕之罪罪之,依贾谧浮慕之推重,而弗能止其邪;华不能辞亡晋之辜矣。"王夫之认为张华身为"秉国"者,没能保全杨悼后,也没能阻止贾氏乱国。他还说:"华且从容晏处,托翰墨记问以自娱,固自信其智足以游羿彀中而恃之以无惧。不清不浊之间,天下有余地焉以听巧者之优游乎?"④他批评张华"优游卒岁"的态度,认为张华身处高位,却

---

① 《晋书》卷三六"史臣曰"及"赞",第 1078—1079 页。
② 《晋书》卷三六《张华传》,第 1073—1074 页。
③ 《晋书》卷三五《裴秀传附裴颜传》,第 1043 页;《晋书》卷三六《张华传》,第 1072—1073 页。
④ 王夫之:《读通鉴论》卷一二《惠帝》,中华书局,1975 年,第 363、367 页。

缺乏应有的政治担当。在混乱的局面下，这样的做法只能引火烧身。无论是同情张华，还是认为张华缺乏担当、作茧自缚者，都言之有据。但这两种观点都将贾氏执政视作乱国之举，认为张华是可以扭转局面之人。这样的观点是否符合事实，值得思考。如果诛灭贾氏的不是仇视张华的赵王伦，那么张华是否能保全性命呢？在元康政治中，张华扮演了怎样的角色？研究张华在元康年间担任的职务，有助于我们解开这两个谜题。

张华在惠帝朝担任的职务很多，最重要的两个是中书监和侍中。唐修《晋书》将他担任中书监系于楚王玮被杀之后。张华出谋划策，派人以驺虞幡解散楚王的军队。兵乱平息后，"华以首谋有功，拜右光禄大夫、开府仪同三司、侍中、中书监，金章紫绶。固辞开府"。①但据《楚王玮传》和《卫瓘传》，楚王玮起事是在夜间。②张华任侍中和中书监之前担任太子少傅。③如果楚王起事之时，张华仍任太子少傅，那么他夜间不应在宫中，又怎能为贾后出谋划策？《文选》卷一三《鹪鹩赋》李善注引臧荣绪《晋书》曰："后诏加（张华）右光禄大夫，封壮武郡公，迁司空，为赵王伦所害。"④可知右光禄大夫的职衔，是朝廷单独授予张华的，与中书监、侍中的任命时间不同。《北堂书钞》卷五七《设官部》引王隐《晋书》曰："（华）为中书监。永平元年诏曰：'华体良清粹，才识经济。前任中书，有思谋之勤。机密之要，宜得其才。以华为中书监，加侍中。'"⑤这道诏书证明，张华中书监和侍中二职是同时拜授的。《太平御览》卷二四三《职官部》引《晋起居注》曰："元年，诏曰：'中书监、光禄大夫张华，历世腹心，情所凭

① 《晋书》卷三六《张华传》，第 1072 页。
② 《晋书》卷三六《卫瓘传》，第 1059 页；卷五九《楚王玮传》，第 1596 页。
③ 《晋书》卷三六《张华传》，第 1072 页。
④ 《文选》卷一三《赋庚》李善注引臧荣绪《晋书》，第 616 页。
⑤ 《北堂书钞》卷五七《设官部九》，天津古籍出版社影印本，1988 年，第 216 页。

赖。故畴其勋绩，使仪同三司，而虚冲挹损，难违高尚。其以光禄大夫、仪同三司，本职如故。'"①这里的"本职"，指的就是中书监、侍中。《太平御览》卷二〇〇《封建部》也引王隐《晋书》曰："华以建策，加华右光禄大夫、开府仪同三司，固辞不受府，诏听。"②张华在惠帝初年，除解散楚王军队之事外，并不见其他"建策"之事。因此张华拜光禄大夫、仪同三司，应在楚王被杀之后。唐修《晋书·张华传》载："贾谧与后共谋，以华庶族……欲倚以朝纲，访以政事。"③《贾模传》曰："是时贾后既豫朝政，欲委信亲党，拜模散骑常侍，二日擢为侍中。模乃尽心匡弼，推张华、裴頠同心辅政。"④元康初年，贾谧尚未获得权势，贾后亲党中的核心人物是贾模，向贾后推荐张华的也是贾模。《张华传》记载有误。贾模是在杨骏死后、楚王死前，亦即元康元年三月至六月间出任散骑常侍和侍中的。他向贾后推荐张华，任命张华为中书监、侍中，应在此时。以上推论说明，贾后甫一执政，就对张华委以重任，让他进入权力中枢。

正如惠帝诏书所言，张华担任中书监，掌管"机密之要"。武帝在位时，荀勖担任中书监，"久在中书，专管机事"，说明中书监乃掌管机要之职。中书监的另一重要职责，就是为皇帝起草诏书。《通典·职官典》曰："魏晋以来，中书监、令掌赞诏命，记会时事，典作文书。"杜佑举例曰："荀勖为中书监，使子组草诏。……华廙为监……召授子荟草诏。"⑤祝总斌先生指出，西晋从法律上确定了中书监、令起草诏书的职责。⑥张华担任这一职务，意味着他专管起草诏令，成

① 《太平御览》卷二四三《职官部四一》，第 1149 页。
② 《太平御览》卷二〇〇《封建部三》，第 967 页。
③ 《晋书》卷三六《张华传》，第 1072 页。
④ 《晋书》卷四〇《贾充传附贾模传》，第 1176 页。
⑤ 《通典》卷二一《职官三》，第 561 页。
⑥ 祝总斌：《两汉魏晋南北朝宰相制度研究》，第 286 页。

为皇帝的文翰秘书。他还加侍中衔，有了"应对献替"的职责。据《宋书·职官志》，侍中"掌门下众事"。①张华加侍中，有了对朝政的发言权。在这两个职务中，中书监尤其值得关注。侍中可以有多人，但中书监只能有一人。起草诏书，是朝政运行最重要的环节之一。张华担任这一职务，地位相当重要。

如果皇帝智力正常，那么担任中书监兼侍中的朝臣，只是皇帝的高级秘书兼顾问。荀勖在武帝朝任中书监，加侍中衔，却无人将他视作宰辅之臣。惠帝是一个愚鲁的皇帝，无法处理朝政。他需要一个长居左右，代其料理行政文书之人。惠帝即位之初，杨骏起到了这样的作用。武帝梓宫将行，杨骏"不下殿"，说明他就在殿内。史称他"凡有诏命，帝省讫，入呈太后，然后乃出"。②通过与杨悼后的配合，杨骏代替惠帝处理文书，发号施令。不过贾后发动政变时，杨骏不在宫中，③证明他不能长居殿内。与杨骏不同，贾后能顺理成章地长伴惠帝左右。杨氏覆灭后，贾后一人发挥了杨骏和杨悼后两人的作用，在惠帝身边处理政务。担任中书监的张华，实际是为贾南风效力。

元康年间，贾后通过何种方式控制朝政，历来少有学者关注。田中一辉关注贾后对惠帝手诏的控制和利用，指出贾后用皇帝手诏控制朝政，保障自己的执政地位。④惠帝前期，皇帝手诏的确很重要。楚王玮诛灭汝南王亮和卫瓘，便是奉手诏而为。⑤赵王伦废贾后，杀张华、裴頠等大臣，"尚书始疑诏有诈，郎师景露版奏请手诏"。⑥手诏

---

① 《宋书》卷三九《百官志上》，第 1238 页；卷四〇《百官志下》，第 1243 页。

② 《晋书》卷四〇《杨骏传》，第 1178 页。

③ 《晋书》卷四〇《杨骏传》，第 1179 页。

④ 田中一辉：《西晋惠帝期の政治における賈后と詔》，第 817—846 页。

⑤ 《晋书》卷三六《卫瓘传》，第 1059 页。

⑥ 《晋书》卷五九《赵王伦传》，第 1599 页。

比一般诏书更能直接反映皇帝意志。在事态紧急之时,手诏的权威性更强。但手诏只在特殊时期书写、颁发。贾后平日理政,不可能事事都用惠帝手诏来处理。在日常行政中,手诏的作用微乎其微。经中书省拟写、下发的诏书,才是朝廷的正式文书。中书监、令不仅是饱学之士,还要对执政者绝对忠诚。惠帝即位,杨骏改任中书监华廙为尚书令,中书令何劭为太子太师,①将二人调离中书省。次年杨骏被诛,中书令蒋俊也遭杀害。②蒋俊事迹不详。他与杨骏一同被杀,说明他是杨骏的亲信。赵王伦篡位,以宠臣孙秀为侍中、中书监,③亲信义阳王威为中书令,④史称"伦之诏令,秀辄改革,有所与夺,自书青纸为诏,或朝行夕改者数四"。⑤中书监、令必须由执政者最信任的人担任。中书省负责出诏,将执政者的意志转化为朝廷的正式文书。因此,中书省的主官,可以视为执政者的代言人。贾后作为女性,活动范围主要在禁省之内,不能经常与朝臣见面。以废黜愍怀太子的朝会为例。惠帝在式乾殿召见朝臣,贾后并未出面,而是通过宦官董猛向惠帝传递消息。朝议相持不决,贾南风写作表章,提议废太子为庶人,得到惠帝允准。⑥以上事例说明,贾后的活动范围有限,相比杨骏和赵王伦等男性,她更需要一个向朝臣传达意见的"中介"。张华作为中书省的负责人,承担了这一角色。

贾后被杀前,一些人劝张华逊位。《阎缵传》曰:"及张华遇害,贾谧被诛,朝野震悚,缵独抚华尸恸哭曰:'早语君逊位而不肯,今果

---

① 《惠帝纪》载何劭从中书监转任太子太师。结合前引《杨骏传》的记载,可知武帝晚年,华廙担任中书监,何劭担任中书令。《惠帝纪》记载有误。《晋书》卷四四《华表传附华廙传》,第 1261 页;卷四《惠帝纪》,第 89 页。
② 《晋书》卷四《惠帝纪》,第 90 页。
③ 《晋书》卷五九《赵王伦传》,第 1602 页。
④ 《晋书》卷三七《宗室·义阳王威传》,第 1088 页。
⑤ 《晋书》卷五九《赵王伦传》,第 1602 页。
⑥ 《晋书》卷五三《愍怀太子传》,第 1459—1460 页。

不免,命也夫!'"①张华少子张韪"以中台星坼,劝华逊位"。据史书
记载,张华死前,他的身边出现了一些"异象":"华所封壮武郡有桑
化为柏,识者以为不详。又华第舍及监省数有妖怪。"②这些神异之
事未必可信,但结合阎缵的劝告,可知张华将受贾氏牵连而死,或许
已在一些人的预料之中。元康末年,贾后与太子矛盾激化。作为贾
后亲信之人,张华难免卷入斗争漩涡。一旦贾后失败,张华也不能
幸免于难,这应是一些人劝他逊位的原因。

赵王伦死后,张华好友挚虞致信齐王冏,为张华鸣冤。齐王冏
上表,建议为张华、裴頠等人平反。齐王冏是辅政宗王,张华又为篡
位者所杀,确有冤屈之处。按道理,为张华平反,应该是很顺利的,
可实际情况却是"议者各有所执,而多称其冤。壮武国臣竺道又诣
长沙王,求复华爵位,依违者久之"。③反对为张华平反者有很多。与
张华平反的情形不同,为裴頠平反,似乎比较顺利。史载"惠帝反
正,追复(裴)頠本官,改葬以卿礼,谥曰成"。④齐王冏起兵攻打赵王,
"以裴、解为冤首"。裴即裴頠,解即解系、解结兄弟,他们都为赵王
和孙秀所杀。值得注意的是,齐王冏所称"冤首"并不包括张华。司
马冏入京执政,提议为张、裴和解系兄弟平反。永宁二年(302),解
系"追赠光禄大夫,改葬,加吊祭焉"。⑤永宁二年即太安元年(302)。
而张华得到平反,要等到太安二年,比解系更晚。且追复张华的爵
位,是武帝朝所封的广武侯,而非元康年间封授的壮武公。朝廷作
出这一决定,是因为张华受封公爵时,"深陈大制不可得尔,终有颠

① 《晋书》卷四八《阎缵传》,第 1352 页。
② 《晋书》卷三六《张华传》,第 1074 页。
③ 《晋书》卷三六《张华传》,第 1076—1077 页。
④ 《晋书》卷三五《裴秀传附裴頠传》,第 1047 页。
⑤ 以上材料见于《晋书》卷六〇《解系传》,第 1632 页。

败危辱之虑,辞义恳诚,足劝远近"。张华所受公爵"既非国体,又不宜以小功逾前大赏"。①张华作为两朝老臣,功勋卓著,受封公爵,为何有违国体?裴頠是贾后姨表兄弟,朝廷尚能为他平反,并给予谥号。执政者既然追复张华的爵位,也应当给他谥号,但张华并未得谥。从诏书内容看,执政者认为张华在武帝朝有功,但不认可他在惠帝朝的贡献。由此看来,赵王伦死后,许多朝臣对张华在惠帝朝的作为持否定态度。

张华死前,赵王伦亲信张林责备华曰:"卿为宰相,任天下事,太子之废,不能死节,何也?"张华死后,挚虞也上表称:"议者有责华以愍怀太子之事不抗节廷争。"②如果这是张华不能顺利平反的原因,那么同样没有"抗节廷争"的裴頠,为何没有受到指责?我认为张华担任的职务,是他受到指责的关键。张林说他"为宰相,任天下事"。贾后深居宫禁之中。她与前朝大臣的沟通,处理日常政务,要依靠张华。从一些迹象看,贾后或许给张华处理一些事务的自主权。武库大火,"华惧因此变作,列兵固守,然后救之"。③武库火灾,救火的兵力应当来自京城禁军。张华担任的司空、中书监和侍中,皆无调动禁军的权力。合理的解释是,在一些具体事务的处理上,贾后下放权力,使张华有权直接出诏处置。刘卞、赵王伦等人图谋废后,先联络张华,也是因为他们重视张华掌握的权力。因此,张林说他任天下事,并不为过。

作为贾后在前朝的重要代言人,张华无法与贾氏彻底切割。贾氏废黜太子,张华若继续担任中书监,不能"死节"或逊位,那么贾后有构陷太子之罪,张华也无法逃脱罪责。惠帝复位后,嵇绍反对追

① 《晋书》卷三六《张华传》,第 1077 页。
② 《晋书》卷三六《张华传》,第 1074、1076 页。
③ 《晋书》卷三六《张华传》,第 1073 页。

复张华的爵位,说:"阖棺之责,著于远近,兆祸始乱,华实为之。"①废黜太子,并非张华之意。但张华的职权,决定了他无法免除责任。裴頠是贾氏姻亲,但他直到太子被废前才升任尚书仆射,名位比张华要低,也从未任职中书。从裴、张的职权看,比起张华与贾后的关系,裴頠在政治上与贾后的关系相对疏远。张华是贾后的亲信,当无疑义。为张华平反的过程曲折、困难,也就不难理解了。

三、贾后亲党与愍怀太子关系的变化

元康年间,除宗室和贾后亲党外,另一重要的势力,就是愍怀太子司马遹。武帝曾对廷尉傅祗说:"此儿当兴我家。"他还对群臣称司马遹"似宣帝,于是令誉流于天下"。②这些举动显然是武帝为遹造势。在太子不慧、难以令群臣心服的情况下,宣扬皇孙的聪慧,能带给朝野上下一定的希望。太康十年,司马遹受封为王,"时望气者言广陵有天子气,故封为广陵王,邑五万户"。司马遹的字是"熙祖",有光宗耀祖之意。③贾南风死后,朝廷追册遹曰:"朕奉遵遗旨,越建尔储副,以光显我祖宗。"④由是可见,司马遹是武帝为惠帝指定的继承人。惠帝只有司马遹这一个儿子,但他的弟弟有很多。武帝一房之外的旁支宗室,人数也不少。想要杜绝宗王觊觎皇位之心,强化司马遹的太子地位,是最可行的办法。可以认为,惠帝继承皇位的合法性,来自武帝立储。惠帝稳坐皇位的重要倚靠,是自己的儿子。如果司马遹死亡或被废,那么朝廷很难弹压宗室的野心。

愍怀太子最终死于贾后之手,但他与贾后的关系,并非从一开

---

① 《晋书》卷八九《忠义·嵇绍传》,第 2299 页。
② 《晋书》卷五三《愍怀太子传》,第 1457 页。
③ 《晋书》卷五三《愍怀太子传》,第 1457 页。
④ 《晋书》卷五三《愍怀太子传》,第 1462 页。

始就水火不容。贾后亲党内部权力关系的变化，是导致贾后、太子关系变化的主要原因。史书对此事的记载有些混乱不清，故本书略作梳理。

贾氏家族中，主张结好太子者有不少。贾充之妻、贾南风之母郭槐，是这一派的代表人物。她"以后无子，甚敬重愍怀，每劝厉后，使加慈爱。贾谧恃贵骄纵，不能推崇太子，广城君恒切责之"。①广城君即郭槐。郭槐经历了曹魏、武帝和惠帝朝。贾家权势起落，郭槐是亲身见证者。尽管作为女性，郭槐亲自参与的政治活动不多，但她毕竟是宰相夫人，政治经验要比贾南风姐妹更丰富。司马遹对于朝局稳定的重要性，郭槐应该很清楚。如果太子被废，就会引发朝局动荡，贾南风很难善终。郭槐曾设想"以韩寿女为太子妃，太子亦欲婚韩氏以自固"。这是将司马遹与贾氏深度绑定的绝好机会，但贾后和贾午缺乏远见，"皆不听，而为太子聘王衍小女惠风。太子闻衍长女美，而贾后为谧聘之，心不能平，颇以为言"。②尽管王衍是贾、郭姻亲，但从贾氏与太子联姻的效果看，王惠风毕竟远不如贾午之女。太子成婚，不仅未能拉近他与贾氏的关系，还为他们交恶埋下伏笔。郭槐病重，"占术谓不宜封广城，乃改封宜城。后出侍疾十余日，太子常往宜城第……宜城临终执后手，令尽意于太子，言甚切至"。③由此可见，郭槐是贾、遹关系的重要纽带。

郭槐死前，贾、遹双方的关系已有恶化趋势。《裴頠传》载：

> 頠深虑贾后乱政，与司空张华、侍中贾模议废之而立谢淑妃。华、模皆曰："帝自无废黜之意，若吾等专行之，上心不以为是。且诸王方刚，朋党异议，恐祸如发机，身死国危，无益社

---

① 《晋书》卷三一《后妃上·惠贾皇后传》，第965页。
② 《晋书》卷五三《愍怀太子传》，第1459页。
③ 《晋书》卷三一《后妃上·惠贾皇后传》，第965页。

稷。"颛曰:"诚如公虑。但昏虐之人,无所忌惮,乱可立待,将如
之何?"华曰:"卿二人犹且见信,然勤为左右陈祸福之戒,冀无
大悖。幸天下尚安,庶可优游卒岁。"此谋遂寝。颛旦夕劝说从
母广城君,令戒喻贾后亲待太子而已。①

裴颛劝说郭槐,说明裴、张密谋废后,在郭槐去世之前。由是可知,
郭槐死前,贾后与司马遹的关系就有了恶化的苗头。这应是导致裴
颛忧虑,甚至使他密谋废后的主要原因。太子非贾后亲生,双方关
系难称融洽。但元康前期,在郭槐、贾模、裴颛等人的维系之下,贾
后亲党与司马遹尚能维持表面和谐。

　　郭槐之死,是贾、遹关系的重要转折点。不过据郭槐墓志,郭槐
死于元康六年。②太子被废,是在元康九年十二月,距郭槐死亡已过
三年之久。贾、遹关系的恶化,应该经历了一个较长的过程。贾后
决意废太子前,"宣扬太子之短,布诸远近。于时朝野咸知贾后有害
太子意"。③这一形势的出现,应当晚于元康六年,我认为应在元康八
年前后。而造成这一现象的主要原因,就是贾谧取代贾模,成为贾
后亲党中的核心人物。

　　据陆机《答贾谧诗》,陆机于元康六年,从吴国郎中令调任尚书
郎,"余昔为太子洗马,贾长渊以散骑常侍东宫积年……赠诗一
篇"。④据贾谧本传,他"历位散骑常侍、后军将军。广城君薨,去
职"。⑤元康六年,贾谧祖母郭槐去世,贾谧依制守孝。据陆机之语可
知,贾谧侍讲东宫,早于元康六年。权家玉先生推断,贾谧入侍东

①《晋书》卷三五《裴秀传附裴颛传》,第 1042—1043 页。
② 赵超:《汉魏南北朝墓志汇编》,天津古籍出版社,1992 年,第 7 页。
③《晋书》卷五三《愍怀太子传》,第 1459 页。
④《文选》卷二四《诗丙》,第 1138—1139 页。
⑤《晋书》卷四〇《贾充传附贾谧传》,第 1173 页。

宫,应在元康三年以前。①《答贾谧诗》曰:"鲁公戾止,衮服委蛇。思媚皇储,高步承华。"②说明到元康六年,贾谧与司马遹的关系尚未破裂。《愍怀太子传》曰:

> 太子性刚,知贾谧恃后之贵,不能假借之。谧至东宫,或舍之而于后庭游戏。詹事裴权谏曰:"贾谧甚有宠于中宫,而有不顺之色,若一旦交构,大事去矣。宜深自谦屈,以防其变,广延贤士,用自辅翼。"太子不能从。

裴权提醒太子不要与贾谧"交构",说明当时遹、谧关系尚可。此后二人关系逐渐恶化。太子被废前不久,贾谧与太子弈棋争道,遭成都王颖训斥。③权先生梳理史料,指出太子与贾谧交恶,主要是由于二人弈棋争道、太子婚姻以及太子舍贾谧而于后庭游戏这三件事,④其说或可参考。

贾谧是贾充爵位的继承者,在贾氏家族中有举足轻重的地位。史称贾谧"丧未终,起为秘书监,掌国史"。《晋书》限断之议,就发生在他担任秘书监之时。据贾谧本传,参与议论的朝臣有司徒王戎。⑤据《惠帝纪》,王戎担任司徒,是在元康七年九月。⑥议《晋书》限断,应在此之后。议事结束后,贾谧"寻转侍中,领秘书监如故。谧时从帝幸宣武观校猎,讽尚书于会中召谧受拜,诚左右勿使人知,于是众疑其有异志矣"。⑦所谓"异志",即贾谧与贾后通谋,废除太子。贾谧升

---

① 权家玉:《废愍怀太子事件与西晋政局的全面失控》,第 47 页。
② 《文选》卷二四《诗丙》,第 1141 页。
③ 《晋书》卷五三《愍怀太子传》,第 1458—1459 页。
④ 权家玉:《废愍怀太子事件与西晋政局的全面失控》,第 48 页。
⑤ 《晋书》卷四〇《贾充传附贾谧传》,第 1173—1174 页。
⑥ 《晋书》卷四《惠帝纪》,第 94 页。
⑦ 《晋书》卷四〇《贾充传附贾谧传》,第 1174 页。

任侍中，应不早于元康七年九月。本传既言"寻转侍中"，说明贾谧转任侍中，应在议《晋书》限断后不久，或在元康八年。自此时起，贾后亲党开始谋划易储之事。

谈到贾后亲党，首当其冲的是"贾郭"，郭指贾后从舅郭彰。贾后执政期间，"彰像参权势，物情归附，宾客盈门。世人称为'贾郭'，谓(贾)谧及彰也"。①按这一说法，贾郭指贾谧和郭彰。《贾后传》载杨骏被诛后，楚王玮、东安公繇等掌权，"后母广城君养孙贾谧干预国事，权侔人主。繇密欲废后，贾氏惮之"。②观此，则繇想废贾后，主要原因是贾谧干政。但以上说法有误。元康年间，贾谧与愍怀太子游处。魏晋时代，相互游处的孩童大多年龄相仿。晋武帝与何劭、羊琇皆是同年交好。司马遹与贾谧成婚时间相近，二人的年龄不会相差太多。惠帝初年，贾谧十余岁，并无任何政治资历，很难左右朝廷决策。元康初年的贾郭，应指贾模和郭彰。楚王玮害汝南王亮、卫瓘，"诏使模将中骑二百人救之"。③此时贾模已在皇帝身边供职，担任侍中。司马玮杀卫瓘等人，亲信岐盛建议"可因兵势诛贾模、郭彰，匡正王室，以安天下"。④这说明贾模和郭彰是贾南风的亲信。郭彰事迹不多。元康后期，贾后谋废太子时，不见郭彰有何言论或行动。他应在废黜太子前就已去世，否则不会在如此重要的事情上毫无作为。

贾谧任侍中时，贾模应尚在世。裴頠担任尚书右仆射，推辞专任门下之事，上表称"贾模适亡"。据《惠帝纪》，裴頠任尚书仆射，是在元康九年八月。⑤"适亡"说明此时贾模去世不久。贾模死前，与贾

① 《晋书》卷四〇《贾充传附郭彰传》，第 1176 页。
② 《晋书》卷三一《后妃上·惠贾皇后传》，第 964 页。
③ 《晋书》卷四〇《贾充传附贾模传》，第 1176 页。
④ 《晋书》卷五九《楚王玮传》，第 1597 页。
⑤ 《晋书》卷四《惠帝纪》，第 95 页。

后关系疏远。史称他"每尽言为陈祸福,后不能从,反谓模毁己。于是委任之情日衰,而谗间之徒遂进。模不得志,忧愤成疾"。①元康末年最重要的政治事件,就是贾后废除太子。贾模劝谏贾后的,应该也是此事。他向贾后引荐张华、裴頠,与这二人关系密切,说明他的立场与张、裴相同,支持贾后与太子和谐相处。此后"模知后凶暴,恐祸及己,乃与裴頠、王衍谋废之,衍悔而谋寝"。②郭槐死前,裴頠曾与贾模、张华商议废后,贾模不同意。此次贾模主动谋划废后,应是由于他与贾后关系破裂。离间他与贾后的"谗间之徒",如果不是主张废黜太子的贾谧,就是他的同谋者。贾模死后,贾后亲党的核心人物,从元康初年的贾郭,即贾模、郭彰变为贾谧。太子的地位岌岌可危。

贾谧力劝贾南风废储。他对贾后说:"太子广买田业,多畜私财以结小人者,为贾氏故也……若宫车晏驾,彼居大位,依杨氏故事,诛臣等而废后于金墉,如反手耳。"③贾后诛杀杨氏,开启了废黜太后的先例。愍怀太子如果登上皇位,挟皇权之重而废贾后,的确不难。贾谧点出贾后最担忧的事,其说法易为贾后所接受。裴頠对贾后不满,只能游说郭槐。他和贾后之间的关系,远不如贾谧与贾后亲近。

除上述因素外,元康末年,贾、遹矛盾愈演愈烈,还有一个重要原因,就是太子已经成年。惠帝刚即位时,太子只有十岁出头,年纪尚幼,没有能力参与朝政。他的主要活动是在东宫接受教育。后来司马遹成婚、生子,步入成年。在惠帝无法处理朝政的前提下,作为武帝寄予厚望的皇位继承人,司马遹似乎应当学习理政治国,熟悉朝廷政务,为将来继承皇位打下基础。现有史料中,没有朝臣公开提出类似建议的记载。贾后密谋废储,太子亲信、左卫率刘卞联络

---

① 《晋书》卷四○《贾充传附贾模传》,第1176页。
② 《晋书》卷三一《后妃上·惠贾皇后传》,第964页。
③ 《晋书》卷五三《愍怀太子传》,第1459页。

张华，提议："东宫俊乂如林，四率精兵万人。公居阿衡之任，若得公命，皇太子因朝入录尚书事，废贾后于金墉城，两黄门力耳。"①录尚书事之权，应是太子及其阵营想要得到的，但目前没有迹象显示司马遹参与朝政。最有可能阻挠太子参政的，就是手握执政大权的贾南风。她有意纵容太子享乐。史称"贾后素忌太子有令誉，因此密敕黄门阉宦媚谀于太子曰：'殿下诚可及壮时极意所欲，何为恒自拘束？'……于是慢弛益彰，或废朝侍，恒在后园游戏"。②太子耽于玩乐，是贾后乐见的。如果司马遹走出东宫，参与处理朝廷政务，就会分享贾后的权力。贾后亲党之中，裴頠、贾模努力调和贾、遹关系，他们或许支持贾后与太子分享权力。贾谧经常来往东宫，对东宫的实力非常了解。他与太子关系恶劣，必会坚决反对太子参政。贾谧成为亲党中的核心人物，意味着太子参政无望。这难免让太子有危惧之感，加剧双方之间的矛盾。

在贾谧的鼓动下，贾后冒险一搏，废杀司马遹。这一举动不仅导致贾氏族灭，也使裴頠、张华等人受牵连而死。王戎、王衍亦遭免官。王衍"素轻赵王伦之为人"。司马伦掌权后，王衍"阳狂斫婢以自免"。③贾氏失败，使王氏兄弟的政治发展也遭遇挫折。

第三节　西晋的文学交游与贾谧二十四友

贾谧喜好文学。元康年间，许多文士与他交游，对其吹捧备至。这些文士以二十四友为称。正如前文所论，许多士人结交权贵，是

---

① 《晋书》卷三六《张华传》，第 1073 页。
② 《晋书》卷五三《愍怀太子传》，第 1458 页。
③ 《晋书》卷四三《王戎传附王衍传》，第 1237 页。

为了获得入仕方面的好处。福原启郎先生研究二十四友,认为:
"'二十四友'中的人物大多属于'寒门'……他们以自己的文学才能
或实际行政能力为武器,以此获得当时的最大权贵——贾谧的青
睐。"①张爱波女士认为,二十四友中的多数成员来自中层士族。②两
位学者对二十四友的阶层划分有不同的认识。不过寒门和中层士
族,都是对士族阶层的区分方式。这种区分方式或适用于东晋以后
的士林群体,但西晋时代,严整的士族制度尚未出现。贾谧交游圈
中的许多成员出身公卿世家,说他们是寒族,略显牵强。另一方面,
与一些出身高贵、仕途平顺的人相比,二十四友中的多数人,虽有才
华,但政治发展颇为不顺。因此,想要探究二十四友与贾谧交结的
动机,既需探讨文学交游在西晋士林群体中的地位,也需对这二十
四人的出身、履历进行细致分析。

一、西晋的文学之士

自曹魏以来,草拟诏诰者需具备较高的文学修养。魏文帝以刘
放为中书监,孙资为中书令,"遂掌机密"。刘放初入仕时,为本郡王
松拟写答复曹操的书信,"其文甚丽",③说明他有文才。荀勖能长年
担任中书监,除忠心可靠外,他的文笔出众也是重要原因。司马昭
"将发使聘吴,并遣当时文士作书与孙皓,帝用勖所作。皓既报命和
亲,帝谓勖曰:'君前作书,使吴思顺,胜十万之众也。'"④可见荀勖擅
长作文。张华久任中书之职,"当时诏诰皆所草定"。张华是著名的

---

① 福原启郎:《晋武帝司马炎》,第148页。
② 张爱波:《西晋士风与诗歌——以"二十四友"研究为中心》,齐鲁书社,2006年,第
　233—234页。
③ 《三国志》卷一四《魏书·刘放传》,第456—457页。
④ 《晋书》卷三九《荀勖传》,第1153页。

文学家。武帝让他拟写诏诰,可谓人尽其才。

武帝去世后,政变频发,政局动荡。社会学学者指出,以强力取得政权者,需要将强力转化为正义。宣传是他们完成这一目标的常用手段。①古代政权主要的宣传方式,就是朝廷颁布的诏诰文书。在新皇登基、政权更迭等敏感时期,朝廷颁发的诏令,更是向天下昭示统治者合法性的重要文件。古代识字率低,普通百姓对这些精雕细琢的文诰兴趣寥寥。士人和官僚阶层,是这些诏令的主要阅读者。他们的态度,在很大程度上影响新政权的稳定。因此,惠帝即位后,执政者更需任用文学之士典作诏诰,以文辞华美的诏书强化自己的合法性。贾谧延揽文士,与陆机、邹捷等人交好。赵王伦谄事贾后,或与这些文士早有交往。贾谧死后,除欧阳建、潘岳和石崇外,其余与贾谧交好的文士多为赵王所用。司马伦篡位,以陆机为中书郎。邹捷"与陆机等俱作禅文"。②司马伦死后,"齐王冏以机职在中书,九锡文及禅诏疑机与焉,遂收机等九人付廷尉。赖成都王颖、吴王晏并救理之,得减死徙边,遇赦而止"。③赵王篡夺皇位,合法性严重不足。陆机是当世闻名的文学家,又"职在中书"。他参与撰写九锡与禅位诏书,并不奇怪。

魏晋时期,擅长写作诗赋者大多博物洽闻。汉晋诗赋辞藻华丽,名物典故应用较多。因此,文学之士多通晓名物典故。张华撰《博物志》十篇,史书还记载他识别宝剑、品尝龙肉等故事,"华之博物多此类,不可详载焉"。④左思欲作《三都赋》,"自以所见不博,求为

---

① 格尔哈特·伦斯基:《权力与特权——社会分层的理论》,关信平、陈宗显、谢晋宇译,社会科学文献出版社,2018 年,第 64—69 页。
② 《晋书》卷九二《文苑·邹湛传》,第 2380 页。
③ 《晋书》卷五四《陆机传》,第 1473 页。
④ 《晋书》卷三六《张华传》,第 1070—1077 页。

秘书郎"。①担任秘书郎,就有机会读到皇家藏书,能丰富见识,有益于诗赋的写作。

文学之士博物洽闻,精通典故。他们往往对礼仪制度也很熟悉。张华精通礼制,"晋史及仪礼宪章并属于华,多所损益"。挚虞"才学通博,著述不倦"。他长于作文,"撰《文章志》四卷,注解《三辅决录》,又撰古文章,类聚区分为三十卷,名曰《流别集》,各为之论,辞理惬当,为世所重"。挚虞还精通礼学,"时荀颤撰《新礼》,使虞讨论得失而后施行"。②《晋书·礼志》曰:"及晋国建,文帝又命荀颤因魏代前事,撰为新礼……太康初,尚书仆射朱整奏付尚书郎挚虞讨论之……虞讨论新礼讫,以元康元年上之……有诏可其议。"③挚虞对晋初"新礼"的修正,多被朝廷采纳。阳平束皙作《玄居释》,又著《发蒙记》《补亡诗》及文集数十篇。④《隋书·经籍志》录有"晋著作郎《束皙集》七卷"。⑤他也精通礼制,武帝曾就三日曲水之义询问他和挚虞。⑥西晋重视制礼作乐,礼乐制度是国家体面的象征。朝廷需要挚虞、束皙这样博学洽闻的人充当顾问。

尽管朝廷需要文学之士,但很多文士缺乏良好的家世背景,很难获得晋升。那些有才华,但出身不高的士人,在官僚系统中往往居于边缘地位。比较有代表性的,是从吴、蜀入晋的人士。他们多有文才,但在曹魏、西晋的官僚系统中缺乏根基,易遭歧视。李密担任温县令,"有才能,常望内转,而朝廷无援,乃迁汉中太守"。他心怀不满,作诗

---

① 《晋书》卷九二《文苑·左思传》,第 2376 页。
② 《晋书》卷五一《挚虞传》,第 1419—1427 页。
③ 《晋书》卷一九《礼志》,第 581—582 页。
④ 《晋书》卷五一《束皙传》,第 1428—1434 页。
⑤ 《隋书》卷三五《经籍志》,中华书局,1973 年,第 1063 页。
⑥ 《晋书》卷五一《束皙传》,第 1433 页。

发泄愤懑,触怒武帝,遭免官处分,从此再未获得任命。①李密本是蜀汉官员。可以想见,来北方做官前,他的主要交游对象都在蜀地。李密在洛阳缺乏足够的人脉根基,亦即"无援"。这是他仕途不顺的主因。陆机"尝诣侍中王济,济指羊酪谓机曰:'卿吴中何以敌此?'答云:'千里莼羹,未下盐豉。'"王济只与陆机谈论饮食风俗,谈不上无礼。卢志则对陆机有所冒犯,他"于众中问机曰:'陆逊、陆抗于君近远?'机曰:'如君于卢毓、卢珽。'志默然"。②魏晋时期,直呼对方父祖名讳,乃是社会交往中的大忌。卢志这样做,显然是超越社交底线的。陆氏兄弟文采出众,才华横溢。汉末三国时代,吴郡陆氏涌现出陆绩、陆逊、陆抗等闻名天下的人物,但陆氏后人到了北方,仍遭不公正待遇。

　　吴、蜀士人,以及其他缺乏良好出身的文士,若想得到官职,就需广交游,在不同势力之间左右逢源,寻找仕进机会。陆机为贾谧二十四友之一,后又"豫诛贾谧"。史书说他"好游权门,与贾谧亲善,以进趣获讥"。③他是亡国之余、敌将之后,若不周旋于权贵之间,就无法在官场立足。史称左思"貌寝,口讷,而辞藻壮丽。不好交游,惟以闲居为事"。但元康年间,他与贾谧、石崇等人交游,成为"金谷二十四友"的成员。贾谧请他讲《汉书》,④可见他得到贾谧的重视。左思本不好交游。他加入二十四友,应是为了获得晋升。

　　文学交游与玄学交游之间有一定的隔阂。西晋后期的玄学名士很少写作文章,文学之士大多不善谈玄。朝廷命乐广为河南尹,"广善清言而不长于笔,将让尹,请潘岳为表。岳曰:'当得君意。'广

① 《晋书》卷八八《孝友·李密传》,第 2276 页。
② 《晋书》卷五四《陆机传》,第 1472—1473 页。
③ 《晋书》卷五四《陆机传》,第 1473、1481 页。
④ 《晋书》卷九二《文苑·左思传》,第 2377 页。

乃作二百句语,述己之志。岳因取次比,便成名笔。时人咸云:'若广不假岳之笔,岳不取广之旨,无以成斯美也。'"①此事虽被传为美谈,但也反映出很多玄学名士不擅写作的事实。田余庆先生指出,王衍的玄学水平"声大于实,史籍中除了记他祖述何晏、王弼'贵无'思想和反对裴頠的'崇有'之说等寥寥数语以外,不言他对玄学究竟有什么贡献"。②玄学之士也有长于著述者。郭象作《庄子注》,影响甚广。他早年与庾敳等人交好,后来积极参与政治,为庾敳所鄙。王衍等出身官宦世家的名士,无需著书立说,便能名位俱得。郭象则需要在政治和学术上积极奋进,立功立言,方能在官场中立足。总之,玄学名士崇尚玄虚,但大多对著述之事兴趣寥寥。

相比玄学名士,西晋的文学之士中,少有身居高位、掌管选官大权的核心人物。张华是文学之士中的佼佼者,但他从未担任过吏部尚书。玄学名士操持选官,多提拔那些与他们气质相投的人。潘岳与山涛、裴楷等人不和,题诗曰:"阁道东,有大牛。王济鞅,裴楷辖,和峤刺促不得休。"大牛即山涛。③这是他不服玄学名士的重要表现。但除发牢骚外,潘岳对山涛等人也无可奈何。相比玄学交游,文学交游在曹魏西晋士人交游活动中缺乏足够的话语权,处于相对弱势的地位。

二、张华与文学名士的交游

张华早年得阮籍赏识,后与玄学名士王济、和峤、王戎等人交好。但实际上,他的文化旨趣与阮籍、王戎等人有一定的差异。我们没有看到张华参与玄学清谈,或为《周易》《老子》《庄子》这"三玄"

① 《晋书》卷四三《乐广传》,第 1244 页。
② 田余庆:《东晋门阀政治》,第 8 页。
③ 《晋书》卷五五《潘岳传》,第 1502 页。

作注的记载。他长于文学、博物等领域,但不善于谈玄。

张华有自己的交游圈,他的交游对象多为文学之士。陆机、陆云至洛,"造太常张华。华素重其名,如旧相识,曰:'伐吴之役,利获二俊。'"①陆云与荀隐"素未相识,尝会华坐,华曰:'今日相遇,可勿为常谈。'"陆云和荀隐作文相对,"华抚手大笑"。②这些故事反映出陆氏兄弟与张华的交游情况。张华非常赏识陆机的文章,"尝谓之曰:'人之为文,常恨才少,而子更患其多。'"③敦煌索靖"该博经史,兼通内纬。州辟别驾,郡举贤良方正,对策高第。傅玄、张华与靖一面,皆厚与之相结"。傅氏是北地郡的豪族,自东汉以来世代为官。索靖之父索湛做过北地太守,④很可能与傅氏相互结识。索氏与傅氏一样,都是西北地区的大姓。因此傅玄与索靖交好,并不奇怪。索靖"著《五行三统正验论》,辩理阴阳气运。又撰《索子》《晋诗》各二十卷",⑤说明他确实"通内纬",有文学才艺。张华与索靖交好,主要原因是他欣赏索靖的才华。史载张华"雅爱书籍,身死之日,家无余财,惟有文史溢于机箧……秘书监挚虞撰定官书,皆资华之本以取正焉"。⑥张华将藏书借给挚虞,说明二人私交不错。张华死后,挚虞致信齐王冏,是张华得以平反的关键。束皙也得张华赏识。史载"张华见而奇之……华为司空,复以为贼曹属"。后来有人在嵩山得竹简,"司空张华以问皙,皙曰:'此汉明帝显节陵中策文也。'检验果然,时人伏其博识"。⑦张华看重束皙,应该也是因为束皙文史兼通。

① 《晋书》卷五四《陆机传》,第 1472 页。

② 《晋书》卷五四《陆云传》,第 1481—1482 页。

③ 《晋书》卷三六《张华传》,第 1480 页。

④ 《晋书》卷六〇《索靖传》,第 1648 页。

⑤ 《晋书》卷六〇《索靖传》,第 1649 页。

⑥ 《晋书》卷三六《张华传》,第 1074 页。

⑦ 《晋书》卷五一《束皙传》,第 1430—1433 页。

蜀士陈寿因事遭贬，"司空张华爱其才，以寿虽不远嫌，原情不至贬废，举为孝廉"。后来陈寿撰《三国志》，"张华深善之，谓寿曰：'当以《晋书》相付耳。'"①张华与陈寿友善，也是因为爱重他的史才。

　　文士交游，常"以文会友"，或作文酬答，或点评文章。《文选》卷二四载何劭《赠张华》与张华《答何劭二首》，②说明张华与何劭有作文相酬之事。成公绥有文才，"张华雅重绥，每见其文，叹伏以为绝伦，荐之太常，征为博士"。③左思作《三都赋》，司空张华见而叹曰："班张之流也。使读之者尽而有余，久而更新。"于是豪贵之家竞相传写，洛阳为之纸贵。④当时文章流通依靠传抄。没有名气的文章，容易湮没无闻，最终散佚。张华是西晋文坛的权威人物。对一般文士而言，文章若得张华美评，能流传更广，自己也能名声大噪。

　　张华直接举荐，或在仕途上给予帮助的，大多是文学之士。成公绥就得张华提拔。牵秀祖父牵招是曹魏雁门太守。秀"弱冠得美名，为太保卫瓘、尚书崔洪所知"，但后来他"与帝舅王恺素相轻侮……盛名美誉由是而损，遂坐免官"。在牵秀仕途不顺之时，张华施以援手，请他做自己的司空长史。史称牵秀"任气，好为将帅"，⑤表面上看，他与张华气质相异。但实际上，他也是"金谷二十四友"的成员，说明他有文学才艺。张华提携他，应该也是欣赏他的文学才能。

　　史载张华"性好人物，诱进不倦"，但我们没有看到他提拔了哪些玄学人物。王戎、王衍也很少擢拔文学之士。张华与王戎虽然关

---

① 《晋书》卷八二《陈寿传》，第 2137 页。
② 《文选》卷二四《诗丙》，第 1132—1135 页。
③ 《晋书》卷九二《文苑·成公绥传》，第 2375 页。
④ 《晋书》卷九二《文苑·左思传》，第 2377 页。
⑤ 《晋书》卷六〇《牵秀传》，第 1635 页。

系友好，但他们帮助、提拔的士人，大多来自各自的交游圈。

张华早年担任中书令，受荀勖排挤。太康年间，他遭武帝疏远，罢职闲居。因此，在元康以前，张华提携友人，常把他们推荐给其他公卿。由于张华声望高，又与名士关系友善，所以很多大臣乐于给他情面。陆机至洛，张华"荐之诸公。后太傅杨骏辟为祭酒"。①杨骏做太尉，是惠帝即位之后的事。据《张华传》，惠帝即位后，命张华为太子少傅，"与王戎、裴楷、和峤俱以德望为杨骏所忌，皆不与朝政"。杨骏忌惮张华，不给他实权，但为了收买人心，杨骏还是征辟陆机，给张华情面。

张华多提拔那些官僚群体中的边缘人物，使人容易联想到他的出身。有学者根据张华"少孤贫"，与荀勖"自以大族"排挤张华之事，认为张华出身寒微。②张华之父张平是曹魏渔阳郡守，但去世较早。张华年少时贫穷，"自牧羊"，很可能是因为父亲早亡。史载"同郡卢钦见而器之。乡人刘放亦奇其才，以女妻焉"。③卢钦、刘放都是高官。若张华真的出身寒微，恐怕不能与卢、刘之辈产生交集。刘放是涿郡人，但曹魏建国后，他长年担任中书监，在皇帝身边掌管机要。④如果张华没有足够的人脉资源，使他的名声传到洛阳，就不能得到刘放的认可，更不能娶刘氏之女。范阳张氏的家族地位，的确无法与颍川荀氏这样名士辈出的家族相比。但在曹魏西晋的官僚阶层中，张华的出身并不算低。他帮助那些出身不高的士人，可能是因为他长年被荀勖排挤，易对出身不高的士人产生同情。另一方

---

① 《晋书》卷五四《陆机传》，第 1473 页。
② 仇鹿鸣先生分析张华的政治履历时，认为张华："孤寒的出身不容于以曹魏贵戚为主流的西晋官僚阶层，特别是荀勖自以为大族，憎疾之。"《晋书》卷三六《张华传》，第 1068—1070 页。仇鹿鸣：《魏晋之际的政治权力与家族网络》，第 283 页。
③ 《晋书》卷三六《张华传》，第 1068 页。
④ 《三国志》卷一四《魏书·刘放传》，第 456—457 页。

面,张华长于文学和吏干。具备这两种才能的士人,与张华志趣相投,易得到他的帮助。而西晋的公卿子弟,长于文学者或有之,长于吏干者却不多。他们更愿与玄学名士交游。荀组得王衍赏识,便是其例。那些父祖仕宦显赫的士人,凭借家族的人脉资源,就能广泛交游,名声显著。他们往往不需要张华为之延誉。因此,张华更倾向于提拔寒士,也就不令人奇怪了。

三、贾谧与"二十四友"

研究贾谧与二十四友的交往前,我先对二十四友中的主导人物——石崇的家世和交游对象作简单考察。石崇是西晋开国功臣石苞的幼子。石苞出身小吏。曹魏末年,他成为司马氏集团的得力干将。魏晋之际,他都督扬州诸军事,"镇抚淮南,士马强盛"。但石苞与下属不睦,遭到陷害,"住都亭待罪",最终"以公还第"。他"自耻受任无效而无怨色",在皇帝面前尽可能地放低姿态。这种做法使他不仅保全身家性命,还受任司徒。石苞死后,朝廷将他列于开国功臣的铭飨之中。①仇鹿鸣先生认为,石苞遭到陷害,是由于司马氏集团普遍鄙视他的出身。②西晋其他开国功臣,多为曹魏公卿之后。相比他们,石苞的确出身寒微。史书还说石苞"好色薄行"。正始年间,司马师任命石苞为中护军司马,遭司马懿责备,司马师说:"苞虽细行不足,而有经国才略。"③可见石苞确有薄行之事,司马懿对他印象不佳。尽管他有一定的才能,"所在皆有威惠",④但曹魏末年,他一直主政地方,未在京城做官。这使他无法与居于京城的名士

---

① 《晋书》卷三三《石苞传》,第1000—1003页。
② 仇鹿鸣:《魏晋之际的政治权力与家族网络》,第189—191页。
③ 《晋书》卷三三《石苞传》,第1001页。
④ 《晋书》卷三三《石苞传》,第1001页。

广泛交游。以上各种因素综合起来，使石苞名声恶劣，遭同僚鄙视。

石苞死后，石家仍遭排挤。石苞长子、石崇长兄石统与扶风王骏有矛盾，"有司承旨奏统，将加重罚，既而见原。以崇不诣阙谢恩，有司欲复加统罪"。石崇上表，称其兄"近为扶风王骏横所诬谤，司隶中丞等飞笔重奏，劾案深文，累尘天听"。按石崇所说，武帝免石统之罪后，崇"即以今月十四日，与兄统、浚等诣公车门拜表谢恩……此月二十日，忽被兰台禁止符，以统蒙宥，恩出非常，臣晏然私门，曾不陈谢，复见弹奏，诟辱理尽"。石崇认为，这是由于扶风王"尊势所驱，何所不至，望奉法之直绳，不可得也"。武帝最终没有追究石氏兄弟之罪。石崇时任黄门郎，[①]是皇帝侍从，石氏也是功臣之家。司法机构藏匿石崇兄弟的上奏，罗织罪名，以不谢恩之罪弹劾他们，手段低劣。尽管石苞是西晋的开国元勋，但他的功绩和地位，并未使自己的儿子免遭不公正待遇。

石崇聪颖，史称他"少敏惠，勇而有谋……颖悟有才气"。他好学且勤于事功，"年二十余，为修武令，有能名。入为散骑郎，迁城阳太守。伐吴有功，封安阳乡侯。在郡虽有职务，好学不倦"，可见他长于吏干，还曾立下军功。史称石苞死前"分财物与诸子，独不及崇。其母以为言，苞曰：'此儿虽小，后自能得。'"或许正是因为父兄曾遭陷害，以及自己是幼子，未能承袭爵位，所以石崇格外努力。晋武帝认为他"有干局，深器重之"。武帝晚年，石崇先后担任散骑常侍、侍中，位居枢要，[②]可见武帝的确对他很器重。

石崇与王敦入太学，"见颜回、原宪之象，顾而叹曰：'若与之同升孔堂，去人何必有间。'敦曰：'不知余人云何，子贡去卿差近。'崇

---

① 《晋书》卷三三《石苞传附石崇传》，第 1005 页。
② 《晋书》卷三三《石苞传附石崇传》，第 1004—1006 页。

正色曰：'士当身名俱泰,何至瓮牖哉。'"①在孔门弟子中,子贡以长于游说和经商闻名。石崇是当世富豪。王敦、王衍等玄学名士口不言钱,阮脩则贫穷到难以成亲的地步。王敦说石崇与子贡相似,是在讥讽石崇,暗指石崇敛财,与圣贤的境界相去甚远。石崇则认为士人应当名利双收,不能落到"瓮牖"的地步。他"任侠无行检。在荆州,劫远使商客,致富不赀"。②玄学名士,以及他们推崇的士人如果爱财,多表现为悭吝。王戎"俭啬,不自奉养,天下人谓之膏肓之疾";③和峤"家产丰富,拟于王者,然性至吝,以是获讥于世,杜预以为峤有钱癖"。④这些名士在意声名,即使爱财,也不会轻易暴露自家财富。石崇公开与王恺斗富,"恺以饴澳釜,崇以蜡代薪。恺作紫丝布步障四十里,崇作锦步障五十里以敌之"。⑤可见石崇厚自奉养,不计花费。这种做派与玄学名士格格不入。裴楷与石崇"志趣各异,不与之交",⑥便是例证。

贾谧"好学,有才思",⑦有一定的文化素养和追求。王戎、王衍与裴頠等玄学名士,皆是贾后亲党的重要成员。贾谧与这些名士交往,应该非常方便。但贾谧未能加入玄学名士的交游圈。贾谧祖父贾充与山涛等名士不和,或是原因之一。更为重要的是,贾谧并不具备玄学名士所欣赏的人格。他年少得志,"既为充嗣,继佐命之后,又贾后专恣,谧权过人主,至乃镵系黄门侍郎,其为威福如此"。贾谧不仅作威作福,还"负其骄宠,奢侈逾度,室宇崇僭,器服珍丽,

---

① 《晋书》卷三三《石苞传附石崇传》,第 1007 页。
② 《晋书》卷三三《石苞传附石崇传》,第 1006 页。
③ 《晋书》卷四三《王戎传》,第 1234 页。
④ 《晋书》卷四五《和峤传》,第 1284 页。
⑤ 《晋书》卷三三《石苞传附石崇传》,第 1007 页。
⑥ 《晋书》卷三五《裴秀传附裴楷传》,第 1048 页。
⑦ 《晋书》卷四〇《贾充传附贾谧传》,第 1173 页。

歌僮舞女,选极一时"。①尽管王衍嫁女于贾谧,但这段联姻的主婚人
是贾后。贾谧年少得志,飞扬跋扈,很难得到玄学名士的尊重。裴
颜与贾模交好,很可能对贾谧的做派不以为然。愍怀太子是众望所
归的皇储,东宫官属人才济济。贾谧与太子抗衡,需得到士人群体
的支持。石崇与贾谧皆与玄学名士关系不佳。二人皆奢侈骄横,性
情相投。因此,贾、石交好,并不令人意外。除此之外,贾后亲党毕
竟人数有限。在"权戚满朝"的局面下,贾后及其亲党需要壮大自身
势力。贾谧广交文士,也有政治上的考虑。

贾谧本传载二十四友之事曰:

> 海内辐凑,贵游豪戚及浮竞之徒,莫不尽礼事之。或著文
> 章称美谧,以方贾谊。渤海石崇欧阳建、荥阳潘岳、吴国陆机陆
> 云、兰陵缪徵、京兆杜斌挚虞、琅邪诸葛诠、弘农王粹、襄城杜
> 育、南阳邹捷、齐国左思、清河崔基、沛国刘瓌、汝南和郁周恢、
> 安平牵秀、颍川陈眕、太原郭彰、高阳许猛、彭城刘讷、中山刘舆
> 刘琨皆傅会于谧,号曰二十四友,其余不得预焉。②

二十四友常在石崇的金谷别馆会饮。《石崇传》称"崇有别馆在河阳
之金谷,一名梓泽"。③石崇豪爽好客。据其《金谷诗叙》,他有"别庐"
在河南金谷涧,应即《石崇传》提到的"梓泽"。元康六年,征西大将军
王诩将还长安,石崇"与众贤共送往涧中,昼夜游宴,屡迁其坐。或登
高临下,或列坐水滨。时琴瑟笙筑,合载车中,道路并作……凡三十
人"。④可见金谷之会的盛况。石崇富于财力,热情好客,又与贾谧交

---

① 《晋书》卷四〇《贾充传附贾谧传》,第 1173 页。
② 《晋书》卷四〇《贾充传附贾谧传》,第 1173 页。
③ 《晋书》卷三三《石苞传附石崇传》,第 1006 页。
④ 余嘉锡笺疏:《世说新语笺疏》卷中之下《品藻》,第 628 页。

好,自然成为贾谧与二十四友交游谈宴的"东道主"。欧阳建是石崇之甥,也是当世著名的文学家。①他也追随石崇,加入贾谧的交游圈。

二十四友中,崔基、刘瓌生平不详。余下二十二人,除石崇外,可大致分为以下几类。首先是贾充故史,代表人物是潘岳。潘岳入仕之初,即为贾充属史。他称自己"少窃乡曲之誉,忝司空太尉之命,所奉之主,即太宰鲁武公其人也"。但他后来仕途不顺,又与玄学名士关系不佳。惠帝即位后,杨骏召潘岳为太傅主簿。杨骏被诛,潘岳不仅遭到除名处分,还险些丧命。②史称他"未几,选为长安令……征补博士,未召,以母疾辄去,官免"。潘岳在《闲居赋》中说自己"亲疾,辄去官免……太夫人在堂,有羸老之疾,尚何能违膝下色养,而屑屑从斗筲之役?于是览止足之分,庶浮云之志",可知《闲居赋》作于他因母疾免官之时。表面上看,这篇文章是在表明自己的闲居之志,但潘岳也提到自己"自弱冠涉于知命之年,八徙官而一进阶,再免,一除名,一不拜职,迁者三而已矣",③颇有不得志之意。

贾谧延揽文士,给潘岳的政治生涯带来转机。贾谧是潘岳故主贾充之孙,潘岳与贾氏早有渊源。他仕宦不顺,需要结交权贵以为助援。为贾氏效力,是他现实可行的选择。岳"与石崇等谄事贾谧,每候其出,与崇辄望尘而拜"。史载元康年间,潘岳复起,出任著作郎、散骑侍郎、给事黄门侍郎。④贾谧在元康后期先任秘书监,又担任侍中。潘岳从著作郎转任散骑、门下,迁转路径与贾谧相近,应当不是巧合。史称"构愍怀之文,岳之辞也……谧《晋书》限断,亦岳之辞

---

① 《晋书》卷三三《石苞传附欧阳建传》,第 1009 页。
② 《晋书》卷五五《潘岳传》,第 1503—1504 页。
③ 《晋书》卷五五《潘岳传》,第 1504—1505 页。
④ 《晋书》卷五五《潘岳传》,第 1504 页。

也"。①贾谧以诗赠陆机,亦由潘岳代笔。潘岳是贾谧身边最得力的写手。谧迁任侍中,也将岳调至门下。潘岳仕途、交游皆不顺利。他为贾谧尽忠竭力,双方关系已超出一般交游的范畴。潘岳母亲"数诮之曰:'尔当知足,而干没不已乎?'而岳终不能改"。②潘岳"干没"的,应是贾氏与太子的斗争。他成为贾氏徒党,充当这一朋党的"冲锋者"。贾氏覆灭后,赵王伦和孙秀执政。据潘岳本传,岳曾"挞辱"孙秀,与秀结怨。秀于是诬蔑岳与石崇密谋叛乱,诛灭潘氏三族。③表面上看,潘岳被诛,是因为他与孙秀有私怨。实际上,潘岳为贾氏亲党尽心尽力,即使执政者不是孙秀,他也难逃诛戮。

　　除潘岳外,二十四友中的贾氏故吏还有缪徵。贾谧死后,阎缵说潘岳和缪徵"皆谧父党,共相沈浮,人士羞之"。④潘岳是贾充故吏,与贾谧生父韩寿并无太多交集。因此这里的"父党",应指贾谧祖父贾充旧党。由此可见,缪徵与潘岳一样,都与贾充关系密切。贾谧与文士交游,贾充故吏是其首选。

　　二十四友中的另外一类,是贾氏亲党以及与贾氏合作的朝臣子弟。郭彰是贾后从舅,也是贾谧的长辈。贾谧与他交好,并不奇怪。颍川陈眕,《晋书》无传。《石勒载记》载石勒攻克新蔡,降附于他的西晋王公中,有"广陵公陈眕"。⑤东晋末年,荀伯子上疏称:"故太尉广陵公准党翼贼伦,祸加淮南,因逆为利,窃飨大邦。值西朝政刑失裁,中兴因而不夺。"⑥所谓"党翼贼伦,祸加淮南",指的是赵王伦称帝前夕,淮南王允起兵攻打赵王,"(陈)徽兄准时为中书令,遣麾骍

---

① 《晋书》卷五五《潘岳传》,第 1504 页。
② 《晋书》卷五五《潘岳传》,第 1504 页。
③ 《晋书》卷五五《潘岳传》,第 1506 页。
④ 《晋书》卷四八《阎缵传》,第 1356 页。
⑤ 《晋书》卷一〇四《石勒载记上》,第 2713 页。
⑥ 《晋书》卷三四《羊祜传》,第 1024 页。

虞幡以解斗。伦子虔为侍中，在门下省，密要壮士，约以富贵。于是遣司马督护伏胤领骑四百从宫中出，举空版，诈言有诏助淮南王允。允不之觉，开陈纳之，下车受诏，为胤所害"。①此处的陈淮就是陈准。陈准间接害死淮南王允，得到赵王伦的表彰，受封广陵公。这一爵位由陈准的后代继承，一直传到东晋。陈眕应是陈准之子。

陈准在元康年间担任中书令，与中书监张华共事。张华是贾后处理朝政的重要助手，陈准的作用与张华相近。但相比张华，陈准处事低调。《太平御览》引《晋诸公赞》曰："陈准为中书令，张华为监。准与华俱处机密而推崇之，每直日，有诏书，无小大，辄先示华，了不措意。华得诏书，不以示准。省中号准为中书五郎，其从容如此。"②他推崇张华，淡然处事。贾氏、张华被杀，陈准能保全性命，应与他的处事方式有关。陈准是陈群之叔陈谌曾孙，其父陈佐官至青州刺史。③魏晋时期，颍川陈氏最有名的房支，当属陈群及其子陈泰。但《三国志·魏书》裴松之注引《陈氏谱》曰："群之后，名位遂微。"④仇鹿鸣先生认为，《陈氏谱》这条材料反映的是颍川陈氏在西晋的状况。高贵乡公遇弑后，陈泰要求司马昭处置贾充，态度激烈。仇先生指出，颍川陈氏从此与司马氏集团分道扬镳，"西晋建国之后，汉魏二朝四世并有重名的颍川陈氏毫无征兆地突然衰落，子孙虽仍有仕宦，但已非政治核心圈中的人物"。⑤随着陈泰与司马昭决裂，颍川陈氏中最有名望的一支就此衰落。但从陈佐、陈准这一房支的仕宦情况看，颍川陈氏仍活跃于西晋政治的核心圈。所谓"群之后，名位

---

① 《晋书》卷六四《淮南王允传》，第 1722 页。
② 《太平御览》卷二二〇《职官部一八》，第 1045—1046 页。
③ 《三国志》卷二二《魏书·陈群传》注引《陈氏谱》，第 642 页。
④ 《三国志》卷二二《魏书·陈群传》注引《陈氏谱》，第 642 页。
⑤ 仇鹿鸣：《魏晋之际的政治权力与家族网络》，第 183 页。

遂微",反映的不是颍川陈氏的整体情况,而是陈群的后人名位衰微。陈佐一支在政治上发展较慢。陈准行事谨慎,可能与家族历史有一定关系。他担任中书令,说明贾后对他很信任。陈准结好贾氏,符合情理。其子陈眕与贾谧交好,或是他结好贾氏的策略。

其余的金谷诸友中,陆机、陆云兄弟和左思,都是闻名当世,但缺乏良好出身者。挚虞、邹捷、杜斌、诸葛铨、王粹、杜育、和郁、周恢、牵秀、许猛,以及刘舆、刘琨兄弟,都是魏晋公卿之后。挚虞的父亲挚模官至太仆卿,级别不低。但挚虞并未凭其家世背景直接入仕,而是举贤良出身,"与夏侯湛等十七人策为下第,拜中郎"。武帝于东堂再次策问,挚虞对答恰当,"擢为太子舍人"。①挚虞出身公卿世家,但他取得官位,步入清途,凭借的主要是学识。家族势力对他并无太大佐助。

和郁是和峤之弟,与和峤关系不佳。和峤在武帝晚年力主废黜太子。惠帝即位后,和峤担任太子司马遹的少傅,"太子朝西宫,峤从入。贾后使帝问峤曰:'卿昔谓我不了家事,今日定云何?'峤曰:'臣昔事先帝,曾有斯言。言之不效,国之福也。臣敢逃其罪乎。'"这说明贾后对和峤当年的谏言耿耿于怀。峤于元康二年去世。奇怪的是,他承袭上蔡伯爵位,死后应有谥号。据《晋书·和峤传》,他死后,朝廷只是"赠金紫光禄大夫,加金章紫绶,本位如前。永平初,策谥曰简"。②中华书局点校本《校勘记》曰:"《斠注》:上文云元康二年卒,永平纪元在元康之前,不应先策谥而后卒也,此有误文。按:殿本改'永平'为'永康'。永康距元康凡九载,不应死后九年而后策谥。'永平初'三字疑驳文。"③今察百衲本、池州本、汲古阁本、殿本

---

① 《晋书》卷五一《挚虞传》,第 1419—1424 页。

② 《晋书》卷四五《和峤传》,第 1283—1284 页。

③ 《晋书》卷四五《和峤传》后《校勘记》,第 1292 页。

及金陵书局本,除殿本外,各本此处均作"永平初"。殿本改"永平"为"永康",虽无版本依据,但或许符合史实。若"永平"为讹误,那么永康初年,或许是朝廷给和峤追加谥号的时间。永康距元康二年已过八载。和峤死后八年有余,方得策谥,的确不同寻常。合理的解释是,贾后对和峤心怀不满,所以一直不给他谥号。直到贾后被杀,和峤才得策谥。和郁与其兄不合。他与贾氏交好,以示忠诚,并不奇怪。

牵秀与刘琨兄弟都是公卿之后。牵秀祖父牵招是曹魏雁门太守。秀"弱冠得美名,为太保卫瓘、尚书崔洪所知",但他后来"与帝舅王恺素相轻侮……盛名美誉由是而损,遂坐免官"。[1]刘琨"祖迈,有经国之才,为相国参军、散骑常侍"。以辈分推算,刘迈应活跃于魏末晋初,所谓"相国"应指司马昭或司马炎。刘琨之父刘蕃"清高冲俭,位至光禄大夫"。琨"少得俊朗之目,与范阳祖纳俱以雄豪著名"。[2]刘氏兄弟亦曾得罪王恺,他们"少时为王恺所嫉,恺召之宿,因欲坑之。崇素与舆等善,闻当有变,夜驰诣恺,问二刘所在,恺迫卒不得隐。崇径进于后斋索出,同车而去。语曰:'年少何以轻就人宿!'舆深德之"。[3]刘舆、刘琨兄弟与牵秀、石崇相似,都有任侠豪迈之气。后来牵秀依附于成都王颖。刘琨家族与赵王伦联姻,贾谧死后,刘琨"父子兄弟并为伦所委任",[4]可见他们对于功名仕进都很热心。石崇反对士人居处"瓮牖",与牵、刘志趣相投。他们都与王恺不和。石崇、刘琨等人攀附贾谧,一方面是为了得到当权外戚——贾氏的保护,另一方面也是为了得到政治上的提升。

弘农王粹是王濬之孙。平灭吴国后,王濬与王浑争功,"为浑父

[1] 《晋书》卷六〇《牵秀传》,第 1635 页。
[2] 《晋书》卷六二《刘琨传》,第 1679 页。
[3] 《晋书》卷三三《石苞传附石崇传》,第 1007—1008 页。
[4] 《晋书》卷六二《刘琨传》,第 1679 页。

子及豪强所抑,屡为有司所奏"。①太原王氏势力强大,王湝得罪他们,使自己陷于孤立,遭受排挤。②尽管王湝之孙王粹尚武帝女颍川公主,但王家的处境没有根本性改变。王湝的两位孙子,"过江不见齿录"。桓温上表说:"湝今有二孙,年出六十,室如悬磬,糊口江滨,四节蒸尝,菜羹不给。"③王湝后人落魄至此,反映出这一家族在两晋时期的真实处境。

许猛是曹魏中领军许允之子。许允得罪司马师,遭流放辽东的处分,客死他乡。《晋书·武帝纪》曰:"高阳许允既为文帝所杀,允子奇为太常丞。帝将有事于太庙,朝议以奇受害之门,不欲接近左右,请出为长史。帝乃追述允夙望,称奇之才,擢为祠部郎,时论称其夷旷。"④杀害许允的是司马师,此处的文帝当为景帝。西晋建国前,许允为司马氏罪人,当属无疑。武帝提拔许奇,使许家摆脱了获罪之门的身份。但魏晋时期,父祖权势对儿孙仕途很重要。许允死时,其子许猛、许奇尚幼。兄弟二人早早失去父亲护佑,对他们的仕途发展不利。王粹和许猛都有依附权门,为自己谋求晋升的需要。

与玄学交游不同,文学交游在士林群体中的地位不高。一些文士与张华交好,得到张华的帮助。⑤但张华的交游对象毕竟有限。贾谧为扩大势力而广交文士;许多文士也需要得到权贵的提携,双方可谓一拍即合。文士与贾谧交游,也确实获得了一定的好处。潘岳进入朝廷中枢,便是其例。据《三国志·魏书·夏侯玄传》裴松之注

① 《晋书》卷四二《王湝传》,第 1215 页。
② 有关王浑、王湝争功一事,可参看仇鹿鸣:《魏晋嬗代史事考辨》第四节《伐蜀之役与司马氏集团内部的矛盾》,《魏晋之际的政治权力与家族网络》,第 148—149 页。
③ 《晋书》卷四二《王湝传》,第 1216—1217 页。
④ 《晋书》卷三《武帝纪》,第 80 页。
⑤ 《晋书》卷五四《陆机传》,第 1473 页。

引《世语》,元康年间,许奇做司隶校尉,许猛做幽州刺史。[1]司隶校尉主司纠察京畿,担任这一职务的人多为执政者的亲信。司马昭辅政,以钟会为司隶校尉,便是例证。许奇能做司隶校尉,许猛出任一方刺史,说明许氏兄弟得到贾氏信任。

陆机在元康年间先后担任太子洗马、吴国郎中令和尚书中兵郎。据其所作《皇太子赐谍》,他从东宫调任吴国,是在元康四年秋。[2]两年后,他迁任尚书郎。潘岳代贾谧作诗,赠予陆机,提到"藩岳作镇,辅我京室。旋反桑梓,帝弟作弼。或云国宦,清涂攸失。吾子洗然,恬淡自逸"。这里的"藩岳"指的是吴王出藩。当时很多人把王国官视为浊选。陆机此调,对其仕途发展不利。潘岳又曰:"廊庙惟清,俊乂是延。擢应嘉举,自国而迁。齐辔群龙,光赞纳言。优游省闼,珥笔华轩。"[3]陆机经选拔担任尚书郎,又从"国宦"转回"清涂"。此次迁转是否得益于贾谧的帮助,史无明文。不过陆机既与贾谧交好,贾谧助他调职,也在情理之中。潘岳代表贾谧,在赠诗第十节写道:"发言为诗,俟望好音。"按常理,赠诗可到此结束,但该诗还有最后一节:"欲崇其高,必重其层。立德之柄,莫匪安恒。在南称甘,度北则橙。崇子锋颖,不颓不崩。"李善注"在南称甘"句曰:"言甘以移植而易名,恐人徙居而变节,故引以诫之。"[4]吴士在洛阳遭到排挤,赠诗提及南北之异,显然超越了以文会友的界限。陆机自东宫赴吴国之时,潘岳以自己的名义赠诗。他年长陆机十四岁,是陆机的前辈,但他在诗中主要夸赞陆机的才能,以及自己对陆机

① 《三国志》卷九《魏书·夏侯玄传》注引《世语》,第304页。
② 《陆机集》卷五《诗》,中华书局,1982年,第38页。
③ 《文选》卷二四《诗丙》,第1154—1155页。
④ 《文选》卷二四《诗丙》李善注,第1155页。

的欣赏，并无告诫之语。①岳以贾谧名义所作之诗，以颇为刺耳的叮嘱作结尾，显然出自贾谧授意。贾谧的这种做法，可以有两种理解：一是他自恃权势，对陆机横加指斥；二是陆机任尚书郎，贾谧为其推荐者。他以荐主的身份，叮嘱陆机尽心尽力。这两种可能或许兼而有之。陆机热衷功名，他交结贾谧，显然也是为了谋求晋升。

　　文士与贾谧交往，多是为自己谋求利益。很多骨鲠之士不愿与贾谧交友，比如嵇绍。史称"侍中贾谧以外戚之宠，年少居位，潘岳、杜斌等皆附托焉。谧求交于绍，绍距而不答"。②赵王伦执政，陆机、和郁与刘琨兄弟迅速转变立场，为赵王效命。当年王济遭贬抑而终，故友孙楚"哭之甚悲，宾客莫不垂涕"。王济生前喜听孙楚作驴鸣，孙楚"向灵床曰：'卿常好我作驴鸣，我为卿作之。'体似声真，宾客皆笑。楚顾曰：'诸君不死，而令王济死乎。'"③王、孙之间的交往情真意切，令人感动。王澄死后多年，王敦还提起自己当年与王澄并列四友之事。贾谧死后，迫于赵王伦等人的压力，贾氏宾客故友无人怀念贾谧，是可以理解的。但在赵王伦、齐王冏等人死后，贾谧也未得到故友追思的只言片语，不禁令人有世事炎凉之感慨。

小　结

　　贾后与晋武帝关系不佳，但她的统治策略与武帝不无相似之处。贾后无法撼动宗室等潜在的反对势力，只能对他们加以委任，

---

① 《文选》卷二四《诗丙》，第 1156—1158 页。
② 《晋书》卷八九《忠义·嵇绍传》，第 2298 页。
③ 《晋书》卷四二《王浑传附王济传》，第 1207 页。

以图安抚。面对纷繁复杂的朝局,贾后以姻亲网络为依托,拉拢了一批朝士,让他们为己所用。她能诛杀杨骏和楚王玮等人,主要依靠这些士人为自己出谋划策,贡献力量。这些士人或对贾南风的一些作为不以为然,但他们凭借自己与贾氏的关系得到重用,与贾氏一荣俱荣、一损俱损。贾后不是皇帝,但作为代行皇权者,她身边的亲党士人,仍是依附于皇权的政治力量。

在西晋的士人交游活动中,文学交游地位不及玄学交游,在政坛中缺乏足够的话语权。与贾谧交结的名士,多有仕途晋升方面的需要。他们与贾谧交往,在一定程度上达到了自己的目的。二十四友吹捧贾谧,贾谧也对陆机等人有所提携。不过需要注意的是,多数士人并未与贾氏结党,也就谈不上与贾氏"绑定"。陆机等人与赵王伦合作,便是例证。贾氏覆灭后,尽管阎缵上疏,要求严惩这二十四人,①但除潘岳、石崇这样与贾氏牵涉过深者外,二十四友中的其他成员并未受罚。他们与贾谧交游,大多只是利用贾氏,为自己的仕途发展牟取利益。这种行为与结党相争有本质区别。

---

① 《晋书》卷四八《阎缵传》,第 1356 页。

结　语

　　自西汉中期以来，士人群体在政治上发挥了很大的作用。但正如一些学者所说，汉代的儒生，在权力夹缝中伸张儒家的政治理想。西汉的士大夫群体尚未形成"群体自觉"，对于外戚掌权的现状尚无明确的抗争意识。西汉后期的复古改制，实际是拥护复古改制的儒生与其他势力进行的一场党争。外戚是改制派朋党的"指挥官"，熟习儒家经典的士大夫是"冲锋者"。这场党争的结局，是王莽摘取了改制的胜利果实，利用外戚身份与其在儒生群体中的威望夺取了皇位。新莽政权的建立，是王莽与哀帝朝末期拥护复古改制的士大夫合作的结果。值得注意的是，哀帝朝末期，拥护复古改制这一朋党的"领头羊"是董贤。哀帝死后，王莽取代董贤，领导该朋党。

　　东汉前、中期，史书中的士大夫经常展现出不与外戚势力同流合污的态度。不少正直士大夫与不法外戚对抗，甚至不惜杀身成仁。但实际上，士大夫需要在外戚势力的庇护下施展自己的抱负。外戚经常主动交结儒士，还利用职权征辟儒士进入幕府；儒生也青睐外戚属官之职。许多士大夫即使在朝堂上反对外戚的逾制行为，也会留有一定余地，与外戚家族的部分成员保持相对友好的关系。相比外戚，宦官始终缺少与士大夫产生正当的政治联系的方式。因此,士大夫始终不将宦官视作皇权的合法辅助者。他们对待外戚和宦官的态度有很大差别。

东汉后期,以李膺、陈蕃为首的正直士大夫与外戚窦武联合,谋划诛灭宦官。这些士大夫与政敌斗争的模式与此前的党争相近。他们依附于外戚,以外戚为"指挥者"。宦官打击"党人",株连这些士大夫门生的做法,也与两汉政治斗争的惯例一脉相承。因此,党锢之祸在朝堂上的表现形式,与汉代此前的政治斗争有很强的延续性。这一时期,士人交游已形成独特的场域,在士林群体中出现。很多正直的士大夫有了与当权者抗争的意识。他们以道德标准"裁量执政",相互品评。这些士大夫对于"同德比义"有很高的判断标准。什么样的人可被视作"同侪",什么样的人应当摈斥于自己的交际圈外,士大夫通常有自己独立的看法。这是士人群体逐渐发展、壮大所产生的必然结果。

祝总斌先生统计东汉士人的数量,认为东汉一朝士人总数约为十五六万,每代士人约三万之数。祝先生坦言,由于史料所限,东汉已是这一考证能达到的最早时段。[1]自汉武帝"独尊儒术"至东汉后期这二百余年间,由于征辟、察举和策试多以经学儒术为标准,在功名利禄的驱使下,士人群体的数量应呈总体上升的趋势。东汉的士人数量,应比西汉后期要多。士人数量在全国总人口中所占比重不大,但他们上可为公卿,下可为游士。作为知识群体中的精英阶层,他们对社会舆论有着很大,甚至是决定性的影响。士林群体的活动,是任何当权势力都不能轻视的。

世入魏晋,士大夫在朝堂之上的结党活动,摆脱了外戚势力的

---

① 祝总斌:《东汉士人人数考略》,《北大史学》(19),北京大学出版社,2015 年,第346—347 页。

影响。在文法吏、宦官等群体退出政治舞台的核心位置后,魏晋士大夫结党不再像汉代那样,有固定的针对对象。他们或为自己小集团的政治利益与其他势力争斗,或在皇帝或代行皇权者的默许下,为巩固执政者的地位而结党。

如果将魏末司马氏集团视作一个大"党",那么司马氏执政者无疑是这一党的核心人物。贾充是司马昭的亲信,他的势力是从这一大党中派生出来的。司马氏登上皇位后,司马氏"霸府"的权力转化为西晋皇权。贾充的势力从原来霸府中的一个派系,转化为朝堂之上的朋党。贾充一度"权拟人主",许多开国功臣和公卿子弟依附于他。可他毕竟不是"人主"。西晋建国前,贾充除短期在淮南战场善后外,从未有过独当一面的经历;在西晋建国后多年,贾充方获开府之权。西晋建国后,依附于贾充的士大夫,与贾充之间多为同僚关系。他们只是在司马氏集团中为自己的利益而结合。从本质上说,贾充一党仍是依附于司马氏皇权的政治势力。因此,随着皇权逐渐变得强势,贾充也只能屈服于皇权。贾充死后,其党羽转而依附于亲近皇权的杨氏外戚,根本原因是该朋党是依附于司马氏皇权的朋党。

西晋建国后,如何防备朝臣尾大不掉,威胁皇权,成为皇帝重要的政治课题。大封宗王,任用外戚,皆是统治者强化皇权的重要举措。除此之外,拉拢、分化朝臣,让他们相互争斗,也是现实可行的策略。在士人结党相争的背后,皇权犹如一只看不见的手,操纵着斗争的局面。

武帝身边的文官侍从,是武帝着意扶植的对抗贾充朋党的制衡性力量。这些士人与武帝年龄相仿,关系密切。太康年间,部分侍从文官遭武帝疏远,直接原因是他们谏阻齐王出藩,与武帝着力扶保太子的意志相悖。此时的武帝,已不是登基之初那个执政根基不稳的青年皇帝了。随着吴国平灭,天下一统,武帝的皇权已十分稳固,无须再扶植朋党,对抗其他势力。因此,太康后期,武帝虽倚重王戎、石崇等侍从,但士人结党相争的迹象再未出现。

相比武帝,贾南风作为实际执政者,其执政合法性不足。为了加强自己的权力,她采取了与武帝相近的策略,拉拢部分士人为己所用。除自家姻亲网络中的士人外,贾后还委任贾模推荐的张华。这些士人为贾后诛除杨骏和楚王玮贡献力量。在诛杀杨骏、卫瓘、汝南王亮等政敌后,元康前期,贾后亲党与宗室、朝臣保持相安无事的状态,他们并未与宗室、朝臣争斗。元康后期,贾谧取代贾模,成为贾后亲党中的核心人物。这是贾后决意废黜太子的关键因素。

元康年间,贾后代行皇权。士人依附于皇权,即依附于贾后。赵王伦发动政变,拘捕贾南风,南风呼惠帝曰:"陛下有妇,使人废之,亦行自废。"①这虽是贾后垂死挣扎的呼救之语,却能在一定程度上反映出惠帝与她相互依赖的关系。赵王伦诛贾后,意味着宗室窃夺皇权。亲党士人作为依附贾后的小团体,或遭诛戮,或遭贬谪,与贾后一损俱损。

曹魏代汉,虽有禅代之名,但实际上,曹魏政权是以武力征服立国的。文帝、明帝政由己出,皇权强势。司马氏诛灭曹爽,取得政权,并非必然。明帝英年早逝,曹爽等执政宗室处事不当,皆是曹氏失去政权的重要原因。从曹魏西晋近百年的历史进程看,魏末司马氏掌权,是皇权从曹氏转移给司马氏的过渡期。司马炎登上皇位,标志着这一过程彻底完成。西晋皇权与曹魏一脉相承,两个王朝皇权的强弱并无本质差别。

为了笼络士大夫群体,西晋政权有宽纵官宦的一面。但另一方

---

① 《晋书》卷三一《后妃上·惠贾皇后传》,第 966 页。

面,西晋皇权仍然居于相对强势的地位。王济、和峤等人既出身名家,又与帝室联姻,身份尊贵。武帝需要他们的帮助,他们就能进入权力中枢。一旦皇恩不再,这些士人就会失去权势。他们除了以"尺布斗粟之谣"讥讽武帝外,再无应对能力。太康年间,王济仕宦不顺,郁郁而终。王济祖父王昶,是魏末的方镇大员。王济之父王浑担任尚书仆射,又是平吴功臣。拥有如此显赫的家世背景,王济仍需仰赖皇帝的恩宠。皇权在士人面前的强势,由此可见一斑。

世入魏晋,交游活动成为士人谋求晋升的重要手段。东汉后期以来,士人交际圈的分化,往往是由他们的文化旨趣决定的。交游圈的核心人物,通常是兼具高官和名士这两种身份的人。士人加入的交际圈不同,他们能够获得的政治资源也不尽相同。玄学名士在曹魏西晋政权中相对强势,他们往往身居高位,有权力推荐、拔擢青年士人。得到玄学名士的赏识,对士人的仕途发展有很大帮助。相比玄学交游,文学名士在曹魏西晋缺乏足够的话语权,文学交游声名不够显著。贾谧、石苞正是利用这一点,延揽那些仕途发展不够顺利的文学之士。这些士人与贾谧交游,得到了一定的好处。

交游中的各方大多平等相待。如果有一方不想维持关系,可以随时断交。与交游相比,结党使士人身不由己。士人参与结党活动,意味着他们卷入朝廷高层的权力争斗。他们需要服从所属朋党的利益,为该朋党作出贡献。这些士人不能轻易地脱离所属朋党,他们与朋党核心成员一荣俱荣、一损俱损。张华、裴頠都是这样的例子。尽管他们并未积极参与贾氏与其他势力间的争斗,但二人仍与贾氏同遭诛灭。相比结党,交游给士人带来的政治利益或许不高,可是它的风险也不算大。汉代有"大逆朋友坐免官"的"故事"。大逆是死罪。朋友所受处罚为免官,远较死罪为轻。即使宦官发动党锢之祸,也只能将士大夫的亲属、门生"禁锢",并未伤害他们的性命。魏晋时代,政治斗争中失败的一方,其友人很少受到牵连。贾谧死后,阎缵要求处罚二十四友,也未能实行。因此,在获取政治利益的各种方式中,交游的风险较低。多数士人愿意以交游的方式获取政治资本,以图仕进。

东汉后期以前,政坛中的核心力量并不是儒士大夫。外戚,以及部分时代的宦官,是辅佐皇权的支配性力量。士大夫群体居于内廷权要之下,在后者的支持下施政。因此,当外戚和宦官,特别是外戚出于巩固自身权力的需要,向士大夫伸出交游的"橄榄枝",多数士人便情愿与之结交。他们为外戚谋划,使外戚的政治作为更符合儒士的期待,帮助外戚巩固执政地位。这一时期的士大夫群体,并无独立的、能够左右政治局势的力量。尽管魏晋以降,外戚执政的现象仍屡见不鲜,但与外戚交游不再是士大夫谋求政治利益的最优选择。某种程度上说,曹魏西晋时代的权威名士取代了汉代外戚,成为士人为谋求晋升而从事交游活动的首选。

曹魏西晋时代,士人常通过交游扩大自己的人脉基础。士人交游活动中的权威人物多为朝廷高官。这些高官是否与其他朝臣结党,为皇帝或执政者效忠,决定了他们的权势大小。他们的权势越大,对友人的提携帮助就越多。士人以交游、结党的方式,组成了一层又一层的关系网络。这些关系网的核心,就是居于宫禁之中的皇帝。从这个意义上看,汉魏革命后,皇权并未遭到严重削弱。晋武帝扶持外戚杨氏,贾充的党羽便纷纷依附杨氏,这既说明外戚仍具备一定的政治号召力,也说明皇帝的意志对士大夫群体的政治选择仍有很强的影响力。

学界研究两晋皇权,多关注东晋门阀执政、皇权衰弱的情况。田余庆先生指出,门阀政治"只是皇权政治在东晋百年间的变态……门阀政治的存在是暂时性的,过渡性的,它是从皇权政治而来，又依一定的条件向皇权政治转化，向皇权政治回归"。①门阀世族脱胎于汉魏时期的士林群体。永嘉南渡后，门阀士人的权势一度跃居于皇权之上。不过曹魏西晋时代，皇权仍是相对强势的力量。

经过东晋一百余年的历史变化，到南朝，士人群体高度分化。相比东晋，南朝皇权相对强势。但正所谓"士大夫故非天子所命"。②高门士族、次等士族和寒族身份有别，等级森严。士人的地位高下，不受皇权干预。面对这样的局面，南朝皇帝的应对办法是"寒人掌机要"，让寒族士人掌握枢要实权。与南朝相比，西晋的士林群体尚未形成明显的身份分化。士人政治地位的高低变化，仍在很大程度上取决于皇帝或代行皇权者的个人意志。

前辈学者研究魏晋政治，大多重视家族因素。自两汉至南朝，家族因素对士人的重要性不断上升。曹魏西晋处在士族发展的早期阶段。如果学界以东晋南朝以后的士族面貌为研究基础，考察曹魏西晋的政治，难免遇到一些困难。正如仇鹿鸣先生总结的，士族一词，最早在《晋书》中使用。但在整部《晋书》中，这一词仅出现四例，其中三例记载的是十六国的情况。③曹魏西晋时期，完整有序的士族制度尚未出现。如何看待家族因素对士人的影响，是一个很大的问题。若论政治发展，同一家族内的不同房支，情况有所差异；同一房支内的不同个体，情况也不尽相同。对一个人，或一个家族的联姻对象进行考察，也是学界研究魏晋家族的重要方式。曹魏西晋时代，通过排查联姻网络，两个世家大族找到他们之间的亲属关系，

---

① 田余庆：《东晋门阀政治》，第 345 页。
② 《南史》卷三六《江敩传》，中华书局，1975 年，第 943 页。
③ 仇鹿鸣：《魏晋之际的政治权力与家族网络》，第 34 页。

或许并不困难,①但这不一定能够促使他们在政治上联合。在某些时候,人们会因姻亲关系而相互亲近;但在另一些时候,为了争夺利益,斗争中的双方也不会顾及彼此之间的亲属关系。在具体的政治事件中,个人因素有时比家族因素更重要。因此,在家族因素之外,寻找其他探索曹魏西晋政治的角度,有一定的必要性。这也是本书写作的动力之一。

　　本书研究士人的交游、结党活动,无意否认家族因素对曹魏西晋士人的重要性。交游、结党作为线索,可以帮助我们认识该时段内的政治与政治文化。如果把家族出身、姻亲关系视为曹魏西晋士人政治的"经线",那么交游就是该领域的"纬线"。经纬交错,不可偏废。希望本书勾勒出的这条"纬线",能对学界认识魏晋政治有一定的帮助。

---

① 以《华芳墓志》所载王浚的姻亲网络为例。王浚的第一任夫人来自济阴文氏,她与王浚所生的三个女儿分别嫁给颍川枣台产、济阴卞稚仁和乐安孙公渊。王浚的第二任夫人卫氏是卫瓘侄女。华芳的家族,则曾与滕氏、任氏、武氏、平原刘氏、颍川荀氏等家族联姻。由此可见,西晋名门望族之间的联姻是非常普遍的。在以上这些家族之中,滕氏、文氏以及枣台产所在的家族,在传世文献中记载甚少。《墓志》载枣台产之父官至太子中庶子,可见这一家族在当时地位不低。可以推想,滕氏、文氏等家族,皆在西晋的官僚系统中有一定的地位。传世文献记载的大族婚姻状况,只是当时大族联姻的冰山一角。《华芳墓志》,马刚主编:《北京市石景山历代碑志选》,同心出版社,2003 年,第 33—34 页。

附录：周、王矛盾与周顗行事

东晋初年，王敦拥兵自重，王氏家族与元帝之间的矛盾很激烈。王敦率军东下，控制朝政，杀害元帝任用的周顗、刁协等人。有关周顗与王氏之间的矛盾，学界关注不多。董刚先生考察包括周顗在内的"中兴四佐"，研究他们在元帝朝的作用。董先生认为周顗的文化名望仅次于王导，又与亲皇室势力关系亲密，故不容于王氏。①将周、王矛盾置于元帝与王氏斗争的线索之中予以考察，有一定的价值。从周顗的交游及家世入手，探讨他和王敦、王导等人的关系，也是研究者可以切入的角度。

周顗渡江后，与王导等名士往来颇多。《晋书》《世说新语》记录了许多周顗南渡后的事迹。但他在洛阳时，与王衍等玄学名士交游的情况，史书记载寥寥。周顗及其弟周嵩为王敦所害。他们的少弟周谟，以及周顗之三子皆未遇害。王敦死后，周谟上疏为其兄争取赠官。后来周谟位至侍中、中护军。②周顗之子周闵官至尚书左仆射、中军将军，周闵之弟周恬、周颐"并历卿守"。③在东晋中后期，周

---

① 董刚：《东晋"中兴四佐"发微》，第62—77页。
② 《晋书》卷六一《周浚传附周谟传》，第1662—1663页。
③ 《晋书》卷六九《周顗传》，第1853页。

氏虽未出现桓温、谢安这样掌控朝政的大人物,但其家族地位仍然显赫。从《世说新语》等处的记载看,王敦之乱平定后,士人对周颛的评价很高。他的事迹应在江左广为流传。两晋士人以清谈为贵,如果周颛与王衍、王敦等极负盛名的玄学名士交好,那么诸家《晋书》及《世说》对此全无记载,恐不合情理。可以推断,周颛并未加入王衍的玄学交游。他和王衍、王敦等人的文化旨趣有一定的差异。

东晋初年,南渡名士多嗜酒酣醉,周颛也不例外。但他在洛阳之时,以性格庄重见称。史载他"少有重名,神彩秀彻,虽时辈亲狎,莫能媟也"。①《世说新语·赏誉》曰:"世目周侯'嶷如断山'。"刘孝标注引《晋阳秋》曰:"颛正情嶷然,虽一时侪类,皆无敢媟近。"②周颛早年不以放达为名,与王澄、胡毋辅之等玄学名士有很大区别。魏晋时代,人们品评人物,常用比拟的方法。《世说新语·品藻》篇记载有人问王导:"周侯何如和峤?"王导答曰:"长舆嵯蘗。"刘孝标注引虞预《晋书》曰:"峤厚自封植,嶷然不群。"③《世说·方正》篇也记载世人以周颛比和峤之事。④可见在中朝之时,周颛确实与和峤齐名。史称和峤"厚自崇重……朝野许其能整风俗,理人伦",⑤说明他庄重自持。一些人还将周颛与乐广相提并论。⑥乐广对王澄等人的放达之风不以为然,说:"名教内自有乐地,何必乃尔!"和峤、乐广皆不以放达为名。时人将周颛与他们相比,说明在南渡以前,周颛与和、乐性格相近。

有关周颛与名士的交游,《晋书》与《世说新语》记载甚多,但我们未见他发起或参与玄学清谈的记录。东晋开国之初,王导、周颛

---

① 《晋书》卷六九《周颛传》,第1850—1851页。
② 余嘉锡笺疏:《世说新语笺疏》卷中之下《赏誉》,第539页。
③ 余嘉锡笺疏:《世说新语笺疏》卷中之下《品藻》,第608页。
④ 余嘉锡笺疏:《世说新语笺疏》卷中之上《方正》,第367页。
⑤ 《晋书》卷四五《和峤传》,第1283页。
⑥ 《晋书》卷六九《周颛传》,第1851页。

皆受元帝重用，位居宰辅。王导虽不预王衍四友之列，但他同样长于清谈。《世说新语·言语》篇载："旧云：王丞相过江左，止道《声无哀乐》《养生》《言尽意》，三理而已。然宛转关生，无所不入。"①记录王导玄谈的材料有很多，在此不烦赘述。周顗是东晋初年的名人，若他长于玄谈，史书不应全无记录。《世说·言语》曰："庾公造周伯仁。伯仁曰：'君子何欣说而忽肥？'庾曰：'君复何所忧惨而忽瘦？'伯仁曰：'吾无所忧，直是清虚日来，滓秽日去耳。'"②周顗的回答似有道家色彩。但正如王晓毅先生所说，西晋的很多礼法之士也在一定程度上接受道家理论。③许多士人对道家思想有一定的了解，却未必精通三玄。周顗自称"清虚日来"，并不能证明他精通玄学。

西晋的汝南周氏以人伦识鉴著称。周顗之父周浚"有人伦鉴识"。④周浚从弟周馥担任司徒左西属，司徒王浑称他："理识清正，兼有才干，主定九品，检括精详。"后来周馥做司徒左长史、吏部郎，史称他"选举精密，论望益美"。⑤周顗在洛阳，也担任过吏部郎。⑥他品评桓彝："茂伦嶔崎历落，固可笑人也。"⑦可见周顗也有人伦识鉴之名。王衍对人物的品评，广受世人关注。我们没有看到王衍、周顗品评对方的记载。王衍等玄学人士与周顗交往甚少，应属事实。

周顗的家世背景是他重要的政治资本。汝南安城周氏在东汉中后期名士辈出。⑧周顗祖父周裴官至少府卿。⑨周氏是魏晋时代的

① 余嘉锡笺疏：《世说新语笺疏》卷上之下《文学》，第 249 页。
② 余嘉锡笺疏：《世说新语笺疏》卷上之上《言语》，第 109 页。
③ 王晓毅：《司马炎与西晋前期玄、儒的升降》，第 27 页。
④ 《晋书》卷六一《周浚传》，第 1657 页。
⑤ 《晋书》卷六一《周浚传附周馥传》，第 1663 页。
⑥ 《晋书》卷六九《周顗传》，第 1850 页。
⑦ 《晋书》卷七四《桓彝传》，第 1939 页。
⑧ 可参看谢亦峰：《魏晋南朝汝南安城周氏家族研究》，硕士学位论文，华东师范大学历史系，2007 年，第 6—10 页。
⑨ 《晋书》卷六一《周浚传》，第 1657 页。

公卿世家。周顗之父周浚,在武帝伐吴时担任折冲将军、扬州刺史,受王浑节度,统帅下游军队。吴国平灭后,周浚"与浑共行吴城垒,绥抚新附"。次年,周浚移镇秣陵,"时吴初平,屡有逃亡者,频讨平之。宾礼故老,搜求俊义,甚有威德,吴人悦服"。后来他担任安东将军、都督扬州诸军事,卒于任上。①周浚政治生涯中最重要的履历,就是做扬州的军政长官。西晋征服吴国后,周浚主政扬州,安抚故老,与当地大族或有一定的交往。广陵戴渊之祖戴烈、父戴昌并仕于吴。②他举秀才入洛,"素闻顗名,往候之"。戴氏与周浚应有往来,所以戴渊对周顗有所了解。东晋初年的吴地名将周访,本贯为汝南安城,与周浚相同。他们很可能是同宗。周访祖先"汉末避地江南,至访四世",其祖父和父亲皆仕于吴。③周浚镇抚江南,与周访一家不会全无交往。吴国未平时,晋、吴在弋阳互市。吴将蔡敏之兄蔡珪写信,告诫其弟勿袭夺北方财物。周浚"渡江,求珪,得之,问其本,曰:'汝南人也。'浚戏之曰:'吾固疑吴无君子,而卿果吾乡人。'"④他与乡人交往,不会遗漏周访一家。总之,汝南周氏在吴国旧地有一定的人脉根基。

史载晋武帝问周浚:"卿宗后生,称谁为可?"周浚答曰:"臣叔父子恢,称重臣宗;从父子馥,称清臣宗。"⑤西晋末年,周恢一家与周馥都卷入政治斗争,与东海王越对立。齐王冏执政,表奏清河王覃为皇太子,称覃"康王正妃周氏所生……覃外祖恢世载名德"。⑥周恢之女嫁与清河王遐,司马覃是周恢外孙。成都王颖执政,废司马覃为

---

① 《晋书》卷六一《周浚传》,第 1658—1659 页。
② 《晋书》卷六九《戴若思传》,第 1846 页。
③ 《晋书》卷五八《周访传》,第 1578 页。
④ 《晋书》卷六一《周浚传》,第 1658—1659 页。
⑤ 《晋书》卷六一《周浚传》,第 1659 页。
⑥ 《晋书》卷六四《武十三王传》,第 1723 页。

清河王。后来惠帝暴卒，东海王越拥立惠帝之弟、豫章王炽即位，是为怀帝。史载："吏部郎周穆，清河王覃舅，越之姑子也，与其妹夫诸葛玫共说越曰：'主上之为太弟，张方意也。清河王本太子……公盍思伊霍之举，以宁社稷乎？'言未卒，越曰：'此岂宜言邪！'遂叱左右斩之。"①清河王覃寻亦为司马越所害。陈苏镇先生指出，司马越之所以不立年幼、易于控制的清河王，是因为他不想让惠帝羊皇后成为太后。怀帝即位，羊后是新帝之嫂，不是皇太后，也就不能干预朝政了。②周穆为司马覃之舅，是周恢之子。尽管他和司马越有姻亲关系，但司马越为巩固自己的地位，还是将他处死。周馥担任镇东将军、都督扬州诸军事，"每欲维正朝廷，忠情恳至。以东海王越不尽臣节，每言论厉然，越深惮之。馥睹群贼孔炽，洛阳孤危，乃建策迎天子迁都寿春"。他最终为镇守江东的琅邪王睿所败，流亡而死。③东海王越执政后，周氏家族中的周穆、周馥与他关系紧张。但周浚后人，即周顗兄弟，与东海王越并无直接冲突。司马越诛杀诸葛玫和周穆，"以玫、穆世家，罪止其身，因此表除三族之法"，④并未将周穆一案扩大化。司马越之子司马毗担任镇军将军，以周顗为长史，⑤或是司马越拉拢周氏家族的重要举措。

洛阳失守后，阎鼎与荀藩等人在密县组建行台，拥立秦王。周顗也在行台之中。史载："司徒左长史刘畴在密为坞主，中书令李晅、太傅参军驺捷刘蔚、镇军长史周顗、司马李述皆来赴畴。"⑥司马

① 《晋书》卷五九《东海王越传》，第 1623 页。
② 陈苏镇：《司马越与永嘉之乱》，《北京大学学报》1989 年第 1 期，第 117—119 页。
③ 《晋书》卷六一《周浚传附周馥传》，第 1663—1664 页。
④ 《晋书》卷五九《东海王越传》，第 1623 页。
⑤ 《晋书》卷六九《周顗传》，第 1850 页。
⑥ 《晋书》卷六〇《阎鼎传》，第 1646—1647 页。

越离开洛阳，留世子毗守卫京师。作为司马毗的属下，周颛也留在洛阳。京城失陷，他逃奔密县行台，又逢阎鼎与刘畴、荀藩等人决裂，"鼎追藩不及，畴等见杀，唯颛、述走得免"。①周颛就此南渡江左。据《孝怀帝纪》，秦王被关西军阀拥立为皇太子，是在永嘉六年九月。②李畴等人被杀，周颛逃离行台，当在此前不久。此时琅邪王睿与王导、王敦经营江左，已历六载。周颛加入江左政权的时间较晚，所以他没能成为江左政权的奠基人物。

周颛死后，王导悲痛地说："吾虽不杀伯仁，伯仁由我而死。幽冥之中，负此良友！"③但实际上，周颛与王导、王敦的关系颇为微妙。《世说新语·品藻》曰："王大将军在西朝时，见周侯辄扇障面不得住。后度江左，不能复尔。王叹曰：'不知我进，伯仁退？'"刘孝标注曰："敦性强梁，自少及长，季伦斩妓，曾无异色，若斯傲狠，岂惮于周颛乎？其言不然也。"不过他引沈约《晋书》曰："周颛，王敦素惮之，见辄面热，虽复腊月，亦扇面不休，其惮如此。"④唐修《晋书》亦载此事，⑤说明此事应该属实。《尤悔》篇载周颛死后，王敦对人说："我与周，洛下相遇，一面顿尽。值世纷纭，遂至于此！"刘孝标引邓粲《晋纪》载王敦之语曰："伯仁总角时，与于东宫相遇，一面披衿，便许之三司。"⑥王敦和周颛自幼相识，但他们的关系比较疏远。周颛性格庄重，给王敦一定的压迫感，似是主要原因。另一方面，南渡之后，周颛心高气傲，对王敦、王导执掌大权颇为不服，也是周、王不和的重要原因。

---

① 《晋书》卷六〇《阎鼎传》，第 1647 页。
② 《晋书》卷五《孝怀帝纪》，第 124 页。
③ 《晋书》卷六九《周颛传》，第 1853 页。
④ 余嘉锡笺疏：《世说新语笺疏》卷中之下《品藻》，第 605 页。
⑤ 《晋书》卷六九《周颛传》，第 1852 页。
⑥ 余嘉锡笺疏：《世说新语笺疏》卷下之下《尤悔》，第 1055 页。

《世说新语·方正》载元帝欲立少子司马昱为储君,先召王导、周顗入宫,欲调开二人,再行传诏。王导识破元帝的意图,元帝遂立长子司马绍为储。周顗感叹道:"我常自言胜茂弘,今始知不如也!"刘孝标、李慈铭皆认为元帝欲立司马昱一事不实。①元帝在世时,司马昱尚幼。且元帝喜爱次子司马裒。就算他不立司马绍,也不会立司马昱为储。但周顗认为自己胜过王导,不独见于《世说·方正》。史载王导"尝枕顗膝而指其腹曰:'此中何所有也?'答曰:'此中空洞无物,然足容卿辈数百人。'导亦不以为忤"。②周顗甚为自负,对王导等人颇有不屑之意。对于周顗之倨傲,王导似颇包容。《世说·赏誉》曰:"周侯于荆州败绩还,未得用。王丞相与人书曰:'雅流弘器,何可得遗?'"③不过《世说》也记载王导讥讽周顗之事。《排调》曰:"王公与朝士共饮酒,举琉璃碗谓伯仁曰:'此碗腹殊空,谓之宝器,何邪?'答曰:'此碗英英,诚为清彻,所以为宝耳!'"刘孝标注曰:"以戏周之无能。"④这些材料或有传言的成分,但如果将它们综合起来,能发现周、王之间关系微妙。他们表面和睦,但暗地里相互排挤,不甘居于对方之下。

两晋之际,江左政权的中坚力量,是从中朝南渡的名士。在这些人当中,琅邪王氏,特别是王览一房的后人,在政治上尤为活跃。王导掌管建康中枢,王敦掌握上游军权。王氏势大,引起元帝猜忌。元帝重用刁协、刘隗等心腹,制衡王氏。历代史家对此论述颇多。在元帝与王氏关系恶化的过程中,周顗发挥了什么作用,值得关注。

---

① 余嘉锡笺疏:《世说新语笺疏》卷中之上《方正》,第361—362页。
② 《晋书》卷六九《周顗传》,第1851—1852页。
③ 余嘉锡笺疏:《世说新语笺疏》卷中之下《赏誉》,第531页。
④ 余嘉锡笺疏:《世说新语笺疏》卷下之下《排调》,第935页。

董刚先生指出,周顗为元帝腹心,拥有一定的实力,为王敦所惮。①但周顗为何得到元帝信任,又为何遭王敦忌惮,前人论述不多。这与他的家族背景和交游对象有关。

东晋初年,执政者最重要的任务,是统合南北大族,凝聚人心。陈寅恪先生指出,王导对江左政权最大的功绩,在于笼络吴地士族,团结北来侨姓与吴地士族,"此两方协定既成,南人与北人勠力同心,共御外侮"。这是东晋得以立国的关键所在。②田余庆先生也认为,王导真正的政治抱负,是"笼络南士,和辑侨姓,以图苟安"。③东晋立国之初,王导最大的贡献,是辑和侨、旧,使琅邪王睿的小朝廷能在江左立足。

元帝得以偏安江左,离不开王氏的倾力扶持。但当王、马矛盾日深,不复往日融洽之时,以其他名士制衡,甚至徐图取代王氏,就成为元帝可以选择的方案。渡江的玄学名士,除王导等少数人外,大多缺乏实际政治能力。他们能在江左政权获得容身之地,全赖王导、王敦等好友的庇护。元帝不可能用他们制衡王氏。后来成为东晋权臣、与王导分庭抗礼的庾亮兄弟,此时年纪尚轻,资历尚浅,不能担当大任。元帝宠信的刁协、刘隗,名声不佳。元帝对刘隗"委以刑宪"。刘隗汲汲于苛察之事,不仅对王氏严加督查,也劾奏戴渊、周顗等人。④刁协"性刚悍,与物多忤,每崇上抑下,故为王氏所疾。又使酒放肆,侵毁公卿,见者莫不侧目"。⑤他们可以成为元帝削弱王氏势力的利刃,但不能辑和远近,团结江左人心。相较刁、刘二人,

---

① 董刚:《东晋"中兴四佐"发微》,第 65—66 页。
② 陈寅恪:《述东晋王导之功业》,收入《金明馆丛稿初编》,第 55—77 页。
③ 田余庆:《东晋门阀政治》,第 35 页。
④ 《晋书》卷六九《刘隗传》,第 1835—1837 页。
⑤ 《晋书》卷六九《刁协传》,第 1842 页。

周顗的名望更高。他不是王衍、王敦交游圈中的成员，在政治上不依赖王氏。汝南周氏家族背景深厚，但过江的仅有周顗兄弟三人。相比王氏，周顗的家族势力对皇权威胁较小。

王敦攻克京城后，称周顗和戴渊为"南北之望"，①然后处死二人。刘隗"劝帝出腹心以镇方隅，故以谯王承为湘州，续用隗及戴若思为都督"。②元帝命戴渊统领祖逖的北伐军，"逖以若思是吴人，虽有才望，无弘致远识，且已翦荆棘，收河南地，而若思雍容，一旦来统之，意甚怏怏"。③元帝命戴渊督军，显然是为了控制祖逖的军队。这说明戴渊深得元帝信任。戴渊与周顗早就相识。相比周顗，王氏南渡前，与江左人士并无太多交往。只是周顗加入江左政权的时间较晚，他渡江时，王导、王敦功名已立。元帝命周顗为荆州刺史，周顗也未能完成任务。因此，尽管周顗在江左有一定的人脉基础，但他对江左政权的贡献，远不能和王导、王敦相比。他的地位一直低于王导，也是情理之中。

周顗不服王导，但与刘隗等人不同，周顗并不赞成元帝对王氏赶尽杀绝。史载："敦之举兵也，刘隗劝帝尽除诸王，司空导率群从诣阙请罪，值顗将入……既见帝，言导忠诚，申救甚至，帝纳其言。"④周顗申救王导，是顾全大局之举。王导渡江以来，与南士交游甚广。《世说新语·排调》载："刘真长始见王丞相，时盛暑之月，丞相以腹熨弹棋局……刘既出，人问见王公云何，刘曰：'未见他异，唯闻作吴语耳！'"刘孝标注引《语林》曰："真长云：'丞相何奇，止能作吴语及

① 《晋书》卷六九《周顗传》，第 1853 页。
② 《晋书》卷六九《刘隗传》，第 1838 页。
③ 《晋书》卷六二《祖逖传》，第 1697 页。
④ 《晋书》卷六九《周顗传》，第 1853 页。

细唾也。'"①田余庆先生指出,《语林》成书于晋哀帝年间。如无异词,其记载可信程度应当较高。②王导作吴语之事,应该属实。学习吴语,是王导努力团结南士的举措。他已成为江左政权辑和侨、旧的关键人物。王敦掌握上游军政,是东晋的武力支柱。如果元帝尽诛建康城中的王氏成员,那么他不仅无法抵抗王敦的兵力,还会使东晋政权陷入动荡。周顗身处覆巢之下,安有全身之理? 他保全王导等人,是审时度势之举。

最后,我简要考察周顗渡江前后的性格变化,并探讨这种转变与其交游对象和政治局势之间的关系。

周顗渡江前后的行事风格有很大差异。史称:"初,顗以雅望获海内盛名,后颇以酒失,为仆射,略无醒日,时人号为'三日仆射'。"周顗渡江后,整日饮酒酣醉。这与他渡江前的庄重自持有很大差别。庾亮评价他说:"周侯末年,所谓凤德之衰也。"③他为何出现这样的转变,值得深思。我认为这或许和元帝重用刁协、刘隗有关。刁协担任尚书令,刘隗任丹阳尹,"欲排抑豪强。诸刻碎之政,皆云隗、协所建";④"以奴为兵,取将吏客使转运,皆协所建也,众庶怨望之"。⑤田余庆先生认为,晋元帝施行给客制度和发僮客为兵,"都是针对流民而发,都是为了对付王敦……同时,检校流民也是为了限制南北大族荫占流民的特权,这又成为王敦起兵的口实,成为南北大族多支持王敦起兵的一个重要原因"。⑥刁协志在"崇上抑下",他限制豪强荫占流民,是为了加强中央集权的力量。但此举得罪了以

---

① 余嘉锡笺疏:《世说新语笺疏》卷下之下《排调》,第 930 页。
② 田余庆:《东晋门阀政治》,第 17—18 页。
③ 《晋书》卷六九《周顗传》,第 1851 页。
④ 《晋书》卷六九《刘隗传》,第 1837 页。
⑤ 《晋书》卷六九《刁协传》,第 1842 页。
⑥ 田余庆:《东晋门阀政治》,第 45 页。

王氏为首的侨、旧大族。《世说新语·政事》曰:"丞相末年,略不复省事,正封篆诺之。自叹曰:'人言我愦愦,后人当思此愦愦。'"刘孝标注引徐广《历纪》曰:"导阿衡三世,经纶夷险,政务宽恕,事从简易,故垂遗爱之誉也。"①陈寅恪先生指出,司马氏施政,宽纵大族,"东晋初年既欲笼络孙吴之士族,故必仍循宽纵大族之旧政策"。②刁、刘建立"刻碎之政",尽失人心。周颉为元帝亲任,如果他被世人视作刁、刘之流,那么他多年积累的声望也将毁于一旦。

《世说新语·方正》载:"周伯仁为吏部尚书,在省内夜疾危急。时刁玄亮为尚书令,营救备亲好之至,良久小损。明旦,报仲智,仲智狼狈来……既前,都不问病,直云:'君在中朝,与和长舆齐名,那与佞人刁协有情?'径便出。"③仲智即周颉之弟周嵩。这则故事仅存此一处记载,是否属实,后人无法确知。但正如董刚先生所说,刁协性格刚悍,与素有雅望的周颉并非同路人。除这条记载外,现有史料中再无刁协与人亲善的记载。④后人不会将此二人凭空联系起来。周、刁俱为元帝亲任,易被世人视作同党。周颉或曾与刁协亲近,为时人所不齿。周嵩指责周颉的话语,或出自其本人之口,或是他人借周嵩之口,表达对周颉的不满。对周颉而言,与刁协亲近,确为"损名"之举。

《世说新语·赏誉》载王导曰:"刁玄亮之察察,戴若思之岩岩,卞望之之峰距。"刘孝标注引《语林》曰:"孔坦为侍中,密启成帝,不宜往拜曹夫人。丞相闻之曰:'王茂弘弩痾耳!若卞望之之岩岩,刁玄亮之察察,戴若思之峰距,当敢尔不?'"曹夫人即王导之妻。刘氏

---

① 余嘉锡笺疏:《世说新语笺疏》卷上之下《政事》,第211页。
② 陈寅恪:《述东晋王导之功业》,第61页。
③ 余嘉锡笺疏:《世说新语笺疏》卷中之上《方正》,第367页。
④ 董刚:《东晋"中兴四佐"发微》,第66页。

辨析称:"此言殊有由绪,故聊载之耳。"余嘉锡引陈仅《扪烛脞存》曰:"峰距,犹岳峙也。言其高峻,使人不可近。"①其说可从。《晋书·卞壶传》亦载此事。②王导之意,是刁协、戴渊和卞壶三人性格刚峻。戴渊虽有盛名,但他出镇寿阳时,"发投刺王官千人为军吏,调扬州百姓家奴万人为兵配之",③可见他也是刁、刘"刻碎之政"的执行者。卞壶"干实当官,以褒贬为己任,勤于吏事,欲轨正督世,不肯苟同时好。然性不弘裕,才不副意,故为诸名士所少,而无卓尔优誉"。他还欲奏劾那些放达不羁的名士。④可见刁协、戴渊和卞壶的为人处世之风,在东晋初年是少数派。王导将他们相提并论,说他们与自己性格迥异。周颉在西朝时,本以性格严毅见称,易被世人视作少数派。这对他的名声是不利的,也容易使他成为王氏的眼中钉。他渡江后终日酣醉,或许正是为了经营一副"愦愦"的形象,使自己摆脱性情严毅的风评。庾亮说周颉晚年"风德之衰",说明周颉转变行事风格的做法,在一定程度上达到了目的。

周颉与王衍等玄学名士交游不多。南渡以后,周颉心高气傲,对手握大权的王氏兄弟颇有不服。周颉与王氏素来关系微妙。在东晋初年的政局中,这种微妙关系成为双方相互猜忌的重要因素。周颉夹在元帝与王氏中间,左右为难。他既不服王氏,又不愿真正站在王氏的对立面,所以他以"愦愦"的形象示人,希望以此避祸。遗憾的是,周颉与王氏嫌隙已深。他最终还是没能成功自保。

---

① 余嘉锡笺疏:《世说新语笺疏》卷中之下《赏誉》,第 537—538 页。
② 《晋书》卷七〇《卞壶传》,第 1871 页。
③ 《晋书》卷六九《戴若思传》,第 1847 页。
④ 《晋书》卷七〇《卞壶传》,第 1871 页。

参考文献

一、古籍

《重刊宋本十三经注疏附校勘记》,艺文印书馆影印本,2013 年。

《史记》,中华书局,1959 年。

《汉书》,中华书局,1962 年。

《后汉书》,中华书局,1965 年。

《三国志》,中华书局,1982 年。

《晋书》,中华书局,1974 年。

《宋书》,中华书局,1974 年。

《梁书》,中华书局,1973 年。

《南史》,中华书局,1975 年。

《隋书》,中华书局,1973 年。

《元史》,中华书局,1976 年。

《资治通鉴》,中华书局,1956 年。

《说文解字》,许慎撰,上海古籍出版社,2007 年。

《急就篇》,岳麓书社影印清光绪《急就篇颜王注本》,1989 年。

《容斋随笔》，洪迈著，《唐宋史料笔记丛刊》，中华书局，2005 年。

《廿二史札记校证》，赵翼著，王树民校证，中华书局，1984 年。

《晋书斠注》，吴士鉴、刘承幹斠注，中华书局影印本，2008 年。

《读通鉴论》，王夫之撰，中华书局，1975 年。

《两汉纪》，张烈点校，中华书局，2002 年。

《世说新语笺疏》，刘义庆著，刘孝标注，余嘉锡笺疏，中华书局，2007 年。

《世说新语校笺》，刘义庆著，刘孝标注，徐震堮校笺，中华书局，1984 年。

《通典》，杜佑撰，中华书局，1988 年。

《华阳国志校注》，常璩著，刘琳校注，巴蜀出版社，1984 年。

《读史方舆纪要》，顾祖禹撰，中华书局，2005 年。

《史通通释》，刘知幾撰，浦起龙释，上海古籍出版社，1978 年。

《韩非子集解》，王先慎集解，中华书局，2013 年。

《中论》，徐幹撰，《诸子百家丛书》，上海古籍出版社影印本，1990 年。

《新书校注》，贾谊著，阎振益、钟夏校注，中华书局，2000 年。

《新序疏证》，刘向著，赵善诒疏证，华东师范大学出版社，1989 年。

《老子道德经注校释》，楼宇烈校释，中华书局，2008 年。

《南华真经注疏》，郭象注，成玄英疏，中华书局，1998 年。

《文选》，萧统编，李善注，上海古籍出版社，1986 年。

《太平御览》，中华书局，1960 年。

《北堂书钞》，天津古籍出版社影印本，1988 年。

《初学记》，中华书局，1962 年。

《艺文类聚》，上海古籍出版社，1999 年。

《陆机集》，中华书局，1982 年。

二、出土材料

郭宏涛、周剑曙编:《偃师碑志选粹》,中州古籍出版社,2014 年。

马刚主编:《北京市石景山历代碑志选》,同心出版社,2003 年。

赵超:《汉魏南北朝墓志汇编》,天津古籍出版社,1992 年。

三、论著

(一) 中文论著

安作璋、熊铁基:《秦汉官制史稿》,齐鲁书社,1985 年。

蔡仁厚:《徐复观先生对中国思想史的贡献》,《中国文化论文集
　　(五)》,幼狮文化事业公司,1984 年。

曹文柱:《西晋前期的党争与武帝的对策》,《北京师范大学学报》
　　1989 年第 5 期。

陈苏镇:《从未央宫到洛阳宫:两汉魏晋宫禁制度考论》,生活·读
　　书·新知三联书店,2022 年。

　　《〈春秋〉与“汉道”——两汉政治与政治文化研究》,中华书
　　局,2023 年。

　　《司马越与永嘉之乱》,《北京大学学报》1989 年第 1 期。

　　《东汉的“殿中”和“禁中”》,《中华文史论丛》2018 年第 1 期。

陈侃理:《儒学、数术与政治:灾异的政治文化史》,北京大学出版社,
　　2015 年。

陈寅恪:《唐代政治史述论稿》《金明馆丛稿初编》,《陈寅恪集》,生
　　活·读书·新知三联书店,2001 年。

董刚:《东晋“中兴四佐”发微》,《古代文明》2019 年第 1 期。

方诗铭:《何晏在曹魏高平陵政变前后》,《史林》1998 年第 3 期。

顾江龙:《齐王攸就国考论——晋武帝“必建五等”的历程之一》,《田

余庆先生九十华诞颂寿论文集》，中华书局，2014 年。

《太康十年分封与杨骏的兴灭》，《华东师范大学学报》2018年第 4 期。

郭善兵：《汉哀帝改制考论》，《徐州师范大学学报》2008 年第 6 期。

《汉哀帝新论》，《徐州师范大学学报》2010 年第 3 期。

韩树峰：《走马楼吴简中的"真吏"与"给吏"》《论吴简所见的州郡县吏》，《吴简研究》第 2 辑，崇文书局，2006 年。

《武帝立储与西晋政治斗争》，《中国人民大学学报》2009 年第 6 期。

胡宝国：《虚实之间》，社会科学文献出版社，2011 年。

《魏西晋时代的九品中正制》，《北京大学学报》1989 年第 1 期。

黄留珠：《秦汉仕进制度》，西北大学出版社，1985 年。

蒋晓亮：《东汉魏晋官僚士人关系网络研究》，博士学位论文，武汉大学，2020 年。

柳春新：《汉末晋初之际政治研究》，岳麓书社，2006 年。

《曹操政权中的谯沛集团与颍川集团》，《魏晋南北朝隋唐史资料》第 18 辑，武汉大学出版社，2001 年。

鲁迅：《而已集》，《鲁迅全集》，人民文学出版社，2005 年。

吕思勉：《秦汉史》，上海古籍出版社，1983 年。

钱穆：《国史大纲》，商务印书馆，1991 年。

仇鹿鸣：《魏晋之际的政治权力与家族网络》，上海古籍出版社，2015 年。

权家玉：《晋武帝立嗣背景下的贾充》，《魏晋南北朝隋唐史资料》第 23 辑，武汉大学文科学报编辑部，2006 年。

《西晋杨骏一族的崛起》，《魏晋南北朝隋唐史资料》第 24 辑，武汉大学文科学报编辑部,2008 年。

《废愍怀太子事件与西晋政局的全面失控》,《魏晋南北朝隋唐史资料》第 34 辑,上海古籍出版社,2016 年。

《魏晋政治与皇权传递》,社会科学文献出版社,2019 年。

汤用彤:《魏晋玄学中的社会政治思想和它的政治背景》,《历史研究》1954 年第 3 期。

《魏晋玄学论稿》,上海古籍出版社,2005 年。

唐长孺:《魏晋南北朝时期的吏役》,《江汉论坛》1988 年第 8 期。

《魏晋南北朝史论丛》,中华书局,2011 年。

田余庆:《东晋门阀政治》,北京大学出版社,2012 年。

万绳楠整理:《陈寅恪魏晋南北朝史讲演录》,黄山书社,2000 年。

万绳楠:《曹魏政治派别的分野及其升降》,《历史教学》1964 年第 1 期。

《魏晋南北朝史论稿》,安徽教育出版社,1983 年。

王健:《汉代君主研习儒学传统的形成及其历史效应》,《中国史研究》1996 年第 3 期。

王晓毅:《司马炎与西晋前期玄、儒的升降》,《史学月刊》1997 年第 3 期。

《西晋贵无思想考辨》,《中国哲学史》2006 年第 2 期。

王永平:《曹爽伐蜀之目的及其失败原因考析》,《许昌师专学报》1999 年第 3 期。

《晋武帝立嗣及其斗争考论——以齐王攸夺嫡为中心》,《河南科技大学学报》2004 年第 3 期。

《夏侯玄论——兼论魏晋之际谯郡夏侯氏门风之变化及其门第之上升》,《史学月刊》2007 年第 4 期。

夏增民:《熹平石经刊刻与东汉后期士人的交际网络》,秦汉魏晋南北朝史国际学术研讨会论文,襄阳,2016 年 8 月。

谢亦峰:《魏晋南朝汝南安城周氏家族研究》,硕士学位论文,华东师范大学历史系,2007 年。

徐冲:《"汉魏革命"再研究:君臣关系与历史书写》,博士学位论文,北京大学,2008 年。

《"二十四贤"与"汉魏革命"》,《社会科学》2012 年第 6 期。

徐高阮:《重刊洛阳伽蓝记·山涛论》,中华书局,2013 年。

阎步克:《察举制度变迁史稿》,人民大学出版社,2009 年。

《品位与职位——秦汉魏晋南北朝官阶制度研究》,中华书局,2009 年。

《士大夫政治演生史稿》,北京大学出版社,2015 年。

《孝廉"同岁"与汉末选官》,《北大史学》(6),北京大学出版社,1999 年。

杨恩玉:《山涛、羊祜与晋武帝朝之政争》,《史学月刊》2018 年第 4 期。

杨光辉:《汉唐封爵制度》,学苑出版社,2002 年。

杨立华:《郭象〈庄子注〉研究》,北京大学出版社,2010 年。

余英时:《士与中国文化》,上海人民出版社,2003 年。

张爱波:《西晋士风与诗歌——以"二十四友"研究为中心》,齐鲁书社,2006 年。

张岱年主编:《中国哲学大辞典》,上海辞书出版社,2010 年。

张宏伟:《政治学原理》,东北大学出版社,2017 年。

张嘉凤、黄一农:《中国古代天文对政治的影响——以汉相翟方进自杀为例》,《清华学报》新 20 卷第 2 期,1990 年。

张小锋:《西汉中后期政局演变探微》,天津古籍出版社,2007 年。

张旭华:《试论西晋九品中正制的弊病及其作用》,《郑州大学学报》

1999 年第 6 期。

《魏晋时期中正品评与考察乡论再探讨》,《史学集刊》2019
年第 2 期。

郑雅如:《齐梁士人的交游——以任昉的社交网络为中心的考察》,
《台大历史学报》第 44 期,2009 年。

周一良:《毕竟是书生》,天津人民出版社,2016 年。

祝总斌:《材不材斋文集——祝总斌学术研究论文集》,三秦出版社,
2006 年。

《两汉魏晋南北朝宰相制度研究》,北京大学出版社,
2017 年。

《东汉士人人数考略》,《北大史学》(19),北京大学出版社,
2015 年。

(二)外文论著

安部聪一郎:《党錮の「名士」再考:貴族制成立過程の再検討のため
に》,《史學雜誌》第 111 卷第 10 号,2002 年。

《清流・濁流と「名士」―貴族制成立過程の研究をめ
ぐって―》,《中國史学》第 14 卷,2004 年。

《郭太列伝の構成過程——人物批評家としての郭泰
像の成立》,《金沢大学文学部論集史学・考古学・地
理学篇》第 28 号,2008 年。

安田二郎:《六朝政治史の研究》,京都大学学术出版会,2003 年。

布迪厄、华康德:《反思社会学导引》,李猛、李康译,中央编译出版
社,2004 年。

川胜义雄:《六朝贵族制社会研究》,李济沧、徐谷芃译,上海古籍出
版社,2018 年。

渡边义浩:《西晉「儒教國家」と貴族制》,汲古书院,2010 年。

福原启郎:《晋武帝司马炎》,陆帅译,江苏人民出版社,2020 年。

格尔哈特·伦斯基:《权力与特权——社会分层的理论》,关信平、陈宗显、谢晋宇译,社会科学文献出版社,2018 年。

宫崎市定:《九品官人法研究》,韩昇、刘建英译,中华书局,2008 年。

马克斯·韦伯:《经济与社会(第二卷)》,阎克文译,上海人民出版社,2020 年。

田中一辉:《西晋時代の都城と政治》,朋友書店,2017 年。

《西晋惠帝期の政治における賈后と詔》,《史林》第 94 卷第 6 号,2011 年。

小池直子:《賈充出鎮——西晋·泰始年間の派閥抗争に関する一試論》,《集刊东洋学》第 85 期,2001 年。

《晋惠帝賈皇后の実像》,《魏晋南北朝史のいま》,勉誠出版,2017 年。

后　记

　　小著收稿之时,我合上电脑,回顾成书的经过。有关汉晋政治,前贤佳作纷呈。如何在该领域推陈出新,实是汉晋史研究中的难题。本书中的部分章节,或能在局部推进我们对汉晋史的认识。不过我并不认为拙著的出版,意味着我完成了自己全部的研究设想。在这个领域中,我仍有很长的路要走。

　　读书时,师友常说,博士论文和第一部专著,都是学人的阶段性成果。换言之,无论是博论,还是专著,都不意味着研究的结束。恰恰相反,它们只是下一段研究的起点。工作以后,我在博论的起点之上重读史料,发现了汉晋政治史中“不一样的风景”。于是我将新发现拆成两半,一半融合进原有的博士论文,形成书稿;另一半留给自己,以为来日新作之基础。

　　掩卷深思,我深觉这份研究仍有不少缺憾。回看博士期间的成果,深感当年学力尚浅,无法更深一步地探究汉晋史的各种问题。汉晋政治看似题无剩义,实则仍有不少可供探索之处。最初,我以“交游”“结党”为题,是为了在前人研究辐辏的汉晋政治史领域探索出一条新路径。然而正如韦伯所言,无论研习学问的激情“多么真诚和深邃,它也不可能强求出成果来”。韦伯谈到,灵感有时是闪现出来的,不是我们枯坐书案、苦思冥想得来的。①但如果没有前期的苦功,那一瞬间的灵感也不会出现。这本小书就是我徜徉汉晋史、枯坐书案的结晶。我期待着它能抛砖引玉——启迪学界同仁,以及我自己那宝贵的灵感。

能够完成书稿,我最感谢的人是业师陈苏镇先生。和陈先生相识,是在 2010 年的冬天,我旁听《资治通鉴》读书课。那是一个寒冷的冬天,我推开北京大学中古史中心办公室的门,陈先生和几位师兄正在温暖的房间里,讨论《通鉴》中的相关问题。先生高兴地接纳了我,允许我旁听。读研后,我有幸进入陈先生门下。陈先生从未疾言厉色地批评我们,对学生也少有强制要求。他一直鼓励我们开拓自己的研究领域,发展自己的学术特点。但对我们的论文写作,陈先生的要求非常高。每一次提交文章,他总会提出一些写作方面的意见。陈先生多年的栽培,使我们既打下扎实的学术基础,又开拓出自己的研究领域。工作后,我常去拜访陈先生,向他汇报自己的研究进展。和我读书时一样,先生会认真倾听我的思路,并给我中肯的建议。有时,我们会针对某个具体问题交换不同的看法。陈先生会尊重我的思考,但也会保留自己的意见。他一直鼓励我们在学术问题上求真探索,不唯权威,亦不唯师。我的《论西汉哀帝朝政治》与陈先生《〈春秋〉与“汉道”——两汉政治与政治文化研究》中的观点不尽相同。拙稿草成后,陈先生让我在他的课上给学生们作报告。他对大家说,我的这份研究,是考察西汉末期政治史的最新成果。亚里士多德曾说:“吾爱吾师,吾尤爱真理。”在我身上,却是“吾爱真理,故爱吾师”。这本小著是我工作后的阶段性成果,也是呈给先生的第一份答卷。

---

① 马克斯·韦伯:《学术与政治》,阎克文译,上海人民出版社,2021 年,第 70 页。

　　从读本科到工作，我幸运地得到各位中国古代史领域前辈的指导。我的学术，成长于北大魏晋师门之下。阎步克、罗新、王铿、叶炜、陈侃理等秦汉魏晋史领域的恩师引领我们成长。每一次与他们交流自己的思考，接受他们的评议，都是提高自己的宝贵机会。陈爽、邓小南、韩巍、侯旭东、桥本秀美、荣新江、辛德勇、叶纯芳等名师亦曾向我传道授业。在此一并向各位先生致谢！

　　读研以来，我有幸遇到了不少知己。大家经常在一起饮酒畅谈，谈学术，谈人生。大家研习的方向不同，然把酒言欢之时，都愿意分享各自的成果和思考。即使毕业后天各一方，我们也相互关心。这本书中的不少内容，我在"酒桌论坛"上向各位汇报过。谨以此书赠给各位朋友，希望你们多多批评、多多指正。

　　一直以来，父母鼓励我做自己喜欢的事。无论是高考填报志愿，还是深造和工作，他们都无条件地尊重我的决定，支持我的选择。我能走到今天，离不开父母的培养。如今，父母都已离开工作岗位，安享退休生活。谨在此祝愿二老身体健康，希望你们能在未来的日子里热爱生活，拥抱宽广的世界，随心所欲，做自己想做的事。

　　这本小书也是我赠予妻子曹女士的礼物。从我撰写博士论文，到我修改书稿，你一直陪伴在我的身边。我们相互扶持，相伴成长的来路，是我最宝贵的记忆。前路，我们手牵手，一起走。

图书在版编目(CIP)数据

汉晋士大夫结党交游研究 / 张辞修著. -- 上海 ：
上海古籍出版社，2025. 5. -- ISBN 978-7-5732-1513-0

Ⅰ. D691.71

中国国家版本馆 CIP 数据核字第 2025NP0912 号

汉晋士大夫结党交游研究

张辞修 著

上海古籍出版社　出版发行

(上海市闵行区号景路 159 弄 1－5 号 A 座 5F　邮政编码 201101)

(1) 网址：www.guji.com.cn

(2) E-mail：guji1@guji.com.cn

(3) 易文网网址：www.ewen.co

浙江临安曙光印务有限公司印刷

开本 890×1240　1/32　印张 9.375　插页 3　字数 219,000

2025 年 5 月第 1 版　2025 年 5 月第 1 次印刷

ISBN 978 - 7 - 5732 - 1513 - 0

K・3807　定价：58.00 元

如有质量问题,请与承印公司联系